La leyenda del choque estelar

por
Dolores Cannon

Traducido al español por: Laura Mitre

© 1994 por Dolores Cannon
Primera impresión en inglés-1994
Primera imprenta española-2021

Todos los derechos reservados. Ninguna parte de este libro, en parte o completo, puede ser reproducido, transmitido o utilizado de ninguna manera o medio electrónico, fotográfico, o mecánico, incluyendo fotocopia, grabación, o ninguna manera de almacenamiento informático y sistema de acceso sin el permiso por escrito de Ozark Mountain Publishing, Inc. excepto por citas breves incluidas en artículos literarios y revisiones.

Para un permiso, serialización, condensación, adaptación, o para nuestro catálogo de publicaciones, escriba a Ozark Mountain Publishing, Inc., P.O. Box 754, Huntsville, AR 72740-0754, Attn.: Permission Department. (Departamento de permisos)

Librería del congreso Cataloging-in-Publication Data
Cannon, Dolores, 1931-2014
La leyenda del choque estelar por Dolores Cannon
Información obtenida por medio de hipnosis regresiva sobre una nave espacial extraterrestre que se estrelló en Alaska-Canada hace miles de años.
1. Hipnosis. 2. Reencarnación. 3. Extraterrestres. 4. Leyendas indígenas norteamericanas.
I. Cannon, Dolores, 1931-2014   II. Reencarnación   III. Título
Librería del Congreso Tarjeta del Catálogo Número: 2021948076
ISBN 978-1-950608-59-1

Traducido al español por: Laura Mitre
Diseño de libro: Nancy Vernon
Libro en Times New Roman
Diseño de la cubierta: Lyle Vasser
Ilustración animal: Jenelle Johannes
Publicado por:

P.O. Box 754 Huntsville, AR 72740-0754
Impreso en Los Estados Unidos de América

La historia es una glorificación de cuentos de hadas. No hay algo que sepas sea correcto, pero aun así, es mejor saber algo que está equivocado a no saber nada.

Joseph Kane
Un coleccionista de hechos y derrocador de la historia errónea.

Índice

Capítulo 1 - El descubrimiento de la leyenda — 1
Capítulo 2 - Llamando a los espíritus — 17
Capítulo 3 - La aldea — 33
Capítulo 4 - La leyenda de los viejos — 51
Capítulo 5 - Las primeras personas — 60
Capítulo 6 - Cuando la luna caminó un camino diferente — 71
Capítulo 7 - El diseño de la manta — 84
Capítulo 8 - Las herramientas del cazador y los animales — 93
Capítulo 9 - Historias de niños — 108
Capítulo 10 - Leyendas de la creación — 117
Capítulo 11 - La casa del sabio — 127
Capítulo 12 - La vida de Tuin, el cazador — 135
Capítulo 13 - La muerte de Tuin y las secuelas — 155
Capítulo 14 - El origen de los viejos — 165
Capítulo 15 – Sobrevivencia — 175
Capítulo 16 - Los artefactos — 187
Capítulo 17 - La magia de los viejos — 201
Capítulo 18 - Investigación — 215
Capítulo 19 - El fin de la aventura — 244
Sobre el autor — 251

Capítulo 1

El descubrimiento de la leyenda

POR MÁS DE QUINCE AÑOS he estado explorando la historia por medio de regresiones hipnóticas. Durante ese tiempo me convenzo cada vez más que la historia registrada, la historia que nos enseñan en la escuela, puede ser únicamente un poco precisa. Y ahora tengo una mayor sospecha que ese pequeño porcentaje puede estar basado en hechos. La historia como la conocemos es seca y sin vida, sin forma ni sustancia, mayormente hechos y figuras inanimadas. Hechos que raramente tienen que ver con personas que vivieron durante esos tiempos y las emociones que sintieron. Siento que la historia también ha sido romantizada por medio de nuestra literatura, películas y televisión, hasta que muestre solo la más ligera semblanza de lo que realmente sucedió en el pasado. En mi trabajo regularmente hago viajes a través del tiempo y del espacio para visitar personas mientras estas viven en esos periodos de tiempo olvidados y escuchar la historia de sus propios labios tal como es vivida. No revivida por la mente de autor, sino actualmente como está siendo experimentada. He encontrado la sustancia real de lo que la historia está hecha, no la que se encuentra en los libros de historia.

Soy regresionista, o sea una hipnotista que se especializa en regresiones a vidas pasadas, reencarnación, y la búsqueda e investigación de este fenómeno. En mi trabajo he descubierto que lejos de ser romántico, el pasado usualmente estaba lleno de hambre, desesperación y frustración. Antes del presente conocimiento sobre higiene y gérmenes, el mundo era un lugar de increíble suciedad e ignorancia. No es mi intención ofender a nuestros fallecidos ancestros de mucho tiempo atrás, porque sospecho que nuestros descendientes de unos cientos de años en el futuro también pueden mirar al pasado con la misma desesperación. Esas personas hicieron lo mejor que pudieron con lo que tenían, y no se podía esperar que hicieran otra cosa, ya que usaban el conocimiento de sus tiempos, tal como nosotros utilizamos el que tenemos a nuestro alcance. Pero si creo que mis aventuras al pasado han revelado una película más precisa de la vida de esas personas que la novela popular romántica o espectáculo de televisión. Algún día pretendo incorporar mis descubrimientos sobre la historia en un libro y mostrar el panorama real del tiempo, dicho por quienes lo vivieron.

Pero el presente libro se concentrará en la vida de un hombre quien vivió tan atrás en el pasado que todo el conocimiento de periodo de tiempo se ha perdido totalmente. Los científicos nos han hecho creer que si hubiese habido seres humanos durante esa época distante debían haber sido salvajes, o cavernícolas primitivos. Por lo menos no pudieron ser alguien con quien nos hubiésemos podido comunicar. Los expertos afirman con presunción que somos mucho más intelectualmente superiores. Para ser justo con ellos, he explorado vidas pasadas en tiempos prehistóricos cuando los sujetos revivieron vidas de naturaleza animalística, predominados por emociones, instintos naturales y antojos. También he examinado casos donde los sujetos estaban en las etapas prehumana de desarrollo. He descubierto que el alma eterna se adapta a su entorno y aprende a funcionar con sus limitaciones. La importancia de cada vida es la lección en ella aprendida. Pero siento que esta historia demuestra que el hombre no ha cambiado realmente mucho desde el principio de los tiempos. Sus accesorios externos, su mundo cambia, pero no su coraza esencial, la chispa divina que lo hace un ser humano. Los mismos sentimientos y emociones siempre han estado allí. Solo la manera en que reaccionamos a ellos y el aprendizaje recibido de ellos ha cambiado.

La historia es relevante. Se nos ha dado de la manera que era percibida por el reportero, el registrador, el escriba. No se puede esperar que ningún ser humano sea totalmente objetivo y parcial al reportar un evento. Tendría que permitir su propio punto de vista superior u opiniones para entrar en la narrativa. Para entender lo que quiero decir, uno solo tiene que observar cómo dos reporteros en dos espectáculos de televisión diferentes reportan el mismo evento. He visto ocurrir esto una y otra vez en mi trabajo de regresión. Los pensamientos del peón son diferentes a los del rey, y la opinión del soldado son diferentes a las del general. ¿Quién da la versión más verdadera del evento? Cada punto de vista es correcto para la persona que la percibe. Es verdad para ellos, aunque haga conflicto con la visión más amplia que está grabada como hecho histórico.

¿Pero qué hay de la historia que no nos han contado? Seguramente no podemos ser tan ingenuos como para creer que lo que está registrado es todo lo que es. No podemos pensar que por el hecho que no se registró, no sucedió. Creo que debieron haber existido bastantes civilizaciones enormes que contenían miles de personas que existieron mucho antes de que advirtiéramos su presencia en la historia. Esperemos que algún día evidencia concreta de ellos se encuentre. Con la ayuda de mis sujetos he regresado al tiempo antiguo de los Aztecas y Mayas viviendo en las densas junglas. También he explorado el continente perdido de Atlantis, y revivido su terror mientras su tierra desaparecía debajo de las iracundas olas. Solo porque se ha disipado su memoria no significa que estas personas no vivieron y amaron y tenían esperanza y soñaban tal y como lo hacemos en nuestro tiempo presente.

Yo creo que esta historia que he descubierto, y estoy reportando en este libro, es uno de esos pequeños incidentes olvidados que pre data nuestra conocida historia. Aunque tiene que ver con viajeros de las estrellas y tiene una leve corriente reminiscente de ciencia ficción, creo que en realidad es una historia desconocida de quienes pudieran ser nuestros ancestros. Personas que cual presencia se nos ha ocultado hasta hoy. Hubiera seguido oculta de no haber sido porque fue sacada a la luz desde la oscuridad recesiva de la mente subconsciente de una joven con la técnica de hipnosis regresiva.

Trabajo continuamente con gente diferente que desea experimentar la regresión a vidas pasadas por una gran variedad de razones. Estas razones pueden cambiar de simple curiosidad a la búsqueda de respuestas de problemas en la vida presente. He hecho muchas terapias relacionadas con fobias, alergias, enfermedades, y problemas kármicos en las relaciones. Mucha gente ha escuchado sobre mi trabajo y me ha contratado, y otros han sido referidos a mí. Nunca he tenido que ir a buscar sujetos. Lo interesante de este fenómeno es que es mucho más amplio de lo que la gente cree. He viajado cientos de millas para llevar a cabo estas sesiones en la privacidad del hogar de los sujetos. Siempre dudo al rechazar a alguien porque nunca se sabe quién se convertirá en el excelente sujeto que estoy buscando; el que me proveerá mi siguiente sorprendente excursión en lo desconocido. Estas personas nunca son reconocibles por sus apariencias externas, así que no tengo manera de saber que conocimiento posee su subconsciente hasta que se les pone en trance. Lo mundano y la vida pasada común se encuentra mucho más frecuentemente que lo raro. El ejemplo en este libro demuestra que yo realmente nunca se lo que busco hasta que lo encuentro. Nunca se lo que encenderá la chispa de mi curiosidad insaciable e inspirar mi investigación por más conocimiento.

No tenía idea que un excelente candidato sonámbulo en estado se encontraría justo en mi patio, por así decirlo. Conocía a Beth ya hacía varios años porque había asistido a la escuela al mismo tiempo que mis propios hijos. Ya se acercaba a los 30 años de edad, y trabajaba en la oficina de la universidad local. A pesar de que había estado en contacto con ella todo ese tiempo, nunca habíamos hablado de temas de metafísica. Apenas había yo descubierto que se interesaba en mi tipo de trabajo. Ella quería simplemente experimentar una regresión por curiosidad. Al programar la fecha de nuestra primera cita yo sospechaba que ella seguiría el patrón que he encontrado en común durante las primeras sesiones.

Descubrí este patrón respectivo entre el 90 por ciento de los sujetos de primera vez. Esto es como una prueba para mí, especialmente si la persona no sabe cuál es el patrón, y no tiene idea de lo que yo espero que suceda. El otro 10 por ciento que no siguen este patrón generalmente están buscando algo específico y somos muy afortunados en encontrar y enfocarnos en ese objetivo. La mayoría de mis sujetos no tienen esa meta en mente, y entonces el patrón surge.

Una característica de este patrón es que la primera vez es subconsciente les permite explorar los archivos de sus recuerdos, una simple, aburrida, mundana vida generalmente emerge. Una vida insignificante donde la vida es generalmente igual al otro definitivamente no es material de tipo fantasía. Yo digo que no es significante porque no significa nada para mí. Pero a veces me sorprendo de que el material tiene algo de significado profundo para la persona que lo está reviviendo, generalmente una relevancia importante que yo nunca hubiera podido sospechar. Tengo cajas llenas de este tipo de material que nunca será lo suficientemente importante para un libro a menos que sea compilado en la perspectiva de los tiempos históricos de estas personas. Paso por cientos de estas vidas mundanas esperanzada a encontrar el sujeto que emergerá con una historia que sea digna de explorar con más detalle.

El sonámbulo es el principal requisito para este tipo de investigación que necesito por su habilidad de literalmente convertirse en la otra personalidad en cada detalle. Este tipo entra un nivel de trance tan profundo que recuerdan muy poco al despertar. Por lo que les concierne, ellos creen que se han quedado dormidos. Sus únicos recuerdos son generalmente porciones de escenas, similares a los sueños. Este tipo de sujeto no es común, y me considero afortunada de haber encontrado sobre quienes he descrito en mis libros. Este tipo ideal puede entrar en un trance muy profundo y virtualmente revivir esa vida. Cualquier otra cosa, especialmente la vida que viven en el presente cesa de existir. Respecto a esto, es muy similar a viajar por el túnel del tiempo. Así que me considero una viajera del tiempo y exploradora. Así que siento que debo preguntar toda pregunta concebible que se me ocurra. Al hacer esto, creo que he descubierto mucho conocimiento que es desconocido por la persona promedio y al igual que posiblemente de las autoridades históricas, también.

En mi primera sesión con Beth inmediatamente se hizo obvio que ella era una sonámbula. Era muy inusual que tal excelente calidad de material se manifestara durante la primera sesión de un sujeto. Tal vez la razón era porque el nivel de confianza (lo cual es extremadamente importante) ya se había establecido, ya que no era una extraña para ella. Normalmente, antes y después de la primera sesión, mucho tiempo se pasa creando este tipo de confianza, lo cual es esencial para el éxito. En el caso de Beth esto no fue necesario. Me sorprendió la facilidad con la que se adentró en el nivel de estado profundo de trance. Ella regresó inmediatamente a una vida pasada y empezó a compartir información enterrada. Ella era claramente un observador durante los primeros cinco minutos y luego totalmente se fusionó con la otra personalidad, y este mundo despierto dejó de existir para ella.

Su primera vista era de un gran campo rodeado parcialmente de árboles de pino. La única señal de vida eran algunas manadas de bueyes en yugo en el campo. Luego vio una vereda y tuvo el deseo de seguirla. La llevaba a una pequeña aldea con aproximadamente 15 a

20 casas. Eran casas que no eran familiares para ella o para mí. Eran construidas de madera con techos de pasto apresurados, y persianas en las ventanas. Un edificio sobresalió; era diferente porque era el único de dos pisos. El primer piso estaba hecho de roca y el segundo de madera. Ella comentó, "parece ser un hostal, tal vez. Hay un anuncio en la puerta de enfrente. Puedo ver la figura que tiene. Pero el sol brilla equivocado, no puedo ver lo que tiene escrito."

Le pedí que se mirara hacia abajo y que describiera su vestimenta, y se sorprendió de descubrir que era un hombre. Estaba descalza, usando pantalones beige, flojos hechos de lana sin pintar con una tela de color café oscuro que le envolvía la cintura varias veces. También usaba un chaleco de piel que tenía como encaje en el frente. Remarcó, "Debo ser un hombre. No tengo senos." Era el cuerpo de un adulto joven con piel oscura y pelo negro corto. Es sorprendente que esto generalmente no preocupa al sujeto de encontrarse en el cuerpo de un extraño del sexo opuesto. Realmente lo aceptan y continúan con lo que están viendo. Parecía tener una gorra en su cabeza, así que hizo los movimientos como si se la quitara de la cabeza, y examinarla. "Es una gorra de piel. tiene una corona de tamaño mediano y un borde que se puede voltear de arriba o abajo. Y tengo la visera hacia abajo en frente para que me ayude a darle sombra a mis ojos. El sol brilla muy intensamente." Se pone la gorra nuevamente y se soba con su mano por su barbilla, "Y mi cara está limpia y rasurada."

Debo hacer muchas preguntas durante estas sesiones para tratar de descubrir el tiempo y el lugar antes de proceder. A veces aun las preguntas más simples pueden responder estas cosas. Ya que su vestimenta no era tan descriptiva, pregunté si tenía adornos o joyería. Entonces Beth descubrió que tenía un amuleto de algún tipo alrededor de su cuello. Era una pequeña bolsa de piel que colgaba de un hilo. Ella hizo las mociones de abrirla y examinar que había dentro. Anunció con sorpresa, "Hay una roca aquí. Un tipo de gema, sin pulir, como áspera. Quiero decir que es un cuarzo, pero no parece cuarzo. Tiene fuego dentro. Parte de ella es nublada y parte es clara con un color negro-azul. Puedes ver dentro de él; la chispa dentro es azul-blanca, y las orillas de la roca son negro-azules. Cabe fácilmente en la palma de mi mano."

A este punto ocurrió el extraño fenómeno que he observado muchas veces. Su personalidad presente se esfumó y empezó a integrarse a la mente y recuerdos del hombre. "La encontré cerca de un riachuelo. Era diferente. Parecía contener una chispa. No soy conocedor de esto. Me lo explicó el sabio. Me dijo que contenía un espíritu. Puedo pedir consejos mirando la roca. Es como un amigo que te guía. Miras a la roca y te llegan las ideas."

Cuando esto ocurre sé que puedo proceder a hacer más preguntas definitivas sobre la vida de la personalidad que está guiando. Le pregunté si vivía en la aldea.

"A veces. Soy un cazador. Me quedo afuera. No me gusta ser dopado por el techo. Paso la mayor parte de mi tiempo en los cerros. Cazo lo que llega. Lo que necesite la aldea. Venado mayormente."

Dijo que usaba una flecha y un arco, pero la descripción de la ropa y la casa no sugería un Nativo Americano. Le pregunté si era un buen cazador.

"Si. soy cuidadoso. Eso me hace bueno. No te mueves muy rápido o eres tan ruidoso como un ... como un jabalí en calor. Eres paciente. Eres cuidadoso. Deja que la piedra te ayude y esperas. Te conviertes en uno con el bosque. Eres uno con el viento. El venado viene. Te disculpas con el venado por tomar su vida, pero es necesaria para la aldea. Matas al venado. Lo traes a la aldea. Compartimos con todos. Hay alguien que tiene talento para destazar el venado. Otro es Bueno para trabajar la piel y otro esculpe los huesos. Es bueno para todos. Hay unos que crecen el grano. Siembran suficiente para todos. Hay otros que son buenos para pescar del riachuelo. Yo soy el cazador."

El único líder de la aldea es el hombre sabio. Explicó: "Lo llamamos el sabio porque puede resolver los problemas para beneficio de todos. Y es bueno para comunicarse con los espíritus. Sabe cosas que no son ordinariamente conocidas."

Era obvio que ahora había entrado en un trance muy profundo, y yo podía proceder a preguntar por nombres, fechas y lugares. En el estado ligero este tipo de información es más difícil de obtenerse. Dijo que su nombre era Tuin. La hice que lo repitiera porque tenía un extraño sonido y se me dificultaba. Se pronunciaba tan rápido que las dos sílabas se juntaban. Tuve aún más dificultad de obtener el nombre del lugar.

Explicó, "Solo es la aldea. Solo hay maleza alrededor. Algunos campos están limpios. Sembramos en los campos; está rodeado de bosques y hay montañas cerca. Pero no hay nadie más. Solo es 'la tierra'."

He recibido esta respuesta muchas veces cuando un sujeto regresa a una vida primitiva. Son "gente" simple y donde viven es la "tierra". ¿Qué puede ser más natural? ¿Por qué tienen que tener nombres? Están completamente conscientes de quienes son y donde están viviendo.

Una manera de obtener información que puede establecer la localidad es preguntar sobre la comida que comen. Pregunté que es lo que siembran en los campos.

"Granos ... trigo. No sé cómo se les llama a los granos. Yo soy un cazador. Saben bien cuando los cocinan. Mientras yo cace para la aldea compartimos todo. Hay otras cosas que siembran: vegetales, diferentes tipos de frijoles. Algunas raíces, de un tipo de color anaranjado, rojo. Vienen en diferentes formas, a veces largo, a veces redondo. No sé cómo les llaman. Hay frutas jugosas en los árboles, muy buenas para comer en los días calientes de verano. Las mujeres preparan la comida para todos. Todos tenemos un sitio central donde hay ollas grandes. Preparan caldos que son realmente buenos. Cada mujer tiene una cocina jardín, supongo que para sus hierbas."

No había todavía suficiente información para establecer la localización, así que pregunté por la vestimenta de las mujeres.

Proveyó la descripción, "La mayoría de ellas usan falda larga. Un tipo de blusa un tipo de manga corta, que se enreda como soporte de sus pechos, cubriéndolos. No sé cómo pueden usar esas ropas tan constrictivas. Nunca he tenido que lidiar con esas ropas. Hay básicamente varios tonos de café, pero algunas mujeres han encontrado unas piedras que son de un azul muy brillante, rojo, varias piedras. Las cosen en sus ropas o las usan encima para agregar color. Sus cabellos son largos y lo sostienen de varias maneras. Tienen cosas atoradas en su cabello... un tipo de cuchillo doblemente puntiagudo. Pero no es cuchillo porque no corta. Tiene piedras adheridas al puño, para poderlo meter a través de un bulto de cabello y lo sostiene en su lugar y se ve bonito. La mayoría de la gente de la aldea usa zapatos de algún tipo, ya que están en la aldea. Cuando estás cazando debes estar descalzo. Los zapatos de mujer quedan cerrados en el pie, pero son flexibles. Son hechos de la piel que yo proveo con mi casería. Se abrochan de lado, o a veces se amarran. Los hombres ... hacen la suela más firme de alguna manera para que no se agujere cuando andan en los campos. Para las mujeres, generalmente los zapatos son altos hasta los tobillos para que las proteja hasta dónde llega la falda. La falda llega justo arriba de los tobillos y el zapato va bajo las faldas. No sé qué tanto. Me pueden abofetear si pregunto. No me gustaría que eso suceda."

Donde Tuin vivía aparentemente se ponía muy frio durante el invierno, así que se vestía diferente durante ese tiempo. Usaba pantalones más gruesos y un tipo de ropa como pulóver con mangas largas y sueltas. En tiempo de frio también usaba un tipo de gorro para mantener su cabeza y orejas protegidas. Y sobre él había una prenda de ropa más grande y floja que suena como un tipo de poncho. Luego se envolvía pieles en sus manos y reluctantemente se ponía botas de pieles como peluche. A pesar de que prefería andar descalzo también decía que no quería perder los dedos de sus pies durante el clima frio. Toda esa ropa era usualmente hecha de diferentes tipos de pieles de animales. Las mujeres podían hacer ropa de algún tipo de fibra, pero él pensaba que las pieles eran más abrigadoras. Ya que la sobrevivencia de la aldea dependía de la habilidad de cacería de Tuin se tenía que preparar para aventurarse al peor clima posible, así lo deseara o no. "Depende del abastecimiento de comida," dijo. "Si hay suficiente comida me quedo y me mantengo calientito. Si empieza a bajar, entonces es mi deber salir a cazar."

Tuin no tenía una casa regular donde vivir como los otros. El prefería estar afuera. Pero en este clima los inviernos se ponían muy fríos con mucha nieve y tenía que estar dentro, aunque le disgustara mucho. Así que, cuando lo necesitaba tenía un cuarto pequeño en el edificio de dos pisos. Había una chimenea grande en este edificio así que estaba calientito. Había hecho una cama al cocer y estrechar pieles de venado entre dos polos. Esto se sentaba en patas y como un pie arriba del piso, y una cubierta de piel de oso la hacía muy cómoda. Los únicos muebles en el cuarto eran una mesa y una banca donde generalmente tenía agua y un pedazo de pan. Explicó que había otro tipo de bebida en la aldea además del agua.

"Hay una bebida que hacen los granjeros hecha de fruta que es muy buena. Te levanta además de saber muy bien. Si tomas mucho, te relajas mucho y te ríes mucho. No tomo mucho de eso porque me gusta estar en armonía, y no me siento en armonía cuando estoy riendo

mucho. Y algunos de ellos se quejan de dolor en la cabeza y de no sentirse bien la mañana siguiente. Y eso interferiría con la cacería." Obviamente estaba describiendo un tipo de vino, pero la bebida parece haber sido mayormente en las celebraciones.
También parecía que Tuin no tenía familia.
"No, estoy solo. Soy un cazador. No tengo familia permanente. Claro que tuve padres; todos los tienen. Mi madre es muy vieja. Tal vez no viva por mucho tiempo más. Mi padre, ella no estaba muy segura de saber quién era mi padre."

Cuando pregunté si se había casado alguna vez, no entendía la pregunta. Este es otro punto interesante de la regresión a vidas pasadas. Muestra la absorción completa del sonámbulo adentrado en la otra personalidad. A veces uso palabras y conceptos que son perfectamente entendibles en nuestro mundo moderno. Pero si son ajenos o no son parte del presente del periodo de tiempo de la otra entidad, no los pueden entender en lo absoluto. Esto muestra más gráficamente que no están asociados con la mente de la personalidad del presente para nada, o podrían asociar esa información y aplicarla. Esto a veces me pone en situaciones difíciles. Debo aprender a encontrar una definición simple para una palabra común para que la entidad entienda. Esto es a veces difícil de motivar en el momento.

Dolores: Creo que lo llamaste "vivir bajo un techo" El matrimonio es cuando vives con una mujer.
Beth: Vivimos con mujeres. Tienes hijos, y luego si decides que quieres cambiar tu vida, o la mujer decide que necesita cambiar su vida, entonces vives bajo un techo con alguien más. Y alguien más viene a vivir con la mujer.

Eso fue la más cercana definición de matrimonio a la que pudo llegar.

D: ¿Entonces tu nunca lo has hecho?
B: No. No me gusta quedarme bajo un techo. Yo estoy afuera. Hay una mujer joven con quien tengo una amistad. Hablamos. Le puedo decir cosas que no le puedo decir a los demás. Pero ella quiere que alguien viva en la aldea y que se quede allí, y a mí no

me gusta vivir bajo un techo. Pero es bueno tener alguien con quien hablar. Generalmente hablo con animales.

Cambié mis preguntas a utensilios de comida, porque a veces las respuestas se pueden encontrar en esa área.

D: *¿La gente de la aldea tiene ciertas cosas con las que comen?*
B: Si. El carpintero, consigue piezas de madera. Son piezas planas de madera y les tiene que hacer un huego para que sostenga lo que comemos. Así que en caso de que sea jugo, como caldo, que no se escurra. Usamos cuchillos para cortar cosas a la medida correcta. Las mujeres tienen palos que son huecos en las puntas para mover la comida para que no se pegue. Las mujeres tienden a usarlas; creo que les llaman cucharas.

Estas respuestas no me estaban ayudando a encontrar el lugar o periodo de tiempo. Estas eran personas que aparentemente vivían muy simplemente, pero no eran primitivos.

D: *¿De qué están hechas las ollas en las que cocinan los alimentos?*
B: Generalmente barro. Hay una olla que el sabio usa. No sé dónde la obtuvo. Es hecha de algo duro, no es piedra, sino como un metal que brilla.

Esta fue la primera introducción de un elemento extraño en esta regresión, una indicación de que no todo era simple y ordinario como parecía al principio. Eso no parecía ser la olla común para guisar.

D: *¿Brilla? ¿No es de color obscuro?*
B: Depende del espíritu. A veces en un color rojizo-dorado brillante. A veces es negro. Sospecho que tiene dos ollas diferentes, pero las dos se ven igual, pero él dice que depende de los espíritus. Tal vez es como mi roca. La leyenda dice que las cosas que tenemos fueron traídas por los viejos hace mucho tiempo atrás.

He escuchado mencionar a los ancianos en muchas otras regresiones. El término tiene varios significados. Generalmente se refiere a los ancestros que tenían mucho conocimiento o quienes adoraban a los viejos dioses. Usualmente estas gentes habían desaparecido, muerto, o eran tan pocos que estaban escondidos y protegidos. Se les consideraba ser muy especiales, y normalmente el sujeto es reluctante a hablar de los "viejos." Esperaba este mismo tipo de respuesta protectora cuando le pregunté que quería decir con ese término. Ya me había tomado por sorpresa su definición.

B: Vinieron ... la leyenda dice que viajaron a través del vacío. Era el vacío y oscuro, y su nave – estaban en una nave – algo salió mal y se dice que chocaron, pero nuestro rio no es muy grande para ningún barco. No entiendo, pero eso es lo que dice la leyenda. La nave tenía mucho metal en él, y usamos el metal para nuestros cuchillos y nuestras ollas.

Esto era una sorpresa. Me preguntaba donde habían aprendido el arte de la metalurgia, pero nunca pensé que esta sería la respuesta.
Hasta este punto, la sesión había ido como era de esperarse en una primera regresión: mundana, una persona simple viviendo una vida simple. Ya había coleccionado cientos de ellas. Con tan poca información que se presentaba para garantizar continuar, seguramente habría sido una regresión primera, y la grabación se hubiera ido a la caja junto con cientos más. Y Tuin, el cazador, habría retrocedido en las brumas del tiempo y no habría sido llamado de nuevo. Excepto ... excepto que hizo ese comentario inesperado y fuera de lugar que encendió la chispa de mi curiosidad. Cuando eso sucede, algo dentro de mí sabe que hay una historia que vale la pena seguir y mi insaciable "deseo de saber" se desata. Beth mostró las cualidades de una sonámbula y supe que quería seguir trabajando con ella. Pero esta historia en particular se habría descartado, si no hubiera sido por ese comentario casual. Sin eso, este destello de nuestra historia largamente olvidada habría permanecido enterrado para siempre.
Era obvio que Tuin ignoraba el significado real que su declaración tenía para mí. Simplemente estaba citando su conocimiento de una leyenda. Pensó que se refería a un barco que navegaba río abajo y no entendía cómo podía haber sucedido. Tendría que adaptar mis preguntas al nivel de su mentalidad y comprensión.

D: ¿La nave todavía está allí?

B: No, fue hace mucho tiempo. Todo lo que tenemos ahora son los cuchillos y las ollas. Los cuidamos porque no podemos conseguir más. El chamán, el sabio, todavía tiene algunas piezas de metal en su casa que usa para cosas secretas. Los moldea cómo se necesiten para amuletos, amuletos o cosas sagradas.

D: ¿Alguna vez has visto estas piezas?
B: Una vez. No sabía que los había visto. No se lo he contado a nadie. Se suponía que no debía verlos. Uno era grande, como un animal, como un glotón. (Tuvo dificultad para encontrar las palabras para describirlo y usó terminología con la que estaba familiarizado). ¿Cuál es la forma? No puedo describir la forma. Se apoyaba en el suelo y los lados se levantaban rectos como un árbol alto. Pero en la parte delantera, subía y luego se inclinaba hacia atrás y luego quedaba plano en la parte superior como una roca plana. Estaba hecho de metal, de un color gris plateado apagado. En la parte inclinada había cosas que sobresalían que eran de colores más oscuros. No sabía el propósito de ellos.

D: ¿Había muchas de esas cosas extrañas sobresaliendo?
B: Sí. Algunos eran largos y delgados. Aproximadamente de este largo (los movimientos de las manos mostraban aproximadamente una pulgada) y algunos eran redondos.

D: Y las que estaban en la parte inclinada ¿Estas cosas se movían o lo sabes?
B: No lo sé. Solo los miré de reojo.

En el lugar que había estado describiendo de un simple pueblo aislado, no puedo imaginar nada más fuera de lugar. Al parecer, no sabía qué podía ser. Apenas tenía los requisitos de idioma para describirlo, por lo que definitivamente era algo extraño para él. Pero sonaba similar a algún tipo de panel de control, o quizás algún tipo de máquina.

D: ¿Hubo más de estas cosas sesgadas grandes?
B: No. Solo había uno. Pero cerca había piezas de metal apiladas. Todos estaban mezclados, por lo que no podía distinguir las formas.
D: Tal vez los usó para los amuletos.
B: Eso creo.

D: *¿Crees que usaría ese objeto de aspecto extraño para cualquier cosa?*
B: Realmente no lo sé. Se dice que hubo cosas en la nave que se estrellaron. Pero sería demasiado pesado para una nave. Lo haría hundirse en el río. No lo entiendo.

Como era obvio que Tuin estaba hablando desde su perspectiva y no desde la perspectiva más moderna de Beth, tendría que comunicarme con él en términos que él entendiera. Especialmente tendría que mantener mis preguntas dentro de un marco simple y deliberadamente no ser sugerente hasta que descubra más sobre esta leyenda.

D: *¿Qué pasa con la leyenda? ¿Decía cómo eran los viejos?*
B: Se parecían a nosotros, pero eran más altos. Podían hacer cosas maravillosas.
D: *¿Entonces algunos de ellos vivieron? ¿No murieron cuando la nave se estrelló?*
B: Así es como estamos aquí. Venimos de los viejos. Somos los únicos.
D: *¿Entonces se quedaron allí e hicieron el pueblo?*
B: Sí. Su nave ya no podía irse. Viajaban a otro lugar. No sé dónde.
D: *¿Las leyendas dicen si iban vestidos de manera diferente?*
B: (Pensando) Las leyendas dicen que al principio vestían ropa blanca, de color blanco plateado, y no se desgastaba ni se rasgaba. Pero luego, a medida que pasaba el tiempo, algunos de sus descendientes tenían la costumbre de enterrarlos con sus ropas, de modo que ahora no tenemos ninguno, si es que alguna vez existió. Quizás estar en el bosque me hace cuestionar demasiado.
D: *Podría ser. Pero se supone que eres descendiente de estas personas. ¿Es por eso que su gente no abandona esta área?*
B: Parcialmente. Somos tan pocos. No muchos. No hay nadie más. Si algunos de nosotros abandonáramos la zona, no habría suficiente para que sobrevivieran ni para nosotros. También nos haría daño.
D: *Entonces todos son necesarios. Todos se ayudan unos a otros.*
B: Sí, no hay muchos. Tenemos cuidado. Las leyendas dicen que, si no tienes cuidado con la Madre Tierra, la Madre, ella se disgustará y no dejará que crezcan las cosechas.

D: *Eso tiene sentido. ¿Conoces otros pueblos o grupos de personas?*
B: No hay otros. Somos los únicos.
D: *¿Alguna vez han viajado para ver si hay otros en algún otro lugar?*
B: Lo he hecho. Yo soy un cazador. A veces voy más allá de lo necesario para cazar.
D: *¿Alguna vez has visto otros grupos de personas?*
B: No. Por donde voy, hay bosques y más bosques y montañas. Las montañas son altas con las cimas que permanecen con nieve todo el tiempo. Las bestias del bosque también lo saben; son peludos. No he visto a nadie más.

Sabía que se me estaba acabando el tiempo para esta sesión. Normalmente, en la hora que asigno por primera vez, puedo repasar por completo los eventos importantes de una vida, ya que la mayoría sigue el patrón y es muy mundano. Ahora sabía que estaba tras la pista de algo y tendría que haber más sesiones para aclarar estas leyendas de las que habló Tuin. Cuando quiero seguir trabajando en una historia, siempre le pido permiso a la entidad para volver. Creo que, si no les muestro esta cortesía como una personalidad separada, no responderán mis preguntas futuras. Esto también ayuda a establecer la confianza y la simpatía que son tan importantes para obtener información. Normalmente, la entidad está demasiado contenta de hablar conmigo. Tuin no fue la excepción.

B: Sí, disfruto contándote sobre mi gente. Estamos orgullosos. Somos buena gente. Es interesante hablar con alguien que no conoces. Es como explicarle las cosas a un niño y a los niños les gusto.
D: *Me explicas muy bien las cosas y me gusta aprender. Entonces con tu permiso volveré en algún momento y podremos hablar de nuevo. ¿Y no perturbará tu trabajo y tu caza?*
B: No, no estás molestando. Te estaré buscando

Como era obvio que Beth era un sujeto sonámbulo excelente y deseaba volver a trabajar con ella, la condicioné con sugerencias de palabras clave antes de devolverla a la plena conciencia. Me gusta trabajar con palabras clave (que pueden ser cualquier cosa) porque me ahorra mucho tiempo de inducción y puedo concentrarme en la historia que estoy explorando.

Al despertar, le pregunté a Beth qué recordaba de la sesión. Sus únicos recuerdos conscientes eran destellos de muchos árboles. Cuando le hablé de la regresión, dijo que solo podía hacer algunas conexiones conscientes con ese tipo de vida. Le encanta el clima frío, cuanto más frío, mejor. Le gusta andar descalza e incluso en invierno usa mucha menos ropa que la persona promedio. Tiene que tener una ventana abierta en su habitación, especialmente en invierno. Le encanta el bosque y va a hacer espeleología (explorar cuevas) con un grupo de personas como pasatiempo.

Muchas veces, una vez que el subconsciente ha sido impulsado a explorar una vida pasada, comenzará a revelar pequeños fragmentos de información a través de sueños, intuiciones o impresiones. Le pedí que estuviera alerta para que esto sucediera.

Durante la semana siguiente tuvo un sueño muy vívido de caminar por un bosque de pinos. El suelo estaba cubierto de gruesas agujas de pino y podía oír el canto del viento a través de los árboles. Parecía estar intentando decirle algo. El sueño la dejó con un sentimiento muy feliz y reconfortante.

Capítulo 2

Llamando a los espíritus

INGENUO E INOCENTE, Tuin había comenzado a relatar la historia de sus antepasados. Lo había mencionado sin pretensiones, como si estuviera hablando con un niño. Pero lo que a él le parecía simplemente una vieja historia tenía un significado completamente diferente para mí. Sonaba como si una nave espacial se hubiera estrellado cerca de donde se encontraba ahora su aldea. Había estado viajando a través del "vacío" hacia algún destino desconocido cuando se desactivó. Aparentemente, los ocupantes no pudieron abandonar la Tierra, y Tuin y los aldeanos eran sus descendientes. Una historia increíble, pero por la forma en que me la presentaron tenía el indeleble sonido de la verdad. Quería saber más sobre esta leyenda, ya que creo que la mayoría de las leyendas tienen alguna base, por muy remota que sea, de hecho. Ahora me enfrentaba a dos misterios que quería rastrear y verificar de alguna manera. Primero, quería averiguar todo lo que pudiera sobre los "viejos". En segundo lugar, quería intentar descubrir dónde y posiblemente cuándo había ocurrido el accidente. De hecho, tendría que sondear como un detective si pudiera juntar estas cosas y encontrar mis respuestas. Pero me encantan los misterios y los desafíos, y me acababan de entregar uno maravilloso.

Todavía no me habían dado lo suficientes. La ubicación de la aldea de Tuin era incompleta y podría aplicarse a muchos lugares de la Tierra. Vivía en un lugar aislado en un valle fluvial rodeado de montañas cubiertas de nieve perpetua. Esto sugirió un clima del norte, pero ¿en qué continente? La ropa y la vivienda no sonaban como los nativos americanos. Pensé que el período de tiempo no podía ser muy remoto ya que no eran primitivos. Conocían el arte de tejer ya que algunas de sus ropas estaban hechas de tela. Usaban metalurgia que es un proceso complicado. Las personas que están aisladas y que creen que son las únicas personas en el mundo no tendrían un sentido del tiempo, como los años, con el que nos pudiéramos relacionar e identificar. A través del cuestionamiento tendría que averiguar qué tipo de cultura tenían y cuándo podría haber existido. Para encontrar estas respuestas, eventualmente requeriría mucha investigación, pero eso nunca me ha molestado. Me encanta ahondar en las bibliotecas en busca de esa información esquiva una vez que tengo una historia que vale la pena seguir.

Tuin había mencionado una bebida hecha por los agricultores que se consumía principalmente durante las celebraciones. Una forma de identificar una cultura es a través de su estructura de creencias. Entonces, cuando Beth y yo nos reunimos la semana siguiente para continuar con esta historia, tenía la intención de explorar esta línea de preguntas. La palabra clave funcionó de maravilla e inmediatamente entró en un profundo estado de trance sonámbulo, y yo comencé.

D: ¿Qué tipo de celebraciones tenían?
B: Tenemos varias ceremonias. Los hay principales y los hay más pequeños. Y estas ceremonias mantienen las épocas del año en los lugares apropiados y ayudan a que los años pasen, de un año al otro, en el ciclo fluido de la vida: la cosecha, la primavera. Y en invierno, fiesta de pleno invierno cuando el sol empieza a volver.

Pedí una descripción de las celebraciones.

B: Para la cosecha trasladamos las ollas de donde solemos cocinar y hacemos una gran hoguera. Y empezamos a bailar para ayudarnos a relajarnos. Intentamos no preocuparnos por el hijo que está enfermo o por los insectos que se comen el grano o lo que sea. Bailas, te relajas. Y luego el sabio, comienza a cantar las canciones especiales. Las que llaman a los espíritus.

Pregunté si usaban algún tipo de instrumento musical en estos festivales. Dijo que tenían algunos, pero que se usaban para uso privado y entretenimiento grupal en la posada. Dijo: "Nos gusta la diversión. Cuando se hace lo que se debe hacer, ¿por qué seguir trabajando cuando no es necesario?" Describió un pequeño tambor de mano que estaba cubierto con un delicado trozo de piel. No era golpeado; era cepillado con las yemas de los dedos para hacer sonidos suaves. Había un conjunto de palos que se agitaban o frotaban para hacer un chasquido. Tuin mencionó a un carpintero del pueblo que estaba experimentando con diferentes formas de madera y tripa y tratando de producir un instrumento de cuerda. Tuin pensó que los intentos del hombre eran divertidos porque las cuerdas se soltaban y los sonidos producidos no eran melodiosos. Tuin prefería escuchar el canto de los pájaros.

Mientras estábamos en el tema de la música, pregunté sobre las canciones que se cantaban. En otras regresiones he logrado que el sujeto cante en la lengua materna. Esto es raro, pero ocurre ocasionalmente. A veces puedes aprender mucho de las melodías sin escuchar las palabras.

B: Depende del propósito de las canciones. Las canciones son poderosas. Contienen a los espíritus. Tienes que tener cuidado al cantar. Puedes llamar al espíritu equivocado. Los espíritus hablan, pero no como tú y yo. Cantan. Por eso a veces te hablan en el viento. El viento es un espíritu poderoso. Debes tener cuidado con la música. Debes ser respetuoso.

D: *¿Entonces solo cantan estas canciones en grupo con el sabio que les dirige?*

B: Depende. A veces solo canta el sabio. Cuando empieza a cantar, te sientas en silencio. O miramos las llamas o miramos las estrellas.

D: *¿No tienes nada de baile?*

B: No cuando el canta. El baile es para relajar la mente para la actitud adecuada al cantar. No puedes preocuparte por cosas normales cuando estás cantando. Casi todas las canciones llaman a algún tipo de espíritu. ¿Las canciones de cuna que las mujeres cantan a sus hijos para que se vayan a dormir? Aunque las cantan con bastante frecuencia, sus canciones son una protección. Y convocan a pequeños espíritus para proteger a sus hijos de cualquier daño mientras duermen.

D: *Me preguntaba si podía oír cómo sonaba tu música. ¿Podrías cantarme algo?*

B: No canto bien. La mayoría de las jóvenes, independientemente de lo encantadoras que sean, dicen que prefieren escucharme contar historias que cantar las canciones. Me siento incómodo cantando con la gente. Principalmente le canto a los animales. Hay algunas canciones que le canto a los árboles. Realmente no tienen palabras, pero el sonido es lo que cuenta debido al propósito de la canción. Llamo a los árboles para que me ayuden a esconderme y no estar en armonía. Y así, dado que el viento canta a través de los árboles, el viento no necesariamente siempre usa palabras. Entonces le canto a los árboles sin palabras. De esa manera, si tengo que cantar en voz baja, puedo. Y si es uno que me gusta especialmente, lo recuerdo. Pero por lo general sigo adelante e invento otro la próxima vez.

D: Entonces nadie más los escucha.

B: El árbol, no te olvides del árbol al que le estoy cantando.

Lo demostró canturreando varios compases que sonaban como el viento: un sonido de ooooo.

B: No puedo hacerlo mucho.

D: Eso suena como el viento. Realmente suena como el viento. Pero cuando las mujeres les cantan canciones de cuna a sus bebés, ¿recuerdas cómo suena?

B: Recuerdo la melodía, pero no puedo cantar la letra para ti porque llamará a los espíritus.

D: Pero eso es un buen espíritu.

B: Cierto, pero si los llamas sin motivo, no les gusta que se burlen de ellos. Se dice que las mujeres son las mejores para llamar a los espíritus. No estoy seguro de cómo lo hacen. Creo que es similar a cómo me disculpo con los animales. Todos tienen algo que hacen mejor. Hay algunas ancianas de las que se dice que pueden ver cosas en el fuego. A veces tienen razón.

D: Cuando hacen este llamado a los espíritus, ¿es solo durante las celebraciones?

B: No. Todos tienen espíritus personales a los que pueden recurrir. Algunas de las mujeres que pueden ver el fuego, los espíritus les muestran lo que necesitan saber en el fuego. Mi espíritu me habla en el viento. Los espíritus cantan, ya sabes. Puedo escuchar el viento, me cantan. Suena como el viento, pero parece ser un silbido más alto por encima del viento, y el silbido tiene sentido de alguna manera. Es como si estuvieran diciendo las palabras mientras cantaban muy alto. Y es suave y sólo alguien que puede oír el viento puede oír las palabras y entenderlas. Para otros, simplemente suena como el viento que sopla. Se dice que algunas personas, sus espíritus les hablan desde el agua. Algunos pueden escuchar al río diciéndoles cosas. Algunos pueden mirar dentro del agua y ver sus espíritus mostrándoles cosas. Los espíritus les hablan a algunas personas de más de una manera. Pero, por lo general, todo el mundo encuentra el camino que más le conviene.

D: *¿Tienes lo que yo llamaría una "religión"? ¿Sabes qué es eso?*

B: No. ¿Qué es una religión?

D: *Significa una creencia. Bueno, una creencia en estas cosas de las que estás hablando, las cosas que no puedes ver. Y algunas personas creen en un poder sobre todo lo que llaman "Dios". ¿Tienen una creencia como esa?*

B: No así, si te entiendo bien. Los espíritus están ahí para ayudarnos. Se dice que la capacidad de escuchar a los espíritus o de comunicarse con ellos como lo hacemos nosotros proviene de la fuerza vital. Todo el mundo tiene esta habilidad, de una forma u otra. A veces habrá un niño que no pueda comunicarse con los espíritus y lo sentimos mucho. Su mente, tiene una experiencia muy cerrada.

D: *Sí. Aunque todo el mundo tiene esta habilidad, algunas personas simplemente no la reconocen y no la usan.*

B: ¿Oh? En nuestra gente todo el mundo lo tiene, excepto con algunos de los niños algunas veces. Si son lentos, a veces les resulta más difícil darse cuenta de cuándo les están hablando los espíritus. Todos sienten pena por ellos hasta que aprenden.

D: *¿Tienen un nombre para el idioma que hablan?*

B: Es el idioma que hablamos.

D: *¿No tiene nombre como lo llamas?*

B: Bueno ... es el idioma de aquí. ¿Cómo lo llamaríamos?

D: *He escuchado en algunos lugares más allá de las montañas, la gente habla palabras diferentes y otras personas no pueden entenderlas.*

B: Pero somos las únicas personas. Solo hay un idioma. No existe ningún otro. Somos el pueblo, esta es la tierra. Vuelve a las preguntas sobre los festivales.

D: *¿Te gustan las fiestas, las celebraciones?*

B: Sí. Cuando debo estar con gente, es agradable estar con gente durante el festival. Prefiero estar con los animales. Son armoniosos. Los hombres tienen que esforzarse por ser armoniosos.

D: *¿Tienes un festival o celebración favorita?*

B: Es difícil de decir. Cada uno es especial. Tienen su propio significado. Llamas a los espíritus, suceden cosas. A veces, cuando el sabio sale, su voz viaja alrededor del fuego, pero sigue sentado donde está. Esa es una señal de que ha venido un espíritu. A veces, el fuego cambiará de color o cambiará de forma. Ciertas formas significan ciertos espíritus. Es muy real. Nadie duda de lo que está sucediendo.

D: *¿Son estas buenas señas cuando vienen los espíritus?*

B: Depende del festival en el que se encuentre. Si viene el espíritu equivocado, eso significa que alguien no está en armonía. Y debes ayudarlos a volverse armoniosos para que venga el espíritu correcto. Hay espíritus de invierno, hay espíritus de verano. Si obtiene un espíritu de invierno en el verano, no le sirve de mucho. Si recibe consejos del espíritu invernal en verano, no funcionará demasiado bien. Pero el espíritu del verano le dará consejos sobre cómo trabajar sus cultivos para que les vaya bien.

D: *¿Cómo plantar todo?*

B: Cuándo plantar. Le dicen al sabio. Puedes escucharlos cantar, pero a veces no puedes entenderlos. El sabio se lo dice a quién lo necesite o se lo dice a todo el grupo. Hay otra ceremonia en la que el día y la noche están perfectamente equilibrados.

D: *(Estaba pensando en la primavera.) ¿Es este el comienzo de la temporada de crecimiento?*

B: No. La temporada de cultivo ya ha comenzado. Todo va bien, y los árboles están saliendo y los animales han salido. Verás, cuando llega esta ceremonia, primero ha sido invierno y luego ha comenzado la temporada de crecimiento y todos quienes saben que el sabio del cultivo ha estado trabajando duro para plantar sus cultivos y cosas por el estilo. Y he estado ocupado cazando y todos necesitamos un descanso, así que celebramos y nos divertimos mucho. Es un momento de celebración, porque nos hemos sacudido el sueño del invierno. He estado muy ocupado cazando para conseguir una variedad de cosas para la fiesta que acompañará al festival. Y varios han estado en el bosque recogiendo las cosas que han brotado, verduras, hongos y cosas así. Para tener mucho que comer en este festival, y todo el mundo está muy contento. Están decorando cosas, como poner nuevos adornos en su ropa y demás, para que todo tenga un aspecto nuevo y especial.

D: *¿Cómo celebras en ese momento?*

B: Depende de la edad que tengas. Si eres muy mayor, hablas de cómo el invierno pasado no fue tan malo como los que recuerdas cuando tenías 12 veranos. Si eres un poco más joven, hablas de las cosas nuevas que todos podemos intentar para ayudar a aumentar la producción de cereales. Y si eres un poco más joven, digamos mi edad, haces planes sobre lo que vas a hacer durante el verano. Y los que son un poco más jóvenes, bueno (sonriendo), tienden a escabullirse en el bosque y divertirse. Hay una ceremonia que da inicio a la celebración. Es una ceremonia creciente para asegurarnos de que estamos en armonía con los espíritus para que las cosechas crezcan. Y se cantan las canciones adecuadas. Luego, después, todos celebran en la gran fiesta.

D: *¿Hay leyendas que se hayan dicho en ese momento?*

B: Sí, la mayoría de las leyendas que tratan del cultivo o de cómo los viejos cultivaban, cuando empezaron a cosechar, rindieron muy bien. Leyendas sobre cómo cultivaron sus cultivos y cómo aprendieron a estar en armonía con la Tierra, y cosas por el estilo. Y leyendas sobre por qué se hacen las cosas con los cultivos de la forma en que se hacen, y cómo y cuándo. Cuando plantar, cómo ararlo, dónde sería bueno. Cuando prepararse para cosecharlo. Ese tipo de cosas. Los agricultores saben lo que necesitan saber para hacerlo. Soy un cazador, realmente no sé cómo lo hacen. Para estar en armonía debes ir con las estaciones. Esa es la única forma equilibrada de hacerlo. El próximo gran festival es cuando el día es más largo y la noche realmente no está allí. ¿Sabes cómo después de que se pone el sol, pero antes de que oscurezca, cuando está algo oscuro? Bueno, el día más largo del año es así toda la noche. Y las noches antes y después tampoco oscurece.

D: ¿Como tres días seguidos?

B: En realidad, más largo que eso, porque en la parte central del verano realmente no oscurece. Pero en esa noche en particular, el sol sale más temprano y se pone más tarde. Puedes ver toda la noche; no hay problema.

D: Durante esa época del año, ¿hace mucho calor?

B: Ahh ... ¿cómo se llama caliente? Es tiempo de verano.

D: He escuchado que hay algunos lugares donde hace mucho calor y ni siquiera gusta usar ropa. ¿No es así?

B: No, no es así. Todavía hay nieve en las montañas. Y el viento sopla desde las montañas y siempre es fresco.

D: En el día más largo del año, ¿tienen leyendas especiales en ese momento?

B: Sí. Las leyendas que se cuentan sobre el día más largo del año tratan sobre la vida. Por qué las cosas son como son y cómo llegaron a ser así. Además, es el momento del año en el que si alguien ha aprendido o descubierto una nueva forma de cantar a los espíritus que parece ser efectiva, ellos muestran a las demás personas cómo funciona. Determinamos si debe ser solo una canción personal o quizás una canción que más personas puedan adoptar para propósitos particulares. Y si se ha descubierto algo nuevo sobre el cultivo de cultivos o algo por el estilo, los agricultores lo cuentan para asegurarse de que no se olvide.

He tenido regresiones en las que los nativos usaron estados inducidos por drogas durante las ceremonias para aumentar su conciencia espiritual. Así que les pregunté si bebían o comían algo especial en ese momento.

B: No, lo que sea apropiado para esa época del año. Sin embargo, el sabio tiene ciertos tipos de hierbas y polvos que pone al fuego. Todo el humo cambia de color y olor. Él pone mucho para asegurarse de que todos podamos inhalar un poco del humo, porque nos ayuda a relajarnos y prepararnos para la leyenda. Algunas de las hierbas abren la mente para que podamos recordar más atrás, y también para que podamos recordar más de lo que se

dijo esa noche. Es posible que no necesariamente podamos recordarlo al día siguiente, pero sabemos que estará allí.
Entonces parecía que sí usaban una forma de alucinógeno.
D: *¿El sabio usa algo diferente durante las ceremonias?*
B: Tiene diferentes tocados que usa para los diferentes festivales. En el verano toma algunos de los tallos de trigo sin trigo, los teje hasta que se pegan y los endurece con arcilla de diferentes colores. Le pone hojas y demás, y usa diferentes tipos de arcilla para hacer diseños.
D: *Puedo ver el simbolismo de lo que se supone que representa. Está hecho de las cosas del campo.*
B: Y el sabio le pinta dibujos con diferentes colores de arcilla. Significa ciertas cosas para los espíritus, para ayudarnos a tener una buena cosecha más adelante en el festival de la cosecha.
D: *¿Qué tipo de diseños le pone?*
B: Diferentes formas. Algunos son como una figura de tres lados, pero con una especie de formas onduladas como si estuvieran unidas a la figura de tres lados. (Hizo movimientos con las manos de un triángulo, etc.) Como tener una flecha con un eje ondulado, no es que tal cosa exista.
D: *¿Saliendo de la parte inferior de esta figura de tres lados?*
B: Sí. A veces hace un círculo redondo con líneas que salen de él, como el sol brillando. Significan cosas especiales, y como no parecen significar nada para mí, es difícil recordar lo que son. Significa algo para los espíritus. Lo hace en rojo y marrón rojizo oscuro sobre blanco. Toda nuestra cerámica está hecha de arcilla roja. La arcilla blanca es especial, es sagrada. Todas las mujeres saben dónde se encuentra la arcilla. Siempre que encuentran arcilla blanca se la traen.
D: *¿Dijiste que hay algunas ceremonias en las que simplemente repiten las leyendas?*
B: Eso no es toda la ceremonia, pero ... ¿cómo te lo explico? Todo el mundo sabe cómo es.
D: *Excepto yo.*
B: Excepto tú. Tu eres muy extraña. ¿Tenemos los rituales? (No estaba seguro de esa palabra). La ceremonia comenzaba en ciertas épocas

del año, la forma en que se equilibra la oscuridad de la noche y la claridad del día, ayudan a determinar cuándo serán determinadas las ceremonias. Y en ese momento se contarán ciertos conjuntos de leyendas por ciertas razones. Al igual que en el invierno, parece que hay un punto en el que el sol es muy tímido. No hay mucho sol y la noche parece muy, muy poderosa. Esa es la forma en que se equilibran los espíritus en ese momento. La noche más larga tenemos la ceremonia de invierno, y es entonces cuando ciertas leyendas deben contarse y transmitirse. Es entonces cuando la parte nocturna de la armonía es más poderosa, porque la noche siguiente no será tan larga. El sabio es el que hace un seguimiento de esto. En invierno, la noche es mucho más larga que el día. El día se vuelve muy corto. Parece que ha estado despierto durante mucho tiempo antes de que finalmente salga el sol. Y comes tu comida del mediodía, comienzas a hacer actividades durante el día, y el sol no ha salido por mucho tiempo cuando se mete de nuevo.

D: *Supongo que debes trabajar en días como ese.*

B: La luz del fuego ayuda. No hay mucho que hacer en invierno. Estabas preguntando por las muchas celebraciones. Hay uno que te has perdido.

D: *¿Cuál era?*

B: El que sigue al festival de verano. En otoño, cuando el día y la noche vuelven a equilibrarse, tenemos otra celebración. Ocurre cerca del final de la cosecha cuando estamos celebrando una buena cosecha, o si no ha sido una buena cosecha, cantamos canciones a los espíritus para ayudarnos a pasar el invierno. En este momento, como las noches se hacen más largas y el trabajo del verano está casi terminado, comenzamos a enseñar a los niños del pueblo lo que necesitan saber. Transmitimos el conocimiento. Luego, en la celebración, el sabio revela qué habilidades parecen tener los niños que han llegado a la edad adecuada para comenzar a aprender durante el invierno. El invierno cuando está tranquilo es bueno para aprender y desarrollarse, como para escuchar el viento o ver el fuego o lo que sea.

D: *Ese sería un buen momento para aprender debido a las largas noches. Y él sabe cuál de los niños podrá hacer cosas diferentes.*

B: Sí, los ha estado observando y es el sabio. Sabe tomar las decisiones. Para el festival de invierno, el tocado del sabio está hecho con la piel de una criatura que atrapé una vez. No he visto nada parecido antes ni desde entonces.

D: *¿Oh? ¿No es una criatura real?*

B: Era real cuando lo maté. Le pedí disculpas. Tuve mucho cuidado con él. No sabía cómo se sentiría el espíritu de la criatura con la muerte. Pero el pueblo tenía mucha hambre entonces. Era invierno y necesitábamos comida.

D: *¿Quieres decir que era un animal que nunca habías visto?*

B: Sí. El color no era tan inusual. Tenía un pelaje marrón largo y peludo, pero su cabeza era diferente. Las orejas eran puntiagudas y algo peludas. Y del centro de su hocico tenía un cuerno que se acercaba y se enroscaba ligeramente. El cuerno era aproximadamente así de largo (aproximadamente un pie), aproximadamente así de grande (aproximadamente dos pulgadas de ancho) y se curvaba hacia arriba. Y tenía estrías como un cuerno de carnero. Tenía colmillos largos y una especie de barba. No sabía cómo llamarlo.

D: *¿No era como un oso?*

B: No, en absoluto. Un oso es pacífico; este animal era carnívoro.

D: *(Estaba pensando en varios animales posibles.) ¿No era como un carnero o algo similar?*

B: No, un carnero tiene dos cuernos que salen de la parte superior de la cabeza. Este, entre los ojos y las fosas nasales, en medio hacia abajo, salía este cuerno. Y no conozco el propósito de este cuerno. Se podía usar para empujar algo que estorbara, pero no podía lastimar porque no era lo suficientemente largo. Si fuera un poco más, quizás. Maté al animal. Lo traje al pueblo. Y el sabio, el chamán, dijo que era una señal.

D: *¿Había visto alguna vez un animal como él?*

B: No. Al carnicero y al desollador se les dijo que tuvieran un cuidado especial, lo cual hicieron. Y así conservaron la cabeza. Lo limpiaron, pero dejaron los huesos en su lugar y ahora el sabio usa esto para el festival de invierno.

Esto ciertamente sonaba como un animal extraño. Me sentí obligada a hacer más preguntas.

D: *¿Caminaba erguido o con cuatro patas?*
B: en cuatro patas. Llegaba a mitad del muslo.
D: *Entonces no era un animal grande.*
B: Hmm, algo ancho y largo, pero era poderoso. No quisiera enredarme con él.
D: *¿Y cómo era la cola?*
B: (Pausa) Sí. Colgaba parte del cuerpo. También estaba peluda, como la cola larga de un oso.
D: *Estoy intentando imaginar cómo se veía. ¿Alguna vez has visto un caballo? (Estaba pensando en la posibilidad de un unicornio, o tal vez de dónde se originó la leyenda). ¿Conoces esa palabra?*
B: Ah. La palabra, conozco la palabra. Ah. No tengo ... No recuerdo haber visto al animal.
D: *Aunque esto no suena como un caballo, pensé que podría ser similar.*
B: No. Un caballo, come hierba, ¿no?
D: *Sí, como los bueyes.*
B: No, este no era un comedor de hierba.
D: *Comía carne y tenía colmillos largos. ¿Cómo eran sus patas?*
B: Ah, sí. Las garras estaban salidas y uno no querría enredarse con ellas si el animal estaba enojado. Pero cuando me encontré con el animal, no estaba enojado.
D: *¿Tenía garras como las de un oso?*
B: Ah. Más como un gato, pero no se metían en los dedos como lo hacen las garras de un gato. (Quería decir que no se retractaron).
D: *Hmm. Suena como algo extraño. No creo haber visto nunca un animal así.*
B: Es el más divertido que he visto.
D: *No es de extrañar que el sabio se impresionara*
B: Me pidió que le contara todos los detalles de la caza, en qué dirección soplaba el viento, si había nieve, porque pensó que era un mensaje de los espíritus. Necesitaba saberlo todo, para poder saber lo que los espíritus intentaban decirnos. El sabio puede ser el único que comprende el misterio. Yo no. Solo sé que salvó al pueblo del hambre. Debe haber sido enviado por los espíritus. Esa es la única respuesta.

Al despertar, le pregunté a Beth qué recordaba de la sesión.

B: Recuerdo a este hombre con un tocado. Era blanco, una especie de forma triangular.

Ella estaba haciendo movimientos y los repetí para la grabadora.

D: *¿El tocado era como un triángulo que cruzaba la frente y se inclinaba ligeramente hacia los lados?*
B: Es como un triángulo con una parte curva.
D: *Y llega a un punto en la parte superior.*
B: Sí, digamos aproximadamente un pie por encima de la cabeza. Veamos, debería haber algunos diseños en él. Algo así como una imagen estilizada de su esperma.
D: *Describiste algo que se veía así. Como una punta de flecha que tuviera un tallo ondulado. ¿Pero era más redondo que una punta de flecha?*
B: No. Era como la forma de un triángulo curvo pero plano en un lado.

Ella dijo que podía dibujar los diseños, así que saqué la tableta y el marcador, y procedió a dibujar lo que recordaba.

B: Y lo veo con otro tocado, una especie de animal peludo de color marrón.

D: *¿Como la cabeza de un animal o cómo?*

B: Sí, y también parece parte de la piel, porque puedo ver un par de patas en sus hombros. Y la cabeza tiene cuernos y colmillos. Animal de aspecto feroz; Odiaría enredarme con esa cosa.

D: *Hablaste mucho de eso. ¿Se parece a algo que hayas visto alguna vez?*

B: De verdad que no. Parece un poco extraño. Creo que también podría dibujar algo.

D: *Obtuve a una buena descripción, pero sería de gran ayuda si la dibujaras. (dibujó un boceto de él) ¿Qué más le viene a la mente?*

B: Un gran fuego, pero eso es todo. Y un campo al sol.

Esos eran todos sus recuerdos conscientes de la sesión. A menudo sucede que los recuerdos más vívidos son aquellas escenas que ocurrieron justo antes de salir del trance, similares a los remanentes de los últimos sueños antes de despertar.

Mientras dirigía algunas de mis preguntas en un intento de establecer el escenario no había olvidado la posibilidad de los países nórdicos del continente europeo. Recordé haber oído hablar de los vascos que afirman haber vivido en los Pirineos miles de años antes de la llegada de los europeos. Su origen ha sido un misterio durante mucho tiempo, incluso para ellos mismos, principalmente porque su lenguaje es diferente a cualquier otra comunicación verbal en la Tierra. Sus leyendas afirman que fue dicho por Adán y Eva, y que uno de los hijos de Noé se instaló en las montañas antes de la confusión de lenguas en la Torre de Babel. La ropa también parecía indicar una raza de este tipo en lugar de nativos americanos o esquimales. Pronto tuve que eliminar a los vascos porque el clima de Tuin parecía indicar que vivía dentro del Círculo Polar Ártico. Su descripción de la duración de los días en diferentes épocas del año lo colocó definitivamente en el extremo norte. Pero todavía no teníamos idea del período de tiempo en el que vivía. Si el clima del mundo hubiera cambiado drásticamente, durante varios siglos la ubicación podría estar en otro lugar. Tenía que seguir dirigiendo mis preguntas averiguando sobre la vida animal y cualquier cosa que pudiera ayudar a reducir las posibilidades.

Capítulo 3

La aldea

A FIN DE QUE PUEDA RASTREAR LA UBICACIÓN de la aldea de Tuin, tendría que intentar obtener la mayor cantidad de información posible sobre ella y los hábitos de vida de la gente. Así como un detective reúne todas las pistas para ayudarlo a llegar a una solución adecuada, yo tendría que reunir todos los fragmentos de la vida de Tuin que pudiera encontrar. Ésta era la única forma en que podía rastrear el lugar donde se estrelló el barco del viejo.

La aldea parecía estar operando según un tipo de principio socialista. Con esto quiero decir que todas las personas parecían tener un trabajo que realizar que beneficiaría a todos. Cada uno parecía depender del otro, eran indispensables para el bienestar del otro. Ésta era la razón principal por la que nadie se había aventurado nunca muy lejos. Sabían que el pueblo necesitaba a cada persona. Sus habilidades individuales eran esenciales para el sustento del grupo en su conjunto. Si incluso uno de ellos se fuera o permitiera que sus conocimientos o habilidades murieran, la aldea sufriría. Esto le dio a cada uno una responsabilidad única. Eran un grupo muy unido. Cada uno tenía su lugar y su papel en la comunidad, de modo que operaban como una unidad cohesionada. Esto también puede explicar sus habilidades para leer los pensamientos de los demás y sentir las emociones de los demás. También puede explicar su falta de violencia y negatividad. Funcionaron en completa armonía entre sí. Al parecer, habían estado viviendo de esta manera durante muchas generaciones. El total aislamiento de estar separados de cualquier contacto exterior con el mundo probablemente explicaba gran parte de su benevolente armonía. No tenían influencias disruptivas de otras formas de vida o patrones de pensamiento. Simplemente vivían de forma honesta, respetuosa y en estrecho contacto con la naturaleza. No tenían otra opción porque no conocían otra forma de vivir. Esto también explica por qué algunas de mis preguntas no tenían ningún sentido para Tuin. Simplemente no podía concebir otras condiciones de vida.

D: *¿Hay mucha gente en tu aldea?*
B: ¿A qué llamas mucho? Hay suficientes. A veces los inviernos son duros y algunos mueren. Entonces es difícil hasta que algunos de los más jóvenes crezcan y ocupen su lugar.
D: *Estaba pensando que, si ha pasado mucho tiempo desde la llegada de los viejos, que habría mucha, mucha gente allí.*
B: No, ahí ... bueno, no sé los números, pero tenemos, oh, 20, 30 casas. Eso es suficiente para que todos podamos dormir. Hay varias personas en cada casa. Y cada persona duerme en la casa en la que se sienta cómodo.
D: *Eso podría ser entre 40 y 6 personas, si conoces números así (frunció el ceño) ¿No tantos números?*
B: Quizás un poco más. No estoy seguro.
D: *Entonces ha crecido desde que llegaron los viejos.*
B: Eso es difícil de decir. Dicen que hubo muchos viejos, pero muchos murieron y solo unos pocos vivieron.
D: *Creo que me dijiste que todos tienen un trabajo para ayudar a la comunidad. ¿Y los ancianos?*
B: Los ancianos, sus tareas son más livianas. Son honrados. Ayudaron al pueblo toda su vida. Y ahora, cuando son demasiado mayores para hacer lo que hicieron toda su vida, les dejamos vivir en paz. Por lo general, hacen cosas con las manos, cestas, cosas así. Aunque son mayores y no pueden trabajar, quieren mantenerse ocupados.
D: *¿Los cuida el pueblo?*
B: Por supuesto, porque también contienen las leyendas y el conocimiento. Las han escuchado toda su vida y por eso ayudan a transmitir las leyendas. Eso es importante. No podemos perder el conocimiento. Me aseguro de que coman carne. Conejo, ciervo, pero no necesitan un ciervo entero.
D: *¿Puedes describir cómo se ven las viviendas más pequeñas?*

B: Son diferentes según quien vive ahí, según como lo quieran por dentro. Si la mujer que vive allí es particularmente hábil para tejer, tendría las herramientas necesarias a mano, mientras que otra casa puede que no las tenga necesariamente.

En este punto de la regresión ocurrió un incidente inusual. La sesión se llevó a cabo en la casa de mi amiga Kay. Su perro estaba en otra parte de la casa y de repente dejó escapar un ladrido agudo. Normalmente, el sujeto no oirá nada en las inmediaciones. Cuando están en trance suelen estar tan absortos con lo que están observando que los ruidos de nuestro tiempo no parecen molestarlos. Me ha sonado el teléfono que hasta me asusta, pero el sujeto no ha mostrado ninguna reacción. También he tenido ruidos fuertes, como el tráfico exterior o las cortadoras de césped, que son tan ruidosos que casi oscurecen el sonido de la grabadora, y el sujeto dirá más tarde que no escuchó nada. En este caso, con el perro que ladraba, Beth reaccionó de manera extraña. Supongo que los oídos del cazador de Tuin estaban tan en sintonía con los animales que captó el sonido y no se dio cuenta de que venía de otro período de tiempo. Beth parecía confundida. Dejó de hablar y escuchó con atención, los instintos de cazador se agudizaron. "¡Escuché un animal!" ella remarcó. Kay fue a ver a qué ladraba el perro. Los modales de Beth eran de prontitud y preparación, así como de confusión. Ojalá le hubiera preguntado qué tipo de animal pensaba que era, porque no creo que existieran perros en la zona de Tuin. En cambio, le di sugerencias para que no la molestaran. Después de una breve pausa, descartó el sonido y continuó.

B: Normalmente nuestras casas son de árboles talados. Por supuesto, las ramas están cortadas. Y luego unen los extremos con piel verde. Cuando se seca queda muy apretado. Y le ponen la arcilla para sellarlo. Uno tendría que repararlo cada primavera, pero eso es normal. La arcilla aguanta durante el invierno. En el invierno, cuando nieva, los vientos soplan y pueden hacer que algo se suelte. Es difícil ver a dónde quieres ir. Te quedas dentro.

D: ¿Hay muebles?

B: Por lo general, no tanto, porque preferimos sentarnos en el suelo. Pero uno puede hacer un asiento haciendo un marco y estirando una piel sobre él. Los ancianos tienden a hacer eso; dicen que el suelo es demasiado duro para sentarse. Los pisos suelen ser solo el suelo. Alguien construirá una casa encima de una roca plana o, si es solo el suelo, hay una forma de apisonar la tierra hasta donde sea muy dura. No se ensucia como lo hace afuera. A veces las mujeres, si son buenas tejiendo, tejen cosas para poner en el suelo para que no quede todo sucio. Las casas son del tamaño que deberían tener para la familia que vive allí. Allí está la sala principal. Y para dormir en verano hay una pequeña habitación lateral que se abre para que los más pequeños puedan dormir al aire libre sin tener que preocuparse por los animales. Tiene que tener un poco de pared para mantener alejados a los animales, y luego se abre. Está debajo del alero del techo para que si llueva no se mojen.

D: *¿En qué duermen?*

B: Un marco con una piel estirada. Este marco suele tener esta altura del suelo. (Movimientos de la mano de aproximadamente un pie de alto.) Y está hecho lo suficientemente ancho para una o dos personas. Si las mujeres son buenas tejiendo, tejen mantas para dormir. Y luego muchas veces usan pieles de los animales que traigo.

D: *¿Comen en el suelo?*

B: No. Hay una tabla baja ... (tratando de encontrar la palabra). Puedes sentarte en el suelo y comer en esta mesa, si lo deseas. O sentarse en el suelo y comer en el suelo, lo que prefieras.

D: *Me preguntaba cómo cocinan adentro en invierno. ¿Hay fuego en la casa?*

B: Sí, la hoguera para que no te enfríes. Por lo general, en un extremo de la casa hay un lugar en el piso construido con piedras y arcilla para el fuego, para que los niños no se caigan en él. Hay una abertura en el techo para dejar salir el humo sin dejar entrar la lluvia.

D: *Me preguntaba cómo saldría el humo si el fuego estuviera dentro de la casa.*

B: El sabio nos mostró cómo. Al final de la casa, en la pared, bueno, un poco lejos de la pared para que no prenda fuego a la casa, enciendes un fuego aquí (movimientos de las manos) y colocas muchas capas de arcilla en la pared allí. para proteger la madera del fuego. El fuego hace que la arcilla se endurezca mucho.

Después de que esto sucede como en una casa nueva, se necesita un tiempo para irrumpir en una casa nueva. Después de que esto se seque, se puede hacer un tubo con arcilla y hierbas, algo así como un tronco hueco, subiendo hasta la abertura. Está por encima del fuego y el humo se dirige hacia él. Ayuda a que el humo suba y salga por la abertura sin entrar demasiado en la casa.

Sonaba como si estuviera tratando de describir una versión aproximada de una chimenea.

Le pregunté si podría dibujar las casas para que yo pudiera ver la forma. Dijo que lo intentaría, pero no ofrecería garantías. Hice que Beth abriera los ojos y le entregué la tableta y el marcador. Sus ojos tenían una mirada vidriosa típica de otras personas a las que les había pedido que abrieran los ojos mientras estaba en trance. Se maravilló de la misteriosa sustancia que llamé "papel" y trató de entender cómo mantener el marcador y hacerlo funcionar. He pasado por este mismo procedimiento con todos los sujetos a los que les he pedido que hagan esto mientras están en trance. Ven estos objetos como desconocidos y extraños. Tengo que desviar su atención de nuevo a lo que están haciendo o seguirán distraídos.

B: (Marcó en el papel.) Es azul como el cielo.
D: Sí, y es capaz de hacer diseños. ¿Puedes mostrarme la forma de las casas en las que vives?
B: Intentaré que parezcan casas, en lugar de simples figuras de palo. ¿Sabes a lo que me refiero?

Dibujó una casa que se parecía un poco a una cabaña de troncos. Señaló el dibujo, refiriéndose a lo que parecían ser ataduras que sujetaban los troncos juntos.

D: ¿De qué están hechos esos?
B: Cuero. Se pasaba de un lado a otro hasta que todo estuviera envuelto.
D: ¿Son las ataduras solo en los extremos como si fueran de un lado a otro?
B: Están básicamente en los extremos. Si los troncos se cortan justo donde se equilibran, ese es el único lugar donde los necesita. Pero

si un lado es particularmente largo, a veces en el centro habrá uniones adicionales. Y entre aquí estaría relleno con arcilla y hojas para llenar los huecos. El techo es más redondo que cuadrado. Más como una cúpula que como un punto.

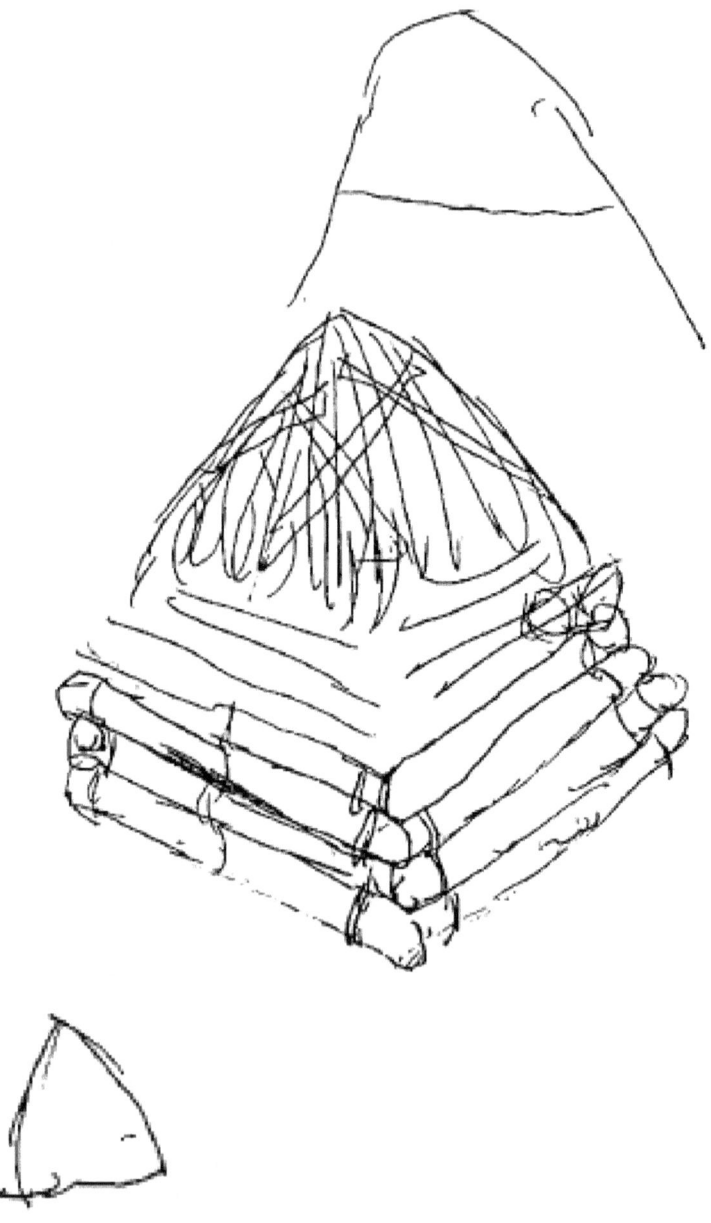

D: *¿De qué están hechos los soportes del techo?*
B: Polos, por lo general. No están doblados. Simplemente se juntan en la parte superior y cuando pones la hierba sobre él, lo redondea, hacia donde la nieve se deslizaría. Y a algunas personas les gusta tratar de poner barro en el interior para ayudar a evitar la lluvia. Algunos lo hacen y otros no. Depende de cómo te gusten las cosas. Ponemos las hierbas largas en el techo. Y luego, encima de eso, poníamos postes para ayudar a sujetar la hierba. Y normalmente al lado estaría la abertura construida de barro para que salga el humo. Las puertas suelen estar cubiertas con piel o corteza, normalmente piel, ya que se pueden pegar con tachuelas. Hay aberturas en las paredes (ventanas), por lo que puedes abrirlo y dejar entrar la luz y el aire fresco, y luego cerrarlo para que no entre el frío. Estos se cubrirían con losas de madera y / o piel.

Luego pregunté si la construcción del edificio más grande de dos pisos era la misma que la de las casas más pequeñas.

B: Sí. En el caso de la casa de dos pisos, es más ancha en la parte inferior y más angosta en la parte superior, hasta donde el segundo piso es más pequeño que el primero. (Ella lo dibujó.) Está hecho para ayudar a que las paredes se mantengan unidas.

Ella había terminado los dibujos. Le quité la tableta y el marcador y le dije que cerrara los ojos una vez más.

D: *¿Para qué se usa ese edificio más grande?*
B: Diferentes cosas. Cuando hace mal tiempo, como en invierno, y la gente quiere reunirse, contar historias, se encuentran en el gran edificio. Las tardes de invierno se alargan. Quedarse en su propia casa todo el tiempo, no es bueno. Allí hay una chimenea. En el clima frío es necesario. A veces, los agricultores se reúnen y deciden sobre los cultivos para la próxima primavera, dónde plantar qué. A veces la gente se reúne solo para divertirse.
D: *¿Tienen problemas con la comida en invierno?*

B: Almacenan comida. La carne que cazo se seca y se utiliza. Se almacenan algunas de las verduras, las que se pueden almacenar. En invierno comemos mucho guiso.

D: *Una vez me dijiste que a veces cocinan en una olla grande afuera y todos comen juntos una comida, a menos que haya una dama que quiera que comas especialmente con ella. (Risas) Pero ¿qué haces en el invierno? No comes afuera, ¿verdad?*

B: Oh no, no. Muchas personas preparan las comidas en sus propias viviendas. O, si quieren y el clima no es tan malo, algunas familias se reúnen en el edificio grande y comen juntas. A veces tengo que comer afuera si estoy cazando.

D: *Dijiste que el edificio más grande tenía dos pisos. ¿Qué hay en el piso de arriba?*

B: Dormitorios en su mayoría. ... Sala de meditación. Hay una plataforma para sentarse o acostarse. Y hay contraventanas que se pueden abrir desde donde se puede mirar hacia las montañas. Y hay un cuenco de metal en el que puedes hacer un pequeño fuego en caso de que quieras meditar sobre la llama. La gente va allí para estar sola. Piensan las cosas.

D: *¿Haces eso a veces?*

B: A veces. Hago la mayor parte del mío en el bosque.

D: *¿La gente siempre ha creído en la meditación?*

B: Eso creo. Se sabe que es beneficioso.

D: *Dijiste que abajo estaba la chimenea y la sala de reuniones, y que a veces usan el dormitorio en la parte de atrás. ¿Los demás dormitorios son para personas que no tienen una casa regular?*

B: Sí, o para jóvenes que quieran estar juntos.

Durante otra sesión me encontré con Tuin cuando estaba lejos del pueblo. Estaba mirando el río desde lo alto de la ladera de una montaña. Dado que el río era una parte esencial de la vida del pueblo, quería saber más sobre él.

B: Estoy en la ladera de la montaña, apoyado en una roca. El río está bastante más abajo. Estaba escuchando la canción del río. Está en armonía con el canto de la Tierra y me ayuda a estar en armonía.

D: *¿Cuál es tu época favorita del año?*

B: Me gustan todas las épocas del año. Siguen la una a la otra en armonía el camino que deben seguir. Cada tiempo es hermoso para sí mismo. La primavera es especial porque puedes volver a salir de las casas. Puedes salir y estar cerca de la Madre Tierra de nuevo. Hace frío en invierno, así que te quedas adentro.

D: *¿Puedo hacerte algunas preguntas?*

B: Tú eres el que hace preguntas.

D: *Sí. ¿Ese río siempre fluye durante todo el año?*

B: No. Puedes ver que se acerca el otoño porque comienza a congelarse. Primero es hielo ligero y luego espesa. En el invierno fluye bastante rápido, pero está bajo el hielo. Y en primavera hace mucho ruido cuando se rompe el hielo. En algunos lugares tiene un tiro ancho de piedra, y en otros lugares es más angosto y rápido. En primavera se precipita más rápido debido a las lluvias y la nieve que se derrite. En un momento está parcialmente bloqueado por rocas y algunos árboles. Hay un charco de agua allí. Ha sido así durante mucho tiempo. No recuerdo cómo sucedió eso.

D: *¿Cuál es su fuente de agua cuando el río se congela en el invierno?*

B: Oh, hay mucha nieve. Traes la nieve adentro; se derrite y bebes. Tienes que traer mucho, porque la nieve se derrite a muy poco.

D: *¿Tienes lanchas?*

B: Uhh, tenemos algunos que usamos en el verano. a veces por diversión, a veces para pescar. A algunos de los agricultores les gusta pescar cuando quieren descansar de la agricultura.

D: *¿Cómo atrapan el pez?*

B: Depende. Por lo general, lo atraen con una flor o un insecto o algo. O si no tienen tiempo para sentarse y esperar, hacen algo parecido a una red para que la pesen bajo el agua y atrapa a los peces.

D: *¿Qué aspecto tienen las lanchas?*

B: Uhh, parecen barcos.

D: *Quiero decir, ¿son grandes? ¿Cuántas personas podrían sentarse en ellos?*

B: Ahh, dos o tres. Están hechos de madera porque la madera flota. Son planos, como una balsa, pero con lados. No puedes hacer que vayan a donde quieres ir. Son difíciles de manejar. Obtienen un arbolito largo y lo empujan al fondo del río, y salen a la corriente. A veces, los muchachos obtienen el árbol joven y una balsa y en la primavera, cuando la corriente va rápido, salen al centro y simplemente dejan que la balsa vaya donde quiera.

D: *Eso suena a que sería divertido.*

B: Sí, te mojas.

D: *¿Te gusta pescar?*

B: Podría, pero siempre estoy en el bosque. Me gusta verlos.

D: *¿Alguien ha pensado alguna vez en seguir el río para ver adónde va?*

B: No lejos. De donde viene, viene de la montaña. No hay nada más que nieve. Y donde va, hay una cascada. Es muy bonito. Es ... oh, un poco más alto que un árbol alto. Y choca, se estrella y explota. No se puede pasar por las cascadas. Pero cuando estás ahí, el río continúa y no hay nada más allí. No sé a dónde va.

D: *¿La caída de agua se congela y se detiene?*

B: A veces, en las profundidades de un invierno particularmente frío, se congela. Pero por lo general todavía se filtra algo de agua. Es muy hermoso cuando está congelado. Pero podría hacer todo tipo de cosas en invierno y no lo sé, porque normalmente no voy tan lejos. Son unos tres días de viaje.

D: *Oh, pensé que estaba cerca. ¿Y dijiste que nunca habías ido mucho más lejos que eso?*

B: No, no en esa dirección.

D: *Me preguntaba si alguien sentía curiosidad y quería seguir el río y ver adónde iba.*

B: Oh, sí. Los muchachos: siempre hay un momento en el que quieren seguir el río hasta el final. Entonces van y siguen un camino. Pero luego ven que cazar no es tan fácil como parece cuando me ven hacerlo. Y no hay plantas en el camino que puedan comer. Entonces les da hambre y regresan. Dicen que siguió, que no encontraron el final.

D: *Entonces nadie ha abandonado realmente el pueblo para averiguarlo.*

B: No, no en la memoria.

Hasta ahora, mi interrogatorio había revelado pocas pistas. La gente estaba segura de que no había otras personas en la Tierra excepto ellos, principalmente debido a su aislamiento. Pensé que alguien podría haber intentado un viaje río abajo y haber localizado a otros, porque a lo largo de la historia, grupos de personas siempre se han asentado cerca del agua. Pero la cascada hizo que esto fuera imposible a menos que viajaras a pie, y Tuin era el único capaz de hacer tal viaje. Dado que todas las personas tenían sus deberes y eran una parte esencial de la supervivencia de la aldea, no era aconsejable alejarse del grupo. Las pistas aún daban indicios de estar ubicado en algún lugar del hemisferio norte. Las casas tampoco ofrecieron pistas. Los dibujos no se parecían a ningún tipo de viviendas de nativos americanos o casas utilizadas por los esquimales. Parecían ser únicos a su manera. Estaba empezando a preguntarme si alguna de mis preguntas arrojaría la ubicación de la aldea de Tuin.

Otro método es cuestionar sobre la comida: el tipo de cosas ingeridas y sus métodos de preparación. Algunos son exclusivos de determinadas partes del mundo.

D: No tienes lo que llamaríamos meses, ¿verdad?
B: Los ciclos de la luna.
D: ¿Tienen nombres para los ciclos de la luna?
B: No. Cada persona usa la descripción que más le gusta; todo el mundo sabe de cuándo están hablando. Los agricultores usualmente usan algunos nombres, y aquellos de nosotros que hacemos otras cosas usamos descripciones diferentes. Está la luna que los granjeros llaman la luna de la cosecha. En esa época del año no estoy cosechando. Estoy ocupado ... bueno, supongo que podría decirse que estoy recolectando animales para el invierno, pero no lo describo de esa manera. Ahí está la luna de plantación. Está la luna de pesca cuando los peces regresan. Eso es en primavera.
D: ¿No dijiste que comías frutas que crecían en los árboles? ¿Cómo son?
B: Oh, algunos son morados; algunos son marrones o dorados.
D: Creo que me dijiste que también eran muy jugosas. ¿Dulces?
B: Umm. Algunas veces. A veces se te bloquea la mandíbula.
D: ¿Tienen alguna forma de guardarlos para usarlos en el invierno?
B: Los agricultores conocen maneras. A veces seco un poco para mezclarlo con carne seca para llevarme cuando salgo de caza. La gente se enfermaría si solo tuviéramos carne en el invierno. No estaríamos en armonía con la Tierra.

D: ¿Sabes qué es sal?
B: (Pensó y luego respondió) No.
D: Es ... oh, supongo que es algo así como una hierba, solo que proviene del suelo Es blanco y se usa para dar sabor a la comida.
B: Tenemos una planta. Se encuentra en los campos. Quemamos la planta y lo que queda con las cenizas es blanco y lo agregamos a la comida.
D: No, esto sería algo que se cavaría del suelo. A veces está en la parte superior del suelo.
B: A veces he encontrado eso en el bosque. A los ciervos les gusta. Lo que obtenemos de esta planta es lo mismo.
D: ¿Tienen árboles en el bosque que produzcan algo para comer?
B: Sí. Ahí está el roble. Recolectamos bellotas en el otoño. Reuní algunos para comer para mí, pero la recolección principal la hacen los niños y las niñas. Los robles están cerca del pueblo, a un agradable paseo. Ayuda a complementar el grano que cultivamos. Los asamos. Usamos las carnes en sopa y las trituramos en harina de bellota para mezclarlas con el grano para hacer pasteles y panes.
D: ¿Hay algún otro tipo de semilla o nuez que comas?
B: Algunos de los pinos producen nueces comestibles. Son muy dulces.
D: ¿Oh? Estoy acostumbrado a ver piñas.
B: Sí. Los piñones proceden de piñas. Algunos árboles producen piñas pequeñas y algunos producen piñas más grandes. En cierta época del año, generalmente en primavera, puedes recolectar los piñones de las piñas más grandes. (Pausa) Déjame pensar. Por lo general, son los pinos y los robles de los que comemos. A veces, cuando estoy cazando, encuentro otro árbol que tiene nueces. La cáscara es tan gruesa y la carne es tan pequeña que realmente no vale la pena el esfuerzo. Quiero llamarlo nogal - ¿nuez de nogal? Sabe bien, pero no hay mucho allí.
D: He oído que hay un tipo de árbol; es posible que no lo tengas donde vives. Pero puedes cortar la corteza y tiene algo dulce allí. (Estaba pensando en jarabe de arce.)
B: Algunos árboles, puedes usar la savia para diferentes cosas. Y la savia tiene diferentes sabores, si deseas el saborear la savia. Pinos y otros árboles de hoja perenne, abetos, cedros, puedes sacar la

goma de mascar de la corteza y puedes masticarla. Cuando lo masticas por primera vez, se rompe en la boca. Luego, cuando se calienta, se ablanda y se vuelve a pegar, y se vuelve rosa y puedes masticarlo. Y sabe cómo huele el árbol, por lo que sabe bien si te gusta el olor de los pinos. Es muy popular. Los ancianos no pueden hacerlo porque les arranca los dientes. Usamos principalmente la savia de los árboles de hoja perenne. Hay un árbol que tiene una savia dulce, pero está líquida y si quieres sacar algo de eso tienes que conseguir una piel para atraparlo y es un montón de trabajo. Es tan líquido y lento. Debes tratar especialmente la piel para asegurarse de que no se empape cuando la obtengas. Es tan difícil de conseguir. Casi nunca obtenemos mucho de eso. Si quieres algo dulce, es más fácil conseguir miel. Puedes encontrar la miel en el bosque en árboles huecos y tal.

D: *¿Qué pasa con las abejas?*

B: Hay formas de cuidar a las abejas. Si enciendes un fuego alrededor del árbol, el humo y el calor ahuyentan a las abejas o las hacen dormir, donde puedes conseguir la miel. Otra cosa que puede hacer cuando es un día cálido, obtienes la hoja de esta hierba, y el olor es muy fresco y limpio, y el sabor también. Masticas una de las hojas y dejas este sabor en tu boca. Cuando vas al arroyo y bebes agua, el agua se siente extremadamente fría debido a este sabor particular. La hoja es generalmente de esta longitud (alrededor de 2 pulgadas), puntiaguda con pequeñas irregularidades alrededor del borde. Por lo general, al final del tallo tendrá un grupo de flores, una especie de espiga, como una punta de lanza. Es ancha en la parte inferior y estrecha en la parte superior con pequeñas flores por todas partes.

D: *¿De qué color son?*

B: A veces blanco, a veces violeta claro.

Mi investigación indicó que probablemente se estaba refiriendo a una variedad de la planta de menta.

D: *¿Alguna vez has bebido algo más que agua?*

B: Bueno, puedes conseguir agua y remojar hojas en ella, o calentar agua en el fuego y ponerle hojas y hacer una bebida de esa manera.

D: *¿Sabe bien?*

B: Depende. Algunas veces. Si es por medicina, no. (Me reí.) Pero normalmente si usas hierbas que huelen bien, sabrán bien. También puedes poner algunas flores en él. Algunas personas lo usan como un regalo y a otras les gusta hacerlo con frecuencia.

D: *Una vez me dijiste sobre una bebida que hacen los agricultores.*

B: Oh, ese. (Sonreía ampliamente.) A algunos de los cultivadores de grano les gusta romper el grano y dejarlo en remojo en agua. Después de un tiempo fermenta, aunque realmente no sé qué lo causa. Los demás piensan que es una bebida realmente buena, y a veces la toman en el festival de primavera, pero hace sentir mi cabeza muy raro. No me gusta eso.

Mi amiga Kay había escrito una lista de preguntas sobre estas personas y me la pasó. Sabía que a Tuin le resultaría imposible responder a algunas de ellas, ya que los aldeanos eran las únicas personas que había visto con las que no tendría nada que comparar. Pero como eran preguntas en las que pensaría la mayoría de las personas que no están familiarizadas con este fenómeno, las incluiré aquí.

D: *¿Todos en el pueblo tienen el mismo color de piel?*

B: La piel es generalmente la misma. Hay matices. Algunos son un poco más claros; algunos son un poco más oscuros. Y, por lo general, el cabello de la mayoría de la gente es negro como el mío. A veces, un niño nace con el pelo del color del atardecer. Pero esto no sucede muy a menudo.

D: *¿Qué hay de los ojos? ¿Hay diferentes colores entre tu gente?*

B: Por lo general, son marrones o ... bueno, hay una pequeña flor de color violeta. Oscurece con la oscuridad de la medianoche.

Kay se preguntaba si tendrían los ojos rasgados. Sabía que, si fueran las únicas personas, no tendrían nada con qué comparar. Pero pregunté de todos modos.

D: *¿Tus párpados tienen diferentes formas?*

B: Tienen la forma que tienen.

Me reí entre dientes porque este era el tipo de respuesta que esperaba.

D: Me preguntaba ¿Alguien tiene ojos del color del cielo, azul?
B: No. Eso se vería muy extraño.
D: He oído cosas así. Por eso lo pregunté.
B: Bueno, si haces preguntas, debes hacer preguntas de todo tipo, supongo.
D: (Risas) Si, encuentro mucho conocimiento en todas partes. Pero dijiste que las mujeres tenían el pelo largo o lo ataban hacia atrás. Y tenían algún tipo de delantal, algo que ponían para sostener el cabello en su lugar. ¿De qué está hecho eso?
B: A veces de hueso, a veces de madera.
D: ¿Mantiene su cabello en un nudo hacia atrás?
B: Sí, retorcido de alguna manera. A veces, determinadas familias utilizarán la misma forma de hacerlo y, a veces, diferentes mujeres lo harán de diferentes formas según se sientan.
D: ¿Es liso todo el pelo?
B: Bueno, cuelga.
D: ¿Sabes lo que significa rizado?
B: No.
D: Está retorcido. A veces has visto animales que tienen el pelo que se ve diferente.
B: La oveja tiene el pelo desgreñado que no es liso.
D: De acuerdo. ¿Tiene la gente el pelo así?
B: No, eso es pelo de oveja.
D: (Kay me pasó otra nota.) Tu gente está muy en armonía entre sí. Pero ¿alguna vez ha tenido casos en los que una persona podría lastimar a otra en su aldea?
B: A veces accidentalmente. Como cuando un niño está siendo descuidado cuando está jugando y accidentalmente se encuentra con otra persona.

Definitivamente, esto no era lo que Key estaba buscando. Ella estaba tratando de encontrar un defecto en estas personas. Le costaba creer que un grupo de personas pudiera ser tan tolerante y compatible.

D: *¿Alguna vez han tenido un caso en el que alguien hirió deliberadamente a alguien?*

B: A veces, cuando el compañero de alguien muere y beben demasiado del jugo que hace el granjero. Están tristes y entumecidos y no sienten la armonía de la Tierra. Ellos desean "marcharse" porque extrañan a su compañero. Pero lo entendemos porque no están en armonía en ese momento. El tiempo pasa y vuelven a estar en armonía.

D: *¿Tienen algo que se llame castigo en su comunidad?*

B: ¿Es como corregir a un niño?

D: *Algo así, sí.*

B: Cuando un niño hace algo que no debe hacer, algo que lo pondría en peligro o sería un peligro para el pueblo, lo corregimos.

D: *¿Cómo haces eso?*

B: Diferentes formas, según la familia.

D: *¿Alguna vez has tenido que corregir a un adulto?*

B: (Sorprendido) ¡Por qué, no! ¿Por qué deberíamos? Saben vivir.

Me reía por dentro porque sospechaba que estas serían las respuestas que Tuin daría a las preguntas de Kay.

B: Si estás en armonía con la Tierra, cuando tu canción no está en armonía con la canción de la Tierra, sabes qué hacer. Y si sabes qué hacer, es correcto.

D: *Eso está muy bien, pero algunos lugares no tienen tanta suerte. Algunas personas no están en armonía y se meten en todo tipo de problemas.*

B: No se les enseñó bien cuando eran niños.

D: *Eso es muy posible. La tuya es una forma mucho mejor de vivir, una forma más feliz.*

B: Así debe ser.

D: *¿Qué hacen en tu aldea cuando alguien se enferma? ¿Tienen alguna enfermedad?*

B: No muchos. Esto es cierto cuando estás en armonía con la Tierra. La enfermedad es cuando no estás en armonía. (La palabra "enfermedad" fue separada: "en-fermedad"). Y todos están en armonía. Cuando ocurre suele ser en invierno, ya sea un anciano o alguien muy joven. A veces hay lesiones, como si se lastima el brazo o la pierna o lo que sea, a veces el hueso tiene que volver a colocarse en su lugar y atarlo hasta que sane. El brazo estará rígido después, quizás torcido, pero puede usarlo. Simplemente aprende a solucionarlo. Cualquiera de los ancianos puede tratar estas cosas. Ellos, particularmente las mujeres, saben de hierbas y cosas así. A veces les ayudo. Si algunas de las mujeres saben que iré en una dirección particular para cazar, me pedirán que busque una hierba en particular que no crezca cerca de la aldea. Siempre estoy feliz de ayudar con eso. El sabio, a veces es consultado si se trata de una misteriosa enfermedad con fiebre. Eso sucede algunas veces a fines del invierno.

D: *¿Sabe el sabio cómo tratar eso?*

B: por lo general. A veces, si el niño es demasiado pequeño o si la persona es demasiado mayor, muere. Pero eso es parte del orden natural de las cosas.

D: *Oh, sí. Pero es bueno que no tengas mucha enfermedad. Son ustedes personas sanas.*

B: Lo intentamos. Nos mantenemos en armonía con los espíritus y los espíritus nos ayudan para estar bien. Si permanecemos en armonía con su canto, si nuestras vidas cantan en armonía con el canto de los espíritus, nos mantendremos saludables.

D: *Cuando alguien muere, ¿lo entierras?*

B: Sí. Encendemos un fuego y recordamos a la persona y las cosas que hizo. Las cosas buenas, las cosas divertidas. Cómo sucedieron las cosas en su vida. Sobre su familia. El sabio nos habla de algunos de sus antepasados. Luego, invocamos a los espíritus para que le den la bienvenida a esa parte de la vida. Y les decimos que estarán felices allí.

D: *Mucha gente piensa que es una ocasión muy triste cuando alguien muere.*

B: Es triste para los niños si su madre muere. Y sí, extrañaremos su compañía diaria. Comenzarán a cantar con los espíritus. Pero tal vez nos hablen con su espíritu.

D: *Cuando alguien muere en su comunidad, ¿el sabio o la gente puede hablar con ellos después de su muerte?*

B: Ciertamente. Sus espíritus se han reincorporado al espíritu de la Madre Tierra. Y a veces quieren decirle a su familia algo que sienten que deberían saber, pero se olvidaron de decírselo antes de irse.

D: *Recuerdo que dijiste que tu gente estaba muy en sintonía con los espíritus.*

B: Sí. Así es como es.

D: *Es muy natural. Tienes mucha suerte de que tu gente esté abierta a estas cosas. Mucha gente se ha cerrado todas estas cosas.*

B: No quiero hablar de eso, es demasiado triste.

Capítulo 4

La leyenda de los viejos

D: Cuando hablamos por primera vez, me contaste algunas de tus leyendas. Las encontré muy interesantes.
B: ¿Las encontraste interesantes? Todo el mundo conoce las leyendas.
D: Pero para mí son nuevas. Me gustaría escuchar algunas más de ellas.
B: ¿Sobre qué?
D: ¿Puedes contarme más cosas de las que se han transmitido?
B: Si quieres, puedo. ¿Le gustaría saber por qué me disculpo cuando cazo? Hay una leyenda que dice que en un tiempo los animales podían hablar como hombres. Y fue muy angustioso para el cazador intentar cazar porque el animal estaría llorando de piedad. Entonces el cazador se disculpaba diciendo: "Lo siento, necesito tu espíritu; necesito tu carne para mi gente o moriremos. Has vivido una vida plena; tienes hijos. Tus hijos vivirán. Es hora de que vayas al otro lado. ¿Puedo matarte por tu carne?" Los animales llorarían por piedad y sería muy difícil para el cazador. El cazador debe matar algunos animales para la gente, pero no demasiados, porque los animales también deben vivir. Y así finalmente se llegó a un acuerdo con la ayuda de los espíritus de que, para facilitarle las cosas al cazador, los animales ya no hablarían. Pero para mostrar al animal que el cazador recuerda, pedimos disculpas a los animales como si aún pudieran hablar.
D: Algunas personas piensan que no hay daño por matar. Creo que es bueno considerar que las animales tienen sentimientos. Esto demuestra que eres una persona muy compasiva. Eso es bueno. ¿Solo matas lo suficiente para comer, nunca demasiado?

B: Bueno, algunos para guardar para el invierno. Pero ... (deliberada y seriamente) No puedo concebir matar a un animal y dejarlo para las alimañas. No se hace.
D: *Algunas personas lo hacen. En otras partes del mundo.*
B: Sus espíritus deben estar disgustados con ellos. Por eso los espíritus están con nosotros.
D: *Sí, porque saben que lo están haciendo bien. ¿Tienes otras leyendas?*
B: Sí, tenemos una leyenda, sobre todo. Sigues preguntando como lo haría un niño. Eso es interesante.
D: *Tengo una gran curiosidad. De esta manera puedes ayudarme a aprender. ¿Tienen personas en su aldea que se conozcan como maestros?*
B: Bueno, los ancianos que ya no pueden trabajar; conocen las leyendas. Se las cuentan a los niños pequeños. A los niños pequeños les gustan los ancianos y ayuda a sus madres a poder hacer algo de tejido, o lo que sea, sin que los niños estorben. Así es como aprendemos nuestras leyendas. El sabio los conoce a todos. Se aseguran de que se transmitan correctamente. A algunas personas mayores les gusta que suene mejor de lo que era, y las cosas podrían cambiar muy fácilmente de esa manera. El sabio ve que esto no suceda, pues se dijo que las leyendas deben seguir siendo ciertas para que sepamos quiénes somos. Una de las funciones del sabio es asegurarse de que sea precisa.
D: *Pero eso es difícil cuando pasa mucho tiempo. ¿Tu gente tiene algún sistema de escritura? ¿Sabes qué es eso?*
B: Sí, sé lo que es eso. Algunos lo hacen, otros no. No. Siento que, si puedo leer los signos de los animales, ¿por qué debería preocuparme por los signos de los hombres? Algunos de los agricultores usan la escritura para realizar un seguimiento de sus cosechas y cuánto tienen para saber cómo distribuirlo durante el invierno.
D: *¿Esto significa que sabrían números y contar?*
B: Supongo. Tienen marcas para representar la cantidad de cosas.
D: *¿Tendría el sabio alguna forma de escribir las leyendas?*
B: Probablemente. Eso es parte de su vida. Él, quizás, tiene las cosas escritas. Yo no sé. Me parece mejor no ser demasiado entrometido.

D: *Dime otra leyenda que sea popular entre la gente.*
B: Todas son populares y diferentes. Ahh ... recuerdo, estabas interesado en el accidente de la nave.
D: *Sí. Me pareció muy interesante.*
B: Esa es una larga leyenda. En algunas de nuestras fiestas, el sabio se toma toda la noche para volver a contarlo.
D: *¿Podrías decirme algunas partes?*
B: Sí, puedo. La parte que me interesa es cómo empezó la gente después de que el barco se estrelló, según la leyenda. Porque descendimos de ellos. Eso es lo que dice el sabio.
D: *Es parte de tu historia.*
B: Sí. Descubrieron que el mundo era diferente de lo que estaban acostumbrados. No conocían las plantas. No conocían a los animales. A veces, el sabio daba ejemplos de cómo llamaban cosas. Es muy divertido, pero creo que estos fueron hechos para los niños. Por ejemplo, dijeron: "Hay una criatura que vuela, el color del cielo, que hace ruido como el murmullo de un arroyo". Todo el mundo sabe que es un pájaro azul. Tenían estas largas descripciones de las cosas. "Ahí está el animal con un árbol en la cabeza". (Me reí.) Eso sería un venado. Algunas de las descripciones son muy divertidas. "Está el animal que no puede quedarse quieto", porque según la leyenda -y esta parte es para niños- "les tienen miedo a las hormigas. Y siempre están saltando para alejarse de las hormigas". Ese sería el conejo. (Me reí.) Las leyendas dicen que al principio la gente vivía en su barco. Eso es extraño; nuestros barcos están abiertos. Pero aparentemente, según la leyenda, este no estaba abierto. Y se cansaron de vivir en el barco cuando el barco estaba muerto. Así que cortaron árboles y construyeron casas. Antes, también usaban madera para el techo. Pero por alguna razón dejaron de hacer eso, y ahora usamos pasto para nuestro techo, que es mejor. Creo que querían no usar demasiados árboles. Por alguna razón, pensaron que esto era malo.
D: *Quizás pensaron que los usarían todos.*
B: Hay tantos, tantos árboles.
D: *Estas personas, ¿tenían herramientas para cortar los árboles y construir las casas?*

B: Supuestamente estas estaban en el barco. Debe haber sido un gran barco. Demasiado grande para nuestro río.

D: ¿Se han heredado esas herramientas?

B: No lo sé. Algunas de las herramientas que tenemos se heredan, otras se fabrican. Si esas herramientas fueran reales, imagino que el sabio las tendría o sabría lo que les pasó. Recuerdo que algunas de los más pequeños fueron enterradas con la gente.

D: ¿Son estas las mismas casas que usan?

B: No. Cuando construyeron las casas por primera vez, dicen las leyendas, a veces usaban cosas del barco. El barco fue hecho para ser desarmado. Supongo que tendrían que soportar que fuera tan grande para poder llevarlo. Y lo desarmaron y usaron cosas de su barco. Esto es lo que dicen las leyendas.

D: ¿Qué otras cosas del barco usaban en la casa?

B: No lo sé. Escuché a las mujeres decirles a los niños que tenían cosas para cocinar que podían hacer cosas que cualquiera sabe que las cosas normales no pueden hacer. Son solo cosas que les dicen a los niños para que se diviertan. Existe una leyenda sobre una olla maravillosa que se podía cocinar sin fuego.

D: Eso sería interesante si fuera cierto.

B: No es cierto. Hay que encender fuego para cocinar, todo el mundo lo sabe. Hay una leyenda de una caja maravillosa. Abres la caja, pones algo en este recipiente. Dosifica el recipiente, y antes de que pueda repetir su nombre, la cosa está cocida.

D: ¡Oh! ¿No sería maravilloso?

B: Es inventado. Y según las leyendas todavía tenemos algunas cosas. Imagino que las cosas en la casa del sabio son parte de ella. Algunos de los cuchillos que tenemos no se desafilan; eso es muy maravilloso. Los agricultores tienen esta herramienta que hacen que los bueyes arrastren por la tierra para soltarla y plantarla. Creo que lo llaman "arado". Tienen otras herramientas que usan para cosechar los granos y demás. La forma en que puede saber si algo es de los viejos, no se desgastará como lo hacen nuestras herramientas. Quizás lo haga con el tiempo, pero lleva muchas vidas o mucho más.

D: Dijiste que el sabio también tenía una olla.

B: Sí. Es difícil describirla. No sé para qué la usa. Cambia de apariencia. No sé cómo pasa eso.

D: *¿Cambia de color o forma o qué?*

B: La forma permanece igual, pero parece que está hecha de un tipo de metal, y cambia de apariencia y parece que está hecha de otro tipo de metal, no relacionado.

D: *¿Qué tan grande es esta olla?*

B: Bueno, es bastante grande. (Hizo movimientos con las manos mostrando algo aproximadamente de un metro por un metro) Se curva, casi redondo, pero no del todo.

D: *Eso es grande. ¿Tiene tapa encima?*

B: No. Tiene un asa. El mango cambia de forma. Cambia de posición, pero puedes llevar la olla con el asa.

D: *¿Dónde está ubicada la manija?*

Hizo dos movimientos con las manos que me dieron la impresión de que la agarradera del asa estaba levantada o tumbada. Pero el siguiente movimiento de la mano fue confuso porque no parecía un asa.

B: O a veces simplemente sobresale, por un lado, pero eso parece muy incómodo.

Sus movimientos indicaban una especie de mango recto que se podía agarrar con la mano.

D: *Umm. ¿Cambia por sí solo? ¿Tienes que moverlo?*

B: Parece que lo hace por sí solo, como el cambio de color.

Este era otro objeto del que no tenía idea de lo que podría ser.

D: *Es una olla extraña. ¿Hay algo dentro de ella?*

B: No lo sé. El sabio lo usa para algo. Algunos de los agricultores dicen que a veces excavan rocas que son demasiado difíciles de usar -quizá tienen metal- y se las dan al sabio. Creo que los mete en la olla y les pasa algo.

D: *Entonces sabe cómo usarlo.*

B: Eso creo. No tenemos mucho metal. Se dice que el metal que tenemos proviene de los viejos. Es muy precioso.

D: *¿No tienes forma de encontrar ningún otro metal?*

B: No lo sé. A veces, en el arroyo, entre las rocas se encuentra algún metal del color del sol. Es bueno usarlo para hacer juguetes para los niños. Es demasiado suave para hacer herramientas, pero es bonito. A veces hacen amuletos con él. También se dice que en la barca de los viejos tenían cosas para plantar, y algunas crecieron, pero otras no. Los primeros inviernos aquí fueron muy difíciles para ellos. Se dice que muchos murieron y pocos vivieron.

D: ¿No llevaban mucha comida en el barco?

B: Si traían, pero se acabaron. Y se dice que lo que plantaron no crecería o crecería de maneras extrañas y maravillosas.

D: ¿Sabes cuáles eran esas plantas? ¿Tienen algún nombre que pudieran haber mencionado en las leyendas?

B: No, no lo sé. Quizás algunos de los agricultores lo sepan. El sabio lo sabría. Solo sé lo que tenemos ahora. Hay plantas de las que comemos las raíces. Las copas también las comemos, pero pueden ser amargas. Cambiaron, se dice. Solían ser diferentes, pero crecieron y aún podías comerlos.

D: ¿En qué se diferenciaron?

B: No lo sé. El sabio lo sabría.

D: ¿Hubo otras cosas que plantaron?

B: Plantaron granos. Según la leyenda, solían producir cantidades maravillosas. Los agricultores sueñan con hacer que los granos vuelvan a rendir de esa manera, pero no es así. Quizás algunos de los ancianos se apoderaron de la leyenda antes de que se estableciera la precisión. Quizás los granos rindieron igual todo el tiempo, y simplemente dijeron que rindieron mejor porque extrañaban su hogar.

D: ¿Los viejos trajeron algún tipo de árboles con ellos?

B: No conozco ningún árbol que hayan traído. Los árboles que tenemos están por todas partes. Yo solo vivo aquí y hasta donde voy cuando estoy cazando, siempre están allí.

D: ¿Los viejos trajeron algún animal con ellos, o sabes algo sobre eso?

B: No lo sé. Los bueyes no se parecen a nada de lo que encuentro en el bosque. Supongo que los trajeron los viejos, quizás por eso nunca comemos bueyes. No hay tantos. Los agricultores han estado hablando de intentar aumentar la cantidad de bueyes para facilitar su trabajo. Quizás lo hagan.

D: *Dijiste que muchas de estas personas murieron porque fue muy difícil al principio.*
B: Sí. Tal vez su ropa no fuera lo suficientemente abrigadoras para el invierno. Y por alguna razón, el choque -quizás porque fue algo malo- rompió los ciclos reproductivos de las mujeres, por lo que no nacieron niños. O si nacieron, no vivieron. Las leyendas dicen que algunos de los niños no estaban bien. Se dice que algunos de los malos espíritus infectaron a los niños y los hicieron crecer de una manera que no es adecuada para nosotros. (Todo esto fue dicho con tristeza).
D: *¿Qué pasó con esos niños?*
B: Murieron.
D: *Entonces, ¿cómo pudieron tener hijos normales?*
B: No lo sé. Por eso creo que fue inventado. Quiero decir, tener hijos, es obvio. Es el ciclo normal de las cosas.
D: *¿Crees que esa gente se veía diferente a la tuya ahora?*
B: Ahh, no estoy seguro. Se dice que eran más altos, más delgados. Se describen como justos. No sé cómo; No puedo imaginarlo. Se decía que algunos tenían el pelo del color del trigo, lo cual es muy extraño.
D: *¿Hay personas en tu aldea que tengan el pelo de ese color ahora?*
B: No. Hay gente con el pelo del color del mío, y hay gente con el pelo del color del atardecer. (¿Quería decir rojo?) Algunas veces, cuando los bebés nacen, su cabello es del color del trigo, pero por lo general se vuelve del color de la puesta del sol.
D: *Pero luego, de alguna manera, a lo largo de los años o lo que fuera, la piel y el cabello de la gente cambiaron de color.*

Este problema de la genética me estaba molestando. Si los viejos eran claros, ¿de dónde vienen los colores más oscuros?

D: *¿Tienen alguna leyenda sobre por qué su gente se ve diferente hoy que en aquellos días?*
B: no estoy seguro. Solo hay rumores de leyendas. Se dice que la gente del barco se sentía pesada aquí. No entiendo eso. Y se dice que se sintieron muy ... dolidos. No pudieron entender a la luna por alguna razón. Dieron mucha importancia a la luna. Hablaron como si fuera algo muy singular. Para mí, la luna, ella es la más

hermosa. Pero los viejos decían cosas sobre que la luna era tan grande. Y leyendas anteriores dicen que se sorprendieron al ver la luna. También afectó a las mujeres. Dijeron que la luna era "diferente". Algunas de las historias que contamos a los niños, notará que sin duda han sido fabricadas. Pero dicen que de dónde venían los viejos no tenían luna. Luego, cuando aterrizaron aquí, pensaron que la luna era otra Tierra, hasta que la miraron y se dieron cuenta de que es muy hermosa. Vieron que la Tierra es la madre y la luna es especial. Y por eso se alegraron de haber venido a la Tierra y no a la Luna. Se dice en las leyendas, sobre todo en las que contamos a los niños, que los ancianos se maravillaban con la fuerza del sol. Pensaban que el sol era como un guerrero fuerte, muy atrevido. Dijeron que el sol era tan brillante, había tanta luz aquí. Sentían que la Tierra era un lugar justo.

D: Quizás por eso las plantas crecieron de manera diferente.

B: ¿Por qué sería eso? La luz es ligera.

D: Algunas personas piensan que el sol y la luz afectan el crecimiento de las plantas.

B: Los hace verdes; los hace crecer. No sé por qué cambiaría las cosas. Creo que es solo una leyenda. Tienes leyendas también, ya veo.

D: Oh, sí, todo el mundo tiene leyendas e historias.

B: Tienes que tener cuidado. A veces, si les cree demasiado, puede ser engañado.

D: Oh, sí. Por eso me gusta escuchar las historias de otras personas y ver en qué nos parecemos o nos diferenciamos. Pero es cierto, hay que tener cuidado de no creer demasiado. Tratarlo como una historia. ¿Tenían alguna leyenda sobre las luces?

B: no estoy seguro. Dijeron que la Tierra era un lugar hermoso, con mucha luz.

D: ¿Qué usa tu gente cuando oscurece? ¿Tienes alguna forma de hacer luz?

B: Sí, tenemos lámparas. A veces utilizamos grasa de animales que he cazado. A veces usamos algunas plantas que al presionarlas sale un líquido claro, como grasa derretida. Y arde un poco. Pero normalmente nos vamos a dormir cuando oscurece.

D: También tienes los fuegos que se encienden. ¿Hay leyendas de los antiguos que usan algo diferente para hacer una luz?

B: No necesitaban la luz como nosotros. Se dice que los viejos veían muy bien en la oscuridad. Cuando necesitaban luz tenían una lámpara, pero no usaba lo que nosotros usamos. Se dice que la lámpara era como la olla que cocina sin fuego, pero eso es solo leyenda. Si eso fuera cierto, la vida sería muy fácil. Se decía que algunos de los ancianos podían matar a un animal desde más allá de la distancia de un tiro de arco.

D: *¿Cómo hacían eso?*

B: Esto sonará gracioso, pero es lo que dice la leyenda. Sintieron que, dado que el sol era un guerrero tan fuerte, querrían que el sol los ayudara a cazar y usar la lanza del sol para matar al animal. Así que hicieron un dispositivo maravilloso que tomaría prestada la lanza del sol. Y arrojaban la lanza del sol hacia un animal. Si no había nada en el camino, el animal sería asesinado y había un pequeño agujero por donde había entrado la lanza. (Hizo movimientos con las manos, mostrando un agujero del tamaño de la punta de su dedo). Aparentemente, la lanza del sol estaba muy caliente como el sol, y la carne estaba parcialmente cocida alrededor de ese agujero. Y alteraban la lanza del sol o usarían los rayos del sol para cocinar la carne o secarla. Estaban muy asombrados de lo fuerte que es el sol.

D: *¿No sería maravilloso si pudieras cazar de esa manera?*

B: Quizás, pero entonces podría estar demasiado lejos para disculparme como es debido.

D: *Tenían muchas cosas maravillosas. ¿Pero dijiste que el sabio cuenta estas leyendas toda la noche a veces?*

B: Y más, sí.

D: *¿Te importaría contármelas?*

B: No me importa. A veces me resulta difícil recordarlas. No suelo contarlas; Solo escucho. Quienes las cuentan, las recuerdan mejor.

D: *Pero las has escuchado tantas veces que están en tu memoria.*

B: Creo que estoy saltando mucho. No conocemos toda la historia nosotros mismos. A veces parece haber lagunas. Quizás un sabio murió antes de transmitirlo. Recordamos lo que podemos, pero por eso el sabio trata de que sea preciso para que no haya más lagunas. (Con orgullo) Sobrevivimos. Nosotros somos personas.

Capítulo 5

Las primeras personas

UN EXTRAÑO FENÓMENO OCURRE cuando estoy viajando en el tiempo y conversando con personas que viven en el pasado. La personalidad de la persona por la que llega la información desaparece por completo. No tienen más recuerdos que los de la entidad revivida que vivió cientos, y en este caso, hace miles de años. He observado que este cambio ocurre muchas veces.

Por lo tanto, tuve que hablar con Tuin de una manera que él entendiera para poder ganarme su confianza. Esta fue la única forma en que pude obtener información sobre las leyendas. No parecía sospechar, pero siempre siento que tener la confianza de la entidad es fundamental en estas regresiones.

D: ¿Recuerdas haberme hablado de tus leyendas?
B: Sí, lo recuerdo. Eres como un niño; no los conoces.
D: Tengo mucha curiosidad, y uno de los trabajos que me han dado es registrar la historia de tu gente.
B: ¿Registrar? ¿A qué te refieres?
D: Bueno, ¿sabes lo que es escribir?
B: El sabio lo hace.
D: Es un trabajo que me han encomendado: escribir la historia y las leyendas.
B: ¿Serás capaz de recordar todo esto y escribirlo?
D: Por eso me dieron el trabajo, porque puedo recordar. Todos tienen su trabajo. Por eso te hago tantas preguntas. No quieren que se pierda la historia.

B: No, esta historia, las leyendas no deben perderse. El conocimiento debe transmitirse.

D: *Eso es lo que me dijeron.*

Como me dijo que se recitaban leyendas durante los festivales, pensé que sería un buen punto de partida. Podría hacer que reviviera la ceremonia real, pero dijo que eran muy largas, que a menudo duraban toda la noche. Podría hacerse, pero tendría que repetir palabra por palabra todo lo que estaba escuchando. Decidí confiar en sus recuerdos de las historias. Deberían ser bastante precisas si las ha escuchado toda su vida.

D: *Cuando la noche es más larga y es la ceremonia, ¿qué parte de las leyendas dice el sabio en ese momento?*

B: En la noche más larga nos reunimos y nos cuenta las leyendas del viaje de las personas.

D: *¿Puedes contarme algunas partes?*

B: Hay dos o tres razones diferentes que explican por qué los viejos tuvieron que dejar su tierra y cruzar el vacío. Algunos dicen que su gente había estado fuera de armonía con la tierra durante tanto tiempo que su tierra estaba muriendo y tuvieron que irse. Algunos dicen que su sol no estaba en armonía y se estaba muriendo. Y hay otro conjunto de leyendas que dicen que eran parte de un pueblo numeroso y los viejos los hicieron enojar y tuvieron que irse. De cualquier manera, se fueron en su nave.

D: *Tal vez todos eran parte de la razón.*

B: Quizás. Construyeron su barco de metal. Muy extravagante, y no flota bien.

D: *No, no es así. Deben haber tenido secretos.*

B: Por supuesto. Los antiguos son sinónimo de secretos. Partieron en su nave y viajaron a través del vacío. Al escuchar las leyendas, he tenido la sensación de que no planeaban venir aquí.

D: *¿Fue por accidente?*

B: Sí. Su barco resultó dañado. Supongo que se iba a hundir. Y aterrizaron aquí en el valle, aunque las leyendas dicen que se estrellaron.

D: *¿No sabes a dónde iban cuando vinieron aquí?*

B: No, no lo sé. Y no pudieron viajar más lejos. Después de viajar a través del vacío, estaban muy cansados de viajar. Ellos querían detenerse y descansar; quizás arreglar su nave y luego continuar su viaje. Se detuvieron por un espacio de tiempo. No sé cuántas temporadas. Esa parte se ha perdido. Pero después de ese lapso de tiempo, algunas leyendas dicen que estaban tan cansados y tantos enfermos que no querían seguir viajando. Querían quedarse aquí en la Tierra. Y las leyendas dicen que se habían olvidado de viajar.

D: *Quizás había pasado tanto tiempo.*

B: Quizás. Y así se quedaron y gradualmente ... ven, cuando vinieron aquí por primera vez no estaban en armonía con la Tierra, y tomó mucho tiempo.

D: *¿A qué te refieres?*

B: Bueno, no estaban en armonía. Parecía que el canto de sus vidas, el canto de sus cuerpos no encajaba con el canto de la Tierra. En consecuencia, nacieron muy pocos bebés. Sus cosechas no crecieron bien porque no sabían cantar en armonía con la Tierra. Pero la Tierra, ella fue paciente y siguió trabajando con ellos. Y gradualmente moldeó los cantos de sus vidas y los cantos de sus cultivos hasta donde estaba en armonía con el canto de la Tierra.

D: *Eso es hermoso. ¿Esas personas vivían mucho en esos días o muchas murieron en esa época?*

B: Se sintieron muy enfermos durante mucho tiempo porque no estaban en armonía con la Tierra. Hicieron cosas fuera de armonía. Hacían cosas por la noche y se quedaban adentro durante el día, porque decían que el sol brillaba demasiado. Aparentemente se sentían mal cuando estaban bajo el sol. Dijeron que era demasiado fuerte. Los estaba debilitando en la Tierra. Al parecer, podían ver bien de noche. Y, además, dijeron que la luna era muy brillante. Estaban tan asombrados con la luna. No habían visto nada parecido antes. Siempre estaban clamando por su belleza. Ella es muy hermosa. Ella brillará esta noche.

D: *¿Oh? ¿Habrá una luna llena esta noche?*

B: No, no es luna llena. Tres cuartos. La luna llena fue hace unas cuatro noches, pero ella es muy hermosa. Los viejos solían estudiarla como yo estudiaría a los animales. Se dice que tenían ojos mágicos. Podían mirar su rostro y verla muy de cerca. Se dice que algunos viejos vieron que otros viejos tenían ... bueno, esto es lo que dice la leyenda. No tiene sentido. Pero se dice que a veces cuando los viejos miraban a la luna con sus ojos mágicos veían que otro grupo de viejos, que no eran de ellos, la había visitado; habían acampado allí en la luna. No sé cómo hicieron esto. Esto es lo que dicen las leyendas. Pero claro, la mayoría de las leyendas no tienen sentido de todos modos.

D: *Pero son interesantes. ¿Tenían alguna forma de hablar con ellos?*

B: No lo sé. Creo que los otros viejos no estaban allí en ese momento, pero habían dejado señales de que habían estado allí. Algunas de las leyendas dicen, ahora no sé de dónde podrían haber venido para que esto sea cierto, pero algunas de las leyendas dicen que de dónde vinieron cuando comenzaron su viaje, no había luna. Ahora, la luna está ahí para que todos la vean. Ella es muy hermosa. Ella me ha ayudado muchas veces.

D: *Tal vez de donde vinieron, no podían verla.*

B: Bueno, algunas de las cosas transmitidas en las leyendas dicen que cuando comenzaron su viaje no había luna, y mantuvieron las estaciones del año por la posición del sol y las estrellas. Cuando vinieron aquí, según las leyendas, eran adoradores de la luna porque ella hace que sea mucho más fácil mantener las estaciones en sus lugares apropiados. La leyenda dice que vivieron mucho más tiempo que nosotros ahora. Pero eso está bien. Tenemos un lapso completo de años. Poco a poco llegaron a estar en armonía con la Tierra y aprendieron a cultivar y aprendieron los hábitos de sus hermanos y hermanas pequeños, las plantas y los animales. Aprendieron a estar en armonía con ellos para poder vivir. Y ellos tuvieron hijos, y sus hijos tuvieron hijos y así sucesivamente, y nosotros somos descendientes de ellos.

D: *Y así empezó todo. ¿Hay algo en tus leyendas de que alguien más llegara al valle?*

B: No. Las leyendas dicen que cuando los viejos llegaron aquí por primera vez, había otra gente aquí en el valle. No muy numerosos, pero pocos.

Me preguntaba acerca de este problema de la genética. Quizás esta fue la respuesta.

D: *¿Qué tipo de personas eran esas?*

B: Por lo que dicen las leyendas, se veían más o menos como yo me veo.

D: *Oh, pensé que querías decir que cuando los ancianos vinieron a este valle, no había nadie allí. Estaban todos solos.*

B: Eran muy pocos, pero eran las únicas personas. Somos los únicos: no hay otras personas.

D: *La gente que estaba allí cuando se estrellaron los viejos, ¿en qué tipo de casas vivían? ¿Lo dicen las leyendas?*

B: No, las leyendas no lo dicen. Pero sí dicen que estaban en perfecta armonía con la Tierra. Y al principio les tenían miedo a los viejos. Como los viejos no estaban en armonía, fue doloroso para las primeras personas estar cerca de los viejos. A medida que los viejos llegaron a estar en mejor armonía, comenzaron a poder mezclarse más, hasta donde finalmente vivieron juntos como un solo pueblo.

D: *Seguí preguntándome sobre eso. Me dijiste que los viejos eran muy claros, muy bonitos y tenían el color del trigo, y que tu gente ahora no es de ese color. No pude entender eso. Sería como los animales cuando se reproducen, tienen diferentes colores. Esta podría ser la explicación. La gente original era morena como tú. ¿Es correcto?*

B: Esa gente que estaba aquí, sí. Y también eran más bajos que nosotros.

D: *¿Pero no hay algo en la leyenda de cómo vivían?*

B: No, porque nuestras leyendas vienen de los viejos y los primeros evitaron a los viejos.

D: *¿Crees que los viejos son los que descubrieron cómo hacer la tela?*

B: Sabían hacer tela, pero los primeros también sabían hacer tela. Entonces, nuestra confección de telas proviene de ambos grupos.

D: *Supongo que, entre los dos, los viejos y los primeros, podrían haber pensado en cómo hacer el material. ¿Crees que los primeros les enseñaron a hacer ropa?*

B: No, tenían ropa cuando llegaron. Pero los primeros sí les enseñaron sobre pieles y cueros. Cuando la ropa de los viejos era enterrada con ellos, la gente empezó a vestirse como los primeros. La forma en que nos vestimos es la forma en que ellos se vestían.

D: *Entonces los primeros compartieron con los viejos.*

B: No al principio, porque fue demasiado doloroso.

D: *¿Tenían miedo?*
B: No tenían miedo; fue simplemente doloroso. Los viejos no estaban en armonía con la Tierra. Y las primeras personas estaban en perfecta armonía con la Tierra, y la diferencia entre ellos era dolorosa para la armonía.
D: *Supongo que debe haber algunos tipos de alimentos que crecen allí.*
B: Algunos granos, algunas verduras. Los viejos trajeron algo de comida. Una parte crecería y otra no. Y entonces, imagino que ahora tenemos ambos tipos.
D: *¿Sabes si alguna de las plantas que tienes son las que trajeron los viejos?*
B: Los viejos trajeron la planta de la que tejemos la tela. Las leyendas dicen que los antiguos diseñaban plantas. Los harían crecer como si se hiciera un conjunto de ropa. Y esta planta no se hizo para comer, sino para producir fibras para la ropa. (Con incredulidad) Ahora, las plantas crecen a medida que crecen. No lo entiendo, pero eso es lo que dice la leyenda.
D: *¿Cómo podías hacer una planta crecer de la manera que querías?*
B: Quizás los viejos tenían el poder de alterar el canto de la vida.
D: *Esa sería una idea interesante. ¿Qué hay de otras plantas que podrían haber traído?*
B: Se dice que trajeron algunos de nuestros granos. Algunos de los granos que tenían los primeros. Por tanto, es difícil decir cuál es cuál.
D: *Es posible que se hayan mezclado.*
B: Cierto. Quizás así es.
D: *Dijiste que había una especie de vegetales que crecían. Quiero decir, raíces y cosas así.*
B: Sí. La mayoría de ellos fueron traídos por los viejos.
D: *¿Cómo son?*
B: Podría decirte cómo se ven ahora. Es posible que hayan cambiado como lo hicieron los animales. Una planta produce raíces que pueden caber cómodamente en la mano, y estas raíces son del color del sol poniente. Son buenos para comer. Otra raíz es amarilla y tiene diferentes sabores según lo maduro que esté al momento de recogerlo. Es más, de una forma redonda. La otra es puntiaguda en los extremos y algo redondeado en medio.

D: *¿Hay algo más así?*
B: Ninguno que pueda recordar. Hay otras cosas que comemos, pero las leyendas no dicen de dónde vienen en particular. Algunos de los árboles frutales, se dice que las semillas fueron traídas. Uno en particular tiene una fruta jugosa, amarillenta. Es dulce y tiene una gran semilla en el centro. Los agricultores deben tener mucho cuidado al cultivarlo, porque el frío puede dañarlo con mucha facilidad. Miman esos árboles. De alguna manera, los agricultores no las dejan crecer demasiado, porque solo pueden soportar el frío si se mantienen envueltas. Ese es uno de los secretos de la agricultura. Yo no sé. Yo soy un cazador. Un tipo de fruto crece en una vid. Es largo, un poco puntiagudo en los extremos y tiene una pulpa amarillenta con muchas semillas esparcidas por todas partes. Se adapta bien a la mano. Solo los agarras cuando los estás eligiendo. Otro es de un árbol. Es de color marrón rojizo y también tiene semillas esparcidas por toda la pulpa. Es muy bueno a finales del otoño.
D: *¿Alguno de esos viene de los viejos?*
B: No estamos seguros. Algunos de ellos crecen en el bosque, pero la mayoría son plantados.
D: *Es posible que algunos de ellos se hayan extendido a los bosques en los viejos tiempos.*
B: Sí. A veces marcan un antiguo sitio para viviendas.
D: *Pensé que tal vez toda tu comida provenía de los viejos.*
B: Oh no. Las leyendas dicen que la mayor parte lo es. La mayoría de las personas que estaban aquí eran cazadores. Ahí es donde aprendí a cazar, porque estando ellos en armonía con la Tierra podían escuchar a los animales. Los viejos también podían oír a los animales, pero era demasiado doloroso para el cazador. Los animales suplicaban, suplicaban y decían: "No me mates". Pero ya te he dicho esto.
D: *Sí, me lo contaste. Dijiste que después de un tiempo los espíritus cambiaron esto para que no pudieran oír a los animales.*
B: Correcto. Te acuerdas.
D: *Lo cual fue más misericordioso.*
B: Para el cazador de todos modos.
D: *En sus leyendas, ¿hay algún evento importante que les sucedió a los antiguos después de que llegaron aquí?*

B: Fue muy importante cuando hicieron contacto con las personas que ya estaban aquí. Si no hubieran hecho contacto con las primeras personas, habrían muerto. Las primeras personas ayudaron a los ancianos a ponerse en armonía con la Tierra.

D: *Pero ellos no intentaron lastimarlos, ¿verdad?*

B: No, no. Era solo que las canciones de los viejos estaban tan fuera de armonía porque sus mentes funcionaban de manera tan diferente, que era doloroso para los primeros estar cerca de ellos. Luego pudieron alterar su forma de pensar para estar en armonía con la Tierra para poder trabajar juntos y aprender a vivir en armonía con la Tierra para poder sobrevivir.

D: *Dijiste que algunos de los primeros hijos que nacieron de los viejos no vivían o tenían cosas mal. ¿Fue mucho antes de que finalmente tuvieran hijos que pudieran sobrevivir?*

B: Seguían intentando tener hijos, y la mayoría de ellos morían o no podrían tener hijos ellos mismos. Pero algunos de ellos pudieron vivir y eran normales y pudieron tener hijos. Fueron tan pocos durante tanto tiempo, que se necesitaron muchas generaciones, tres o cuatro generaciones, para que todo saliera bien para ellos.

D: *¿Crees que muchos de los ancianos murieron antes de tener hijos?*

B: No lo sé. Creo que intentaron tener hijos y los niños tenían problemas para vivir. Como la mayoría de sus hijos habían muerto, no había mucha gente. Los pocos que aún estaban vivos intentaron tener hijos, y muchos de ellos murieron, pero algunos sobrevivieron. Para entonces, los primeros estaban ayudando. Así que gradualmente se volvieron fuertes de nuevo y estaban en armonía con la Tierra.

D: *¿Las leyendas decían qué estaba mal con los niños?*

B: Sus cuerpos no estaban en armonía con ellos mismos ni con la Tierra. A veces, les faltaban cosas o estaban en otro lado. Partes del cuerpo serían drásticamente diferentes de lo que deberían ser o no estaban allí.

D: *¿Entonces era todo muy extraño y es porque no pudieron vivir, hablan tus leyendas de otros acontecimientos importantes que ocurrieron durante tu época?*

B: ¿Durante la época de los viejos? Eso fue lo principal. Los viejos parecían pensar que estar aquí en la Madre Tierra era importante. No sé dónde más estarían.

D: ¿Los viejos alguna vez intentaron irse?
B: ¿A dónde irían?
D: No lo sé. Por eso pensé que sería importante que lo intentaran.
B: Les gustó donde estaban. Es hermoso aquí. ¿Por qué iban a querer irse? Es el hogar.
D: ¿Puedes pensar en algo importante que se menciona en las historias?
B: Bueno, otra cosa que fue importante es que lograron poner los cultivos en armonía con la Tierra para que la comida comenzara a crecer nuevamente. Esto requirió mucho trabajo. Se dice que tomó muchos años. De antemano fue muy duro. Se dice que tuvieron una gran celebración cuando la primera siembra se cosechó exitosamente. Esto era muy importante, porque ahora sabían que tendrían suficiente comida para vivir. Se trataba de estar en armonía con la Tierra. Cuando los cultivos empezaron a lograrse y sus hijos empezaron a vivir, estaban muy felices porque sabían que sobrevivirían.
D: Entonces vivieron allí y crecieron y murieron, y la sangre pasó a su gente. ¿Les ayudaron los primeros con la siembra?
B: Eso creo. No estoy seguro. Los primeros hablaron a los viejos sobre bellotas y piñones, y les enseñaron a estar en armonía para la caza. Les enseñaron sobre plantar y cosechar, todo lo que necesitaban hacer para vivir.
D: ¿Les dijeron qué cosas eran seguras para comer en el bosque?
B: Sí, y qué cosas eran buenas para medicina. Se dice que los viejos tenían su propia medicina, pero no tenían mucha y no sabían cómo hacer más. Lo que es extraño. La medicina es medicina. Sales al bosque y ahí crece.
D: Quizás las hierbas que usaban no crecían allí.
B: Bueno, quizás. Tendrían que haber sido de muy lejos.
D: ¿Sabes para qué usaban sus medicinas?
B: Las mismas cosas para las que usamos nuestros medicamentos: fiebre, tos y cosas por el estilo.
D: Si los primeros no hubieran estado allí para mostrarles estas cosas diferentes, los viejos probablemente habrían muerto de inmediato. Los primeros podrían haberles tenido miedo y no haber querido ayudarles en absoluto.
B: Eso es cierto.

D: *¿Puedes pensar en algo más importante de las leyendas?*
B: Una de las leyendas dice que los viejos solían comunicarse con otros viejos. Había una roca mágica. Hablaban con esa roca y la roca respondía. Se dice que estaban hablando con otros ancianos en el vacío. Pero eso es solo una leyenda. No creo que haya nadie más. No conozco leyendas de nadie más. Las leyendas dicen que esta roca era muy maravillosa al contemplarle. Era similar al cuarzo transparente cuando ves las vetas de oro corriendo. Esta roca estaba así de clara. Se dice que se pueden ver venas de diferentes colores. Y estos diferentes colores vibraban cuando se usaba la roca para hablar. Dijeron que era grande. Si le miraras hacia abajo, de un borde a otro serían dos palmos. Estaba en ángulo, pero las leyendas no mencionan que tenga una forma regular, aunque algunas leyendas dicen que era un poco abultado.
D: *¿Abultado? (Podía entender angular, pero no abultado). Cuando hablaban con los otros viejos a través del vacío, ¿alguno de ellos alguna vez ha venido a encontrarlos?*
B: Lo intentaron, pero no pudieron encontrarlos, por lo que no vinieron.
D: *¿Sabes qué pasó con esa roca?*
B: No, no lo sé. Nunca la he visto. El sabio podría tenerla. Tiene otras cosas de los viejos.
D: *Por supuesto que no sabría cómo usarlo.*
B: Podría. El sabio tiene un conocimiento que se ha transmitido de sabio en sabio.
D: *¿Alguna vez dijeron algo sobre de dónde provenía su fuente de poder que usaban en estas cosas maravillosas?*
B: Se dice que como los viejos consideraban que el sol era tan poderoso, usaban la luz del sol. Que la lanza del sol perforaba la roca y hacía que la roca estuviera viva. (Esto sonó como si estuviera recitando algo de memoria).
D: *¿Es lo mismo que la lanza solar que usaron para matar a los animales?*
B: Tenían una herramienta diferente ... para eso.
D: *Entonces cada una se usó para un propósito diferente.*
B: Hay otra leyenda que dice que a veces los viejos hablaban con una pared y la pared respondía.
D: *¿Una pared?*

B: Como la pared de una habitación. Y la pared respondía, como si hubiera un anciano parado al otro lado de la pared hablando. Algunas leyendas mencionan que habría una parte particular de esa pared que tocaban y se iluminaba. No conozco ningún detalle. Podría ser que en algún momento hubo detalles y esa parte se ha perdido. A veces, en el pasado, se ha perdido parte del conocimiento, aunque hemos intentado no perder nada.

D: *Bueno, si se transmite de boca en boca, las cosas se pierden. Pero cuando la pared se iluminaba, ¿vieron algo o simplemente hablaron con la pared?*

B: No estoy seguro. Se ha dicho que veían escenas de lugares lejanos. Algunas personas que estudian las leyendas dicen que algunas de estas escenas eran del otro lado del vacío. Yo no sé.

D: *¿Estaba la pared en su casa o en la nave?*

B: En la nave. Es posible que haya más de una pared como esta porque la leyenda solo dice que entraban en una habitación y hablaban con una pared. No sé si era una habitación y una pared, o si había una pared así en cada habitación. Yo no sé. Yo soy un cazador.

D: *Por eso me gusta escuchar tus leyendas, porque es interesante intentar averiguar qué eran estas cosas.*

(Tuve que hacer una pausa mientras le daba la vuelta a la cinta).

D: *Eso me dio un momento para escribirlo. Escribo muy rápido.*
B: Debes. ¿Podrás leerlo?
D: *Puedo porque tengo el conocimiento. Por eso hago tantas preguntas. También estoy tratando de entenderlo y averiguar de dónde vienen y quiénes eran.*
B: Sí. Pero si eres capaz de entenderlo, lo estás haciendo mejor que yo.
D: *Pero es importante que hayas mantenido vivas las historias. ¿Crees que pasaron muchas generaciones desde el tiempo pasado hasta el tuyo?*
B: Sí, así es. Las leyendas dicen que son muchas, muchas generaciones.

Capítulo 6

Cuando la luna recorría un camino diferente

DURANTE UNA SESIÓN, Tuin estaba en un viaje de caza cuando le pedí que me contara más sobre las leyendas.

B: Se ha dicho que a veces, en el pasado, la luna caminaba por un camino diferente al que recorre ahora. Esa es una de las leyendas. En la época de los viejos, se dice que ... (tratando de recordar) el camino que recorría la luna y el camino que recorría el sol eran más armoniosos de lo que son ahora, y también el camino de las estrellas. Porque al mismo tiempo, un cierto número de ciclos de la luna siempre coincidía con un cierto número de ciclos del sol. Estaba tratando de recordar los números que me dijeron. No soy bueno con los números. Dame un momento. (Pausa) Está bien. Se dice que había 12 ciclos lunares durante un año, exactamente, todo el tiempo, todos los años. Y el arte de seguir los caminos de las estrellas, el sol y la luna no era tan intrincado como lo es ahora. Por cada año en el que surgirían ciertas estrellas, siempre sería una cierta porción de un número particular de ciclos lunares, desde el solsticio o el equinoccio, dependiendo de qué tan lejos quisieras contarlo. Y luego, una vez, sucedió algo. Había luces brillantes en el cielo y la Tierra tembló. Fue una época terrible. Los cultivos no crecieron ese año. Mucha gente murió y fue durante ese tiempo cuando se perdió la mayor parte de nuestro conocimiento. Los que sobrevivieron sabían que tenían que mantener vivo el conocimiento que todavía tenían, aunque no era ni de lejos lo que nuestra gente alguna vez tuvo. Y se necesitaron muchas generaciones para que los caminos de la luna, las estrellas y el sol volvieran a asentarse. Después de dos o tres generaciones, los sabios observaron los caminos y trataron de averiguar qué había sucedido. Se dieron cuenta de que ahora eran mucho más complejos. El camino de la luna y el camino del sol ya no coincidían.

D: *¿Ya no eran exactamente 12 ciclos lunares?*

B: Era más como 13 y 1/4 o algo así. No lo sé, soy cazador. Antes de que ocurriera el cambio, cualquiera podía realizar un seguimiento. Era fácil. El sabio y los ancianos conocían las razones detrás de esto. Luego, cuando ocurrió el cambio, tantos fueron asesinados que muy pocos sabían las razones detrás de él. Terminaron muriendo, donde el sabio se quedó con muy pocos conocimientos para trabajar. Y trató de averiguar qué pasaba con los caminos del sol y la luna.

D: *Algo definitivamente debe haber sucedido en ese momento. Dijiste que había luces brillantes en el cielo y la Tierra tembló. ¿Dicen las leyendas qué pasó?*

B: Se dice que en un punto los caminos de las estrellas y el sol se invirtieron temporalmente, el sol estaba saliendo donde debería ponerse y poniéndose donde debería salir. Las leyendas no dicen cuánto tiempo estuvo saliendo el sol donde debería ponerse. Pero después de la primera vez que la Tierra se estremeció y hubo luces en el cielo, el sabio pensó que el sol salía donde debía ponerse y se ponía donde debía salir. Entonces nadie podía llevar la cuenta del tiempo, porque todos los movimientos de las estrellas y la trayectoria de la luna eran al revés. ¿Cómo puedes hacer un seguimiento del tiempo que pasa? Y luego, no dice cuánto tiempo, pero después de un período de tiempo sucedió algo más. La Tierra se sacudió un poco más y el sol una vez más comenzó a salir donde debe y ponerse donde debe, incluso hoy. Pero ahora los caminos de la luna y las estrellas ya no están con el camino del sol. Y era muy complejo seguirle la pista ahora.

D: *Apuesto a que fue espantoso verlo.*

B: Sí. Se dice que fue muy, muy maravilloso y terrible.

D: *¿Cómo murió la gente durante ese tiempo?*

B: Con la Tierra temblando y demás, fue muy tormentoso. Dijeron que los vientos protestaban y lloraban a la Madre Tierra. Y estaban soplando tan fuerte que hicieron caer árboles, por lo que la gente murió por cosas que se caían y volaban con el viento.

D: *Antes de que esto sucediera, ¿estas estaciones eran diferentes? ¿El calor y el frío eran diferentes de lo que son ahora?*

B: (Pensando) La longitud ... eran un poco más cortos de lo que son ahora y siempre coincidían con los ciclos de la luna. El año parece haberse alargado después de que sucedió eso, pero no mucho. Hasta donde como ahora las estaciones de crecimiento aún coinciden con los ciclos de la luna, pero las estaciones exactas según los solsticios y los equinoccios no coinciden con los ciclos de la luna. Se dice que el clima era diferente. Que los vientos invernales venían de una dirección diferente y que el verano era entonces un poco más largo, pero no muy diferente de ahora. La principal diferencia fue la dirección de los vientos invernales a la que tuvieron que adaptarse.

D: *¿Sabes en qué dirección era?*

B: No. Las leyendas dicen que hacía más calor. No hacía tanto frío. La vida era más fácil, porque los veranos eran más cálidos y los inviernos no eran tan duros. No hubo tanta nieve ni lluvia. Fue muy difícil cuando la Tierra recorrió un camino diferente y el año se hizo más largo.

D: *¿Los días eran de diferente duración?*

B: Los días eran un poco más cortos, pero no mucho. Eran principalmente los años los que eran más cortos.

D: *Pero, dijiste que a mediados del verano los días son muy largos.*

B: Así son las cosas ahora.

D: *¿No era así en aquellos tiempos?*

B: No tanto. Los días seguían siendo muy largos a mediados del verano, pero aún habría algo de oscuridad. Y en pleno invierno las noches serían muy largas, pero aún habría algo de luz durante el día. Ahora es más extremo. No hacía tanto frío y llovía más que ahora; menos nieve de la que tienen ahora.

D: *Me pregunto cómo se vería esa luz en el cielo.*

B: Bueno, hay varias descripciones y parecen contradictorias. Algo de la luz era como la luz del invierno, pero muy fantástica. En los colores que vienen en: rojo, azul, verde y blanco. Y había muchos de estos donde incluso se podían ver durante el día. Normalmente están allí en invierno y solo los ves por la noche.

Pensé que probablemente se refería a las luces del norte o auroras boreales.

D: *¿Pero durante ese tiempo había más?*
B: Sí. Y también eran vistos durante el día, y ahora nunca se ven durante el día. Suele ser de noche. Además, parecía haber un cometa en el cielo en ese momento y parecía volar hacia la Tierra. Pero se dice que el sabio que tradujo esto cree que en realidad no lo vieron volar hacia la Tierra, sino que parecía dirigirse hacia la Madre Tierra. Luego, cuando la Tierra comenzó a temblar y las cosas salieron mal, el cometa ya no se vio.

D: *¿Crees que podría haber golpeado la Tierra?*
B: Las leyendas dicen que pudo haberlo hecho. Pero se ven tan pequeños en el cielo. Sabes, podrías cubrir todas las partes con tu mano y tus dedos dependiendo de qué tan lejos estén.

D: *¿Ves muchos cometas?*
B: No muchos. Uno o dos. Cuando los ves por primera vez, son muy pequeños y podrías taparlos con la articulación del dedo meñique. Más tarde, parecen crecer y hacerse más grandes y cubrir una mayor parte del cielo hasta que pasan y se hacen más pequeños. Entonces, una noche, el sol se pone y ya no los ves.

D: *¿Ocurren en invierno o en verano?*
B: ¿Los cometas? O bien, no importa. Estos cometas aparecen cuando aparecen.

D: *¿Tus leyendas dicen qué podría ser un cometa?*
B: No. Es solo una estrella que camina por un camino más rápido.

D: *Esa sería una buena descripción. Me dijiste que había un grupo de estrellas en las que los viejos estaban muy interesados. ¿También cambió de posición en el cielo durante ese tiempo? (Véase el capítulo 9. Historias de niños).*
B: Bueno, todas las estrellas cambiaron de posición, no solo esas. Las estrellas mismas permanecieron en la misma posición. Parecía que nos habíamos mudado o que todos se habían mudado juntos. ¿Recordarás estas cosas de las que te he hablado?

D: *Sí. Quiero ayudar para que no se pierdan. ¿Has atrapado muchos animales?*
B: ¿Mientras te he estado hablando? No en realidad no. Disfruté contándote sobre las luces nocturnas de invierno. Son muy hermosas. Sin embargo, he estado siguiendo a algunos ciervos. Debería poder conseguir algunos cuando terminemos de hablar.
D: *Nunca he visto esas luces. Deben ser muy hermosas.*
B: Lo son. A veces, las mujeres tejen un trozo de tela que cuelga de la pared. Las luces se ven así cuando sopla el viento. (Estaba haciendo movimientos con la mano). Pero puedes ver el cielo a través de ellas y puedes ver que hay diferentes colores.
D: *(No estaba segura de qué estaba hablando.) Oh, ¿quieres decir que la tela es muy fina?*
B: No. Las luces en el cielo.
D: *¿Pero dijiste que tejían una tela?*
B: Lo estaba usando para compararlo con el aspecto de las luces en el cielo. Pero podrás verlos en el cielo este invierno por la noche. Solo ve a mirar.
D: *Probablemente no miré en el momento adecuado; o no salí cuando estaban allí.*
B: Bueno, hace frío en invierno.
D: *Sí, probablemente por eso no las vi. ¿Alguna vez has visto esas luces en otro momento del año?*
B: Bueno, a veces en la oscuridad de la noche las vemos. Pero en verano permanece iluminado la mayor parte de la noche, por lo que no las ves mucho. La luz del sol domina. Así que las asociamos principalmente con el invierno porque las ves mucho en invierno porque está oscuro.
D: *¿Qué pasa en la primavera y otoño?*
B: Bueno, es proporcional a la cantidad de oscuridad que hay.

Se me ocurrió intentar averiguar si las leyendas mencionaban dinosaurios o animales extintos. Esto me ayudaría a fechar la época de los viejos.

D: *¿Tiene alguna leyenda sobre animales que podrían haber existido que fueran diferentes de lo que son ahora?*

B: Hay muchas leyendas sobre animales. La mayoría de ellas se las contamos a los niños.

D: *Sí. Pero ¿hubo alguna vez en que los animales fueran diferentes?*

B: Sí. No soy muy bueno en detalles. Parece, si estamos escuchando las leyendas, que todos los animales eran algo diferentes. Ellos han cambiado. No hay grandes diferencias, solo pequeñas aquí y allá. De modo que si uno saliera al bosque con los animales como eran entonces, se vería sutilmente diferente. No lo notarías de inmediato. Algunos animales serían un poco más grandes o un poco más pequeños. Sus abrigos serían ligeramente diferentes, o algunos tendrían un número diferente de dedos en sus patas. Como dije, sutiles diferencias. Y algunas leyendas dicen que había algunos animales que parecían estar entre los animales que tenemos hoy. Una leyenda hablaba de un animal que cuando tenía crías, algunos de sus crías eran muy grandes y otros muy pequeños. Los crías grandes se convirtieron en osos y los niños pequeños se convirtieron en mapaches.

Esto sonó como una de las historias de Tuin para los niños.

B: Esa es una de las leyendas. Es cierto que el mapache es hermano pequeño del oso y se parecen mucho. Pero habría sido un grupo extraño de padres al tener hijos tan diferentes.

D: *¿Pero no es el mapache de diferente color?*

B: No muy diferente. Además, los colores no significan mucho porque el color del pelaje puede cambiar con las estaciones. Es la estructura, la forma de los huesos lo que cuenta.

D: *Bueno, ¿el mapache no tiene marcas diferentes a las de un oso?*

B: Algo. Las marcas faciales son diferentes. Pero quién sabe, cuando el oso tenía una cola larga, tal vez su cola también estaba rayada. (Me reí.) No lo sabemos, ahora que su cola es demasiado corta para tener rayas.

D: *¿Hay animales que se cambian de abrigo?*

B: Sí, hay algunos. El animal que salta y el animal que tira de sus garras se cambian de pelaje. No estoy seguro sobre el oso. A veces parece que sí, y a veces me pregunto si se trata de dos osos diferentes. Por lo general, los osos son negros o marrones y, a veces, generalmente en el invierno, cuando está nevando, veo osos blancos. Puede ser que los negros o marrones cambien el color de su pelaje como lo hacen los demás animales, o podría ser un oso diferente. Parece que se ve un poco diferente. Realmente no lo he descubierto. Solo los vemos en las profundidades del invierno cuando hay mucha nieve. Siempre es por accidente, por lo que realmente no sé dónde se quedan.

D: *¿Tienes otras leyendas de animales que fueran diferentes en el tiempo anterior?*
B: Déjame pensar... Algunas de las aves solían ser diferentes. Parece que sus colores han cambiado. Si sigues las leyendas, los cambios han sido graduales. Según las leyendas, algunas de las crestas de plumas de sus cabezas solían tener una forma un poco diferente. No es drástico, solo un poco, y ha cambiado un poco. La mayoría de las leyendas sobre aves son para niños, como la de cómo surgieron los mirlos.

D: *Sí, me dijiste eso. (Vea el Capítulo 9.)*
B: Realmente no puedo pensar en ningún otro animal que haya cambiado.

D: *Me pregunto si habrá alguna clase de animales que no haya más. ¿Tienen leyendas sobre algunos que han desaparecido?*
B: Hay una leyenda sobre una criatura extraña; No sé qué podría ser. Se suponía que esta criatura era muy pequeña y podía volar como un pájaro, pero picaba como una ortiga. Se dice que a esta criatura le gustaba cantar y siempre tarareaba muy alto. No tenemos nada de eso. No sé qué podría ser.

Al principio pensé que estaba hablando de un murciélago, pero el canto no estaría de acuerdo con eso a menos que Tuin tuviera la capacidad de escuchar sonidos que están fuera de nuestro rango normal.

D: *¿Cómo podría picar?*
B: Se decía que te mordía, te chupaba la sangre y dejaba una roncha. Se los consideró muy irritantes. Había otras criaturas voladoras que eran pequeñas. Tarareaban o zumbaban o cantaban algún tipo de canción. Pero ahora no los tenemos.

Estaba tratando de averiguar qué era esta criatura de sonido extraño.

D: Esto habría sido una criatura extraña porque un pájaro no puede morder.
B: Se decía que era tan pequeño como la punta de tu dedo. Eso es realmente pequeño para que algo tenga alas.

Hizo movimientos con las manos para mostrar el tamaño. Ahora estaba realmente confundida. No podía ser un pájaro o un murciélago como lo estaba imaginando. Solo los insectos serían así de pequeños.

D: ¿Tienen insectos donde vives? (Parecía confundido por la palabra) ¿Bichos? (Todavía parecía confundido.) Sé que tienes abejas porque hablaste de miel.
B: Bueno, tenemos abejas, pero no muchas más. Hay algunas criaturas en los bosques que parecen estar relacionados con las abejas. ¿Cuál es la palabra? ... ¿Avispas? ¿Es esa una palabra?
D: Sí. Eso es de otro tipo. No produce miel, pero es como abejas.
B: Sí. Y hay pequeñas criaturas que viven en la tierra y a los osos les gusta comerlas. Pero no les prestó atención. (Posiblemente larvas).
D: Este del que hablabas era tan pequeño como la punta de tu dedo pequeño, ¿podría ser algo así?
B: Ahh ... ni una abeja, ni una avispa. Se dice que las leyendas también describen a las abejas, y la descripción de las abejas es diferente. Al parecer, estos otros eran más pequeños. No sé cómo, nunca había visto nada así.
D: Estaba pensando que podría haber sido algo así, en lugar de un animal.
B: Bueno, las abejas también son animales.
D: En cierto modo. Sí, supongo que lo son. Depende de la clase en la que desees colocarlo, en qué categoría.
B: No tienen raíces y hojas como las plantas. No se quedan quietos al sol. Se mueven como animales.
D: Bueno, siempre pienso en un animal que tiene piel.
B: Ese es un tipo de animal. Algunos animales también tienen aletas.

D: *¿Te refieres al pescado? Siempre ponemos a los que viven en el agua y tienen aletas aparte.*
B: Oh, pero eso es estúpido. Todos bailan la danza de la vida y todos cantan la canción de la Tierra.
D: *También ponemos a los pájaros aparte.*
B: Eres extraña.
D: *Cuando pienso en animales, pienso en los más grandes que tienen piel. Ahora puedo entender tu terminología y la forma en que piensas sobre ellos.*

Era inútil discutir contra sus creencias y terminología. Su lógica a menudo parecía tener más sentido que la nuestra. Cuando hice la pregunta sobre animales extintos, estaba pensando en dinosaurios y cosas así. No esperaba que respondiera con la descripción de algo tan diminuto como un mosquito, que probablemente es lo que era. Sus respuestas a menudo eran divertidas y siempre esclarecedoras.

D: *¿Hay leyendas de animales grandes que puedan haber desaparecido?*
B: Hay uno. No estoy seguro de cómo se llama. Puedo describirlo. Se decía que era tan grande como una casa. Tenía cuernos como de buey y orejas grandes. Y su nariz no se podía distinguir de una cola. Pelaje largo, mucho pelaje. No sé qué podría ser. Sonaba como algo feroz de cazar. No me gustaría; sería difícil. Sin embargo, proporcionaba mucha carne. Se decía que era muy bueno para comer.
D: *¿Dónde estaban ubicados sus cuernos en el cuerpo?*
B: Delante. Las leyendas no tienen claro si eran cuernos o dientes largos. Lo describen en ambos sentidos.
D: *¿Quizás fueron dos animales diferentes?*
B: No lo creo. Creo que es solo algo que se ha infiltrado en las leyendas.
D: *¿Los cuernos tenían algún tipo de forma?*
B: Eran curvados. Salían derechos y luego se curvaban hacia arriba y daban vuelta.

Hizo movimientos con las manos. Era obvio que estaba describiendo a un mastodonte o mamut.

B: En las leyendas se decía que eran muy peligrosos.
D: *¿Cuándo desaparecieron estos?*
B: Cuando la Tierra cambió de rumbo.
D: *¿Hubo leyendas de algo más grande como eso?*
B: No que yo recuerde. Se dice que los gatos solían ser más grandes. Son lo suficientemente grandes como están; No me preocupo por eso.
D: *¿Las leyendas dicen algo sobre las serpientes?*
B: Las leyendas mencionan serpientes. De vez en cuando vemos un par, pero realmente no tenemos tantas. Se dice que cuando la Tierra cambió su trayectoria, a las serpientes no les gustó la agitación y se fueron. Los peces cambiaron. Aparentemente, las aguas solían ser más cálidas y los peces a los que les gustaba el agua fría mejor se quedaron. Eso es todo.

Dado que los viejos no tenían leyendas de dinosaurios, debieron haberse estrellado después de su tiempo, pero antes del tiempo de algún gran cataclismo.

Descubrí que hubo cuatro avances importantes del hielo durante la Edad del Hielo, entre los cuales hubo períodos en los que se derritió. La última capa de hielo desapareció de América del Norte hace entre 10.000 y 15.000 años. Con la retirada del hielo, muchas formas de animales se extinguieron, para ser reemplazadas por animales modernos. Entre los que desaparecieron estaba el mamut. En 1989, se encontró el esqueleto casi completo de un mamut a 9.000 pies en el centro de Utah, estableciendo un récord de gran altitud para los mamíferos extintos. Se creía que el mamut se había quedado atascado en un pantano al borde de un glaciar hace entre 10.000 y 15.000 años. Esta información histórica nos da una fecha aproximada del colapso de los viejos. ¿Podría la catástrofe de la que hablaban las leyendas haber sido lo suficientemente intensa como para causar parte de la Edad de Hielo?

DESPUÉS DE QUE DESPERTÓ del profundo trance, tuvo algunos recuerdos de una escena que había visto. Esto sucede a menudo incluso con sonámbulos. Puede que no recuerden mucho sobre la sesión y la historia que han estado contando, pero recordarán fragmentos y, tal vez, cierta escena. Esto es muy similar a la forma en que recordamos fragmentos de sueños cuando nos despertamos por la mañana. Ella me lo describió.

B: Recuerdo una sensación de frío profundo y crujiente como en las profundidades del invierno y recuerdo haber visto las luces nocturnas, la aurora boreal. Lo curioso es que nunca las había visto en la vida real.

D: *Yo tampoco. Dijiste que se notan más en invierno.*

B: Eso es cierto, pero tienes que ir más al norte que aquí [en Arkansas] para verlos.

D: *Y eran comunes donde está Tuin.*

B: Escuché decir que, en nuestra parte del país, en las profundidades del invierno, en ciertos momentos verás rastros de ellas cuando miras hacia el norte, a veces durante las lluvias de meteoritos o las erupciones solares. Pero no sucede muy a menudo. Sin embargo, recuerdo haberlos visto muy intensamente durante la sesión. Están fuera de noche. Se ven como (ella tenía dificultad para encontrar las palabras) casi como fuegos artificiales. Parecen ondas de energía. (Ella hizo un zumbido: rrrrrr.)

D: *¿Girando?*

B: Esto es difícil de describir. La línea principal, como la base, por ejemplo, sería como una línea ondulada. Pero sería una serie de puntos iluminados con luz, con energía corriendo hacia arriba, como una cortina de energía.

Tuin estaba tratando de describirlo y mencionó algo sobre una cortina, y no pude ver la conexión. No sabía a qué se refería, ¿una cortina de rayas o qué?

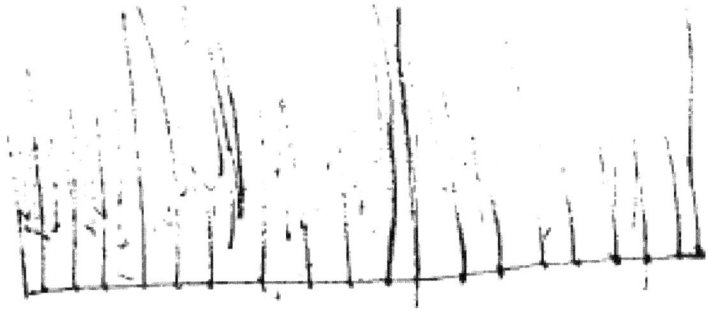

Luego hizo un dibujo de las auroras boreales como recordaba haberlas visto. Pensó que sería más fácil que tratar de describir el fenómeno.

B: Está en diferentes colores. Habitualmente había rojos o azules profundos o violetas o verdes.
D: He oído hablar de ellas, pero nunca las he visto.
B: Ese es mi caso. Y esta visión de verlos, en mi mente, parece estar asociada con el frío.

Consulté la Enciclopedia de Collier para obtener información sobre la aurora boreal. Tuin tenía razón al describirlo como parecido a una cortina. Se llaman "cortinas de luz" y, a menudo, aparecen como cortinas.

La visualización generalmente comienza como un arco homogéneo (partes idénticas o uniformes), que es una de las formas más comunes y no tiene estructura de rayos. El brillo puede ser más o menos constante en el tiempo, o mostrar pulsaciones pronunciadas durante períodos de menos de un minuto. Si la pantalla aumenta en brillo, las formas homogéneas a menudo se rompen en rayos, rayos arqueados, cortinas o una corona en la que los rayos parecen converger en lo alto. Las "llamas" son fuertes ondas de luz que se mueven rápidamente hacia arriba y a menudo son seguidas por la formación de una corona.

Aunque la causa de las auroras ha aludido a los científicos, se cree que está relacionada con la actividad de las erupciones solares que ocurren en el sol.

La zona máxima de apariciones frecuentes de auroras parece extenderse por todo el mundo desde Alaska, El lago Great Bear (el gran oso), a través de la Bahía de Hudson, al sur de Groenlandia e Islandia, y al norte de Noruega y Siberia. Las principales masas terrestres donde se puede observar el fenómeno son Alaska, Canadá y Noruega. Esta información ayudó a identificar la ubicación del grupo de Tuin.

En nuestro tiempo actual, la máxima actividad estacional alcanza su punto máximo en los meses equinocciales, primavera y otoño (marzo-abril y septiembre-octubre). Tuin dijo que ocurrió durante el invierno. ¿Podría ser esto una indicación de que Tuin se encontraba tan atrás en el tiempo que las estaciones eran diferentes? ¿O que las auroras ocurrieron en un período estacional diferente al actual? Las auroras de baja intensidad aparecen como blancas. Los colores en nuestro tiempo se han observado como verde amarillento y ocasionalmente violeta y rojo. Los colores son causados por nitrógeno y oxígeno en la atmósfera superior. Los oxígenos atómicos son responsables tanto de las auroras amarillo-verde como de las rojas en forma de rayos. La fuerte emisión de nitrógeno molecular se observa en auroras rojas o violetas en la parte inferior de las formas de arco o cortinaje. Tuin vio rojos, azules, violetas, verdes y blancos profundos cuando miró las auroras. La ligera diferencia de colores (azul, por ejemplo) podría indicar que la composición molecular de la atmósfera superior en su época contenía una concentración más pesada de ciertos elementos. También podría significar que los ojos de Tuin vieron el espectro de colores de manera diferente.

Los comentarios de Tuin sobre la duración del día y la noche durante los días más largos y más cortos del año nuevamente apuntan a que su ubicación está en el lejano hemisferio norte. Al norte de 66 1/2 grados norte (el Círculo Polar Ártico) hay 24 horas de oscuridad el 21 de diciembre y 24 horas de luz diurna el 21 de junio. Dado que sus días y noches no eran oscuridad total o luz solar, sospecho que su región estaba ligeramente al sur del Círculo Ártico. Esta información combinada con su mención de la aurora boreal apunta una vez más a la región de Alaska-Canadá. Hay partes de Siberia que caen dentro de esta área, pero creo que debido a la referencia de Tuin a varios animales y otros factores de identificación que vivía en el extremo norte del continente norteamericano.

Capítulo 7

El diseño de la manta

OTRO MÉTODO DE APRENDER sobre la gente de Tuin fue preguntar por la ropa. Ciertos tipos y materiales son distintivos con ciertos períodos de tiempo o países.

D: ¿De dónde sacan el material del que está hecha la ropa?
B: No estoy seguro. Normalmente estoy cazando. Se utilizan muchas pieles. Hay una planta que usan las mujeres. Obtienen el tallo de esta planta, y creo que lo sumergen en agua de alguna manera y, a veces, lo golpean entre piedras. Pero no estoy muy seguro de cuál es el orden. Después de remojarlo y batirlo para separar las fibras, lo esparcen al sol.
D: ¿No serían muy cortas las fibras?
B: Bueno, las tuercen juntas para alargarlas. (Movimientos de mano) También obtienen el pelo de las cabras. Es suave y hace una buena tela, pero el pelo de cabra es corto, así que imagino que se necesitaría mucho. Las mujeres tienen cosas con las que las tejen. Aunque no sé cómo funciona. Es muy misterioso para mí.
D: Pero entonces tu caza probablemente les resultaría misteriosa.
B: Creo que tienes razón. Sugerí una vez, cuando las mujeres tenían poca fibra, les señalé que la corteza de los árboles tiene fibra. ¿Por qué no intentar eso? Estuvieron de acuerdo en que la fibra estaba ahí, pero, no sabían cómo prepararla hasta donde sería fibra y no corteza. Dijeron que sería demasiado trabajo. Soy solo un cazador, ¿por qué iban a escucharme? Pero les dije, ¿por qué no tenerlo en cuenta?

Tuin describió la planta que se utilizó principalmente para la fibra. Medía aproximadamente a la mitad del muslo y constaba de un tallo central con hojas anchas, planas y puntiagudas. Estas hojas medían aproximadamente una pulgada y media de ancho y salían del tallo en cuatro lados en forma de espiral. La flor, en la parte superior o corona de la planta, era una pequeña flor de color púrpura azulado con un centro amarillo, encerrada en un grupo de hojas. Las mejores fibras para la ropa estaban en el tallo. Esta descripción se ajusta a la planta del lino, que se ha cultivado desde tiempos prehistóricos para el uso de la producción de lino.

Dijo que había varios tipos de telares. Se utilizaba un marco grande para las mantas. Usó movimientos de la mano para demostrar que envolvían la fibra alrededor de palos con forma que se pasaban de un lado a otro. Su explicación mostró que aparentemente había observado el procedimiento, pero no lo entendió. Algunas de las mujeres podían tejer con bastante rapidez. También había un marco más pequeño que se usaba para hacer tiras de tela, como la que se usa para una camisa o cinturón o algo similar. Este se engancharía a la pared, con el otro extremo enganchado a su ropa. Se inclinaban hacia atrás para mantener la tensión en el material.

D: ¿Haces tu propia ropa?
B: Por lo general, excepto cuando hay una niña o una dama del pueblo que quiere estar en mejores términos (sonriendo).
D: (Risas) ¿Cómo coses las pieles?
B: Hay fibras en el cuerpo de un animal que puedes usar. Fibras que unen los músculos, juntan la carne. Puedes usar esto o puedes usar pequeñas tiras de piel. Y le hago agujeros en la piel y la ato. Son pieles curadas. Primero uso mi cuchillo para cortarlo en la forma que debe tener. Y los ato con las pequeñas tiras de piel o la fibra del cuerpo del animal.
D: ¿Qué usas para perforar los agujeros?
B: Oh, normalmente tengo un hueso pequeño. Hay huesos pequeños que son afilados. Y si no tengo un hueso pequeño a mano, quizás la punta de mi cuchillo.
D: Muy inteligente.

Me sorprendió saber que a Tuin también le gustaba hacer una especie de tejido.

B: Esas son las cosas que me gusta hacer en invierno. Los días, o más bien las noches, debería decir, se hacen largas. Debes hacer algo. Si te sientas ahí, las paredes se cierran. Y sabes que, de todos modos, no me gusta estar bajo el techo. Así que una de las cosas que hago es conseguir cordones y correas y hacer nudos en ellos de diferentes formas y trabajar diseños con los nudos. Sé que me mantiene alejado, me mantiene fuera de problemas. A veces me quedo con lo que hago, a veces lo regalo. Depende de la forma que adopte. Una señora tomó uno de ellos y lo colgó de unos ganchos y lo usa en lugar de una cuna. Y alguien más tomó uno y lo colgó del techo. Lo usa para dividir una de sus habitaciones.

Durante otra sesión pude obtener información sobre las plantas utilizadas para teñir telas.

B: He estado en el bosque cazando, pero esta vez no por animales. Hoy estaba siendo perezoso. Buscaba ciertas hierbas y raíces para las mujeres.
D: ¿Qué tipo de hierbas te pidieron que encontraras?
B: Diferentes. Las encuentro de acuerdo a cómo huelen y cómo se ven. Ciertas flores. Hay una flor que es de color lila claro con un centro amarillo que usan para algo. No sé para qué los usan. Y una pequeña flor blanca de cuatro pétalos. Y diferentes plantas así.
D: ¿Solo usan la flor?
B: No, usan toda la planta. Solo traigo algunas raíces. Dejo las raíces para que la planta vuelva a crecer. Pero les gusta que les traiga toda la planta. Hay otro que es de un púrpura más oscuro que usan para teñir su hilo y cambiar el color del mismo.
D: Entonces no se usa para medicamentos.
B: Umm, sí. Podría ser, pero también se usa para colorear.
D: ¿Cómo hacen eso?
B: Mezclan las flores y, a veces, usan bayas que tengan a mano, con cierto tipo de corteza, generalmente como corteza de roble. Y lo hierven en agua y hace esta mezcla oscura. Ponen sus fibras en el que están tratando de teñir de ese color. Cuando sacan las fibras

por primera vez, el color es muy oscuro. Pero a medida que se seca al sol, el color se suaviza.

D: *¿Hay otros colores?*
B: Marrón y un verde amarillento claro que se desvanece a amarillo.
D: *¿Qué pasa con el blanco? ¿Se visten de blanco?*
B: Oh, a veces, pero los colores se ven más bonitos. Pero no es como el blanco de las nubes. Es más, como el blanco de la paja.

Hay muchas vías por explorar cuando se trata de establecer el lugar y la identidad de un pueblo desconocido. Un amigo, que es un experto en nativos americanos, me aconsejó que buscara los diseños que la gente usaba para la decoración. Dado que este tipo de cosas a menudo se transmite de generación en generación, esto a veces puede establecer una tribu en particular. Muchos diseños son comunes y utilizados genéricamente por varios grupos de personas, pero también existen aquellos que son únicos en ciertas áreas. Traté de seguir esta área de investigación.

Tuin ya había descrito los extraños diseños que se usaron en el tocado blanco que lució el sabio para la fiesta de verano. Pregunté si había otros tipos de diseños que se usaban en su ropa o utensilios domésticos. Dijo que las mujeres eran bastante expertas en tejer cestas y mantas y que a menudo trabajaban con diseños en ellas.

D: *¿Dijiste que hacen cosas con algún tipo de arcilla? ¿Son de cualquier tipo de diseños en ellos?*
B: Oh, sí, siempre. Por lo general, se trata de diseños que parecen relámpagos, alrededor (movimientos de las manos).
D: *¿Arriba y abajo? ¿Cómo mellado?*
B: Sí. Y algunos hacen zarcillos de vid y hojas abiertas, y lo hacen alrededor. Y algunos pusieron animales allí. Puedes usar lo que te apetezca. Te ayuda a identificarlo como tu olla porque ese es tu diseño. Les pasan a sus hijos los diseños tal como son tradicionalmente, y luego les muestra que pueden cambiarlos y hacer lo que quieran con ellos. Les muestra algunas de las cosas que ha hecho. Y la persona que está aprendiendo de ti, aprende los diseños tradicionales y luego comienza a inventar sus propios diseños. Y heredan ambos.
D: *¿Cómo se ven los diseños tradicionales?*

B: Algunos diseños parecen grupos de rocas y otros parecen patrones de ramificación de diferentes tipos de árboles, a veces la forma de hojas o simplemente algo inventado.

D: Algo de la naturaleza entonces.

B: O de tu mente. Tal vez una de las tejedoras vea la forma de una montaña en particular que le guste y haga un diseño basado en esa forma. Hay un diseño que tienen las mujeres para sus mantas que se llama "la nave del viejo". Es muy ornamentado y sospecho que le agregan un poquito en cada generación. Pero lo transmiten como un diseño tradicional incluso si le han agregado.

Ahora había atraído mi interés. Si tuvieran un diseño llamado "la nave de los viejos", podría darme algo de información sobre el aspecto de la nave espacial. No pudo encontrar las palabras para describirlo, pero accedió a dibujarlo para mí. Normalmente estoy preparada para la posibilidad de que el sujeto dibuje o escriba mientras está bajo hipnosis. Pero esta vez me tomaron con la guardia baja, así que traté de conversar con Tuin mientras hurgaba en mi estuche en busca de una tableta y un marcador.

B: Es el diseño más ornamentado que tejen las mujeres. Es posible que no pueda dibujarlo como realmente se ve. Lo mencioné porque parecías interesada en las leyendas de los viejos. La mayor parte del diseño está hecho de diferentes colores según cómo afecte la luz. Ciertas partes del diseño siempre se hacen del mismo color.

Finalmente tuve todos los materiales. Le pedí a Beth que abriera los ojos y le entregué la tableta y el bolígrafo. Ella reaccionó de la misma manera que muchos otros sujetos que hablan desde tan atrás en el tiempo. Aunque el papel y el marcador son objetos comunes en el mundo moderno de Beth, eran completamente ajenos a la mente de Tuin. Sintió el papel como si tratara de comprender qué tipo de sustancia era. Luego examinó el bolígrafo como si tratara de averiguar qué extremo usar. Ella comentó lo extraños que eran los objetos. Tuve que mostrarle cómo sostenerlo. Era obvio que Tuin estaba tratando con un objeto que nunca había visto antes. Con cautela, hizo algunas marcas en la parte superior de la página y comentó: "Es negro. No

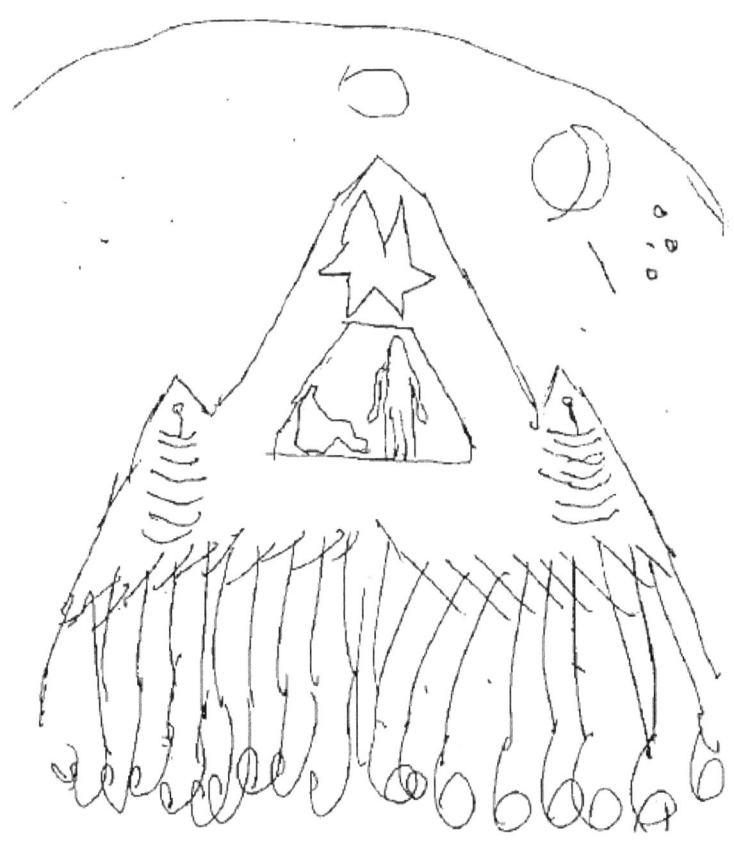

podré hacerlo con los colores correctos". Lo animé a seguir adelante de todos modos y ver si podía reproducir el diseño para mí. Después de comenzar a dibujar, pronto se acostumbró a usar el marcador. Le preocupaba dibujarlo de la manera correcta, porque decía que las mujeres lo hacían equilibrado cuando estaban tejiendo la manta. Comenzó en la parte inferior de la imagen e hizo comentarios a medida que avanzaba en el diseño. Tardó varios minutos en terminar porque sí resultó complicado.

B: Esta parte de aquí abajo siempre está hecha de color naranja o amarillo. Probablemente sea un incendio. Y es así también de este lado. Ésta es la única parte del diseño que siempre se hace con el color tradicional. Y aquí afuera algunas veces entran en florituras. Y a veces hacen estos colores plateados y esta parte de aquí en oro. (Esta era la parte inferior que parecía fuego y humo saliendo del fondo de la nave). Aquí es donde su imaginación hace cosas extrañas. A veces ponen pequeñas líneas aquí. Como dije, se vuelven bastante adornados. (Esto estaba en el cuerpo de la nave, la parte que se parecía a los propulsores de cohetes). Ahora, a veces le ponen una puerta, pero no como debería ser cualquier puerta. (Pudo haber querido decir que la puerta estaba demasiado por encima del nivel del suelo. También tenía una forma extraña). Y en la puerta a veces representan cosas fantásticas, solo un capricho de cómo el tejedor quiere hacerlo. Realmente puedes usar tu imaginación. A veces harán dibujos de muebles con adornos. Y a veces harán dibujos fantásticos de los viejos. Por lo general, los harán muy altos y delgados, y generalmente de color plateado. A veces hacen una silla como la de los viejos. Se dice que se movía y que podría inclinar la cabeza hacia atrás. Y siempre aquí arriba suele ponerse alguna estrella plateada. (Dibujó una estrella sobre la puerta.) Excepto que está equilibrada. Mi estrella no está equilibrada. Yo soy un cazador.

D: *¿Este diseño se repite una y otra vez?*

B: Por lo general, se hace como la parte central de la manta o lo que sea. La parte ornamentada a su alrededor se repite una y otra vez, pero solo hay una nave de los viejos. Solo se hace una vez. Y luego, en un tipo de manta, esta parte (el fuego y el humo) se extiende en diseños cada vez más ornamentados. Entrando en diferentes colores según diferentes patrones. Luego, en el resto, (el cielo) un sol, pero a veces harán parte de él con estrellas y luna.

D: *¿Esa parte (el cielo) es de color oscuro?*

B: Bueno, depende del color que quieran usar. Estrellas, les gusta eso (hizo pequeños círculos redondos), pero de diferentes colores. Y a veces los hacen con los diseños que son las estrellas. (¿Se refería a la forma de las constelaciones?) Hay algunas con diseños más ornamentados según cómo quiera hacerlo el tejedor.

Había terminado. Le quité la tableta y el marcador de las manos, cerró los ojos y se relajó una vez más. Este es siempre un fenómeno interesante de observar. Parece tan artificial, no natural como sería si el sujeto estuviera despierto. Como si la persona fuera un robot que obedecía una orden con ojos vidriosos. En este caso, la orden de dibujar, que era una función antinatural para Tuin. Cuando se cierra y quito los materiales, es como si se hubiera activado un interruptor e inmediatamente regresan al estado de trance anterior. A menudo me he preguntado qué pensaría la otra personalidad si se fijara en mí o en algo más en la habitación. ¿Les sorprendería o asustaría encontrarse en un entorno extraño cuando abrieran los ojos? Pero esto nunca ha sucedido. Por alguna razón inexplicable, cuando abren los ojos para dibujar o escribir o mirar libros o dibujos por mí, nunca notan nada excepto lo que les llama la atención: la tarea que tienen entre manos. Esto es bueno porque ya tengo suficientes problemas para explicarles los materiales de escritura, sin tener que preocuparme por explicarles los alrededores. Una vez que se relajan de nuevo, la otra personalidad continúa funcionando dentro de su propio entorno sin indicios de que haya ocurrido algo fuera de lo común.

El dibujo definitivamente parecía sugerir una nave espacial con fuego y humo saliendo de la parte inferior de sus propulsores de cohetes. Felicité a Tuin por el dibujo. No quedó impresionado.

B: No es bueno. No se lo digas a ninguna de las mujeres que dibujé. No me hablarán durante una temporada.

D: *(Risas) No, no lo haré. Todo lo que hacemos es solo entre nosotros. Nadie más necesita saber. Esa nave, ¿es esa la forma que se supone que tiene? ¿Apuntado así?*

B: Bueno, eso es lo que dicen. Yo no sé. Probablemente haya cambiado a lo largo de los años.

D: *Porque se parece mucho a la forma de una montaña, ¿no?*

B: Sí, parece. Según las leyendas, podría haber sido más delgado, pero así es.

D: *Entonces, cuando las mujeres hacen los diseños, ¿los cambian?*

B: Sí. Quizás no sea su intención.

D: *Pero es natural hacer eso. He oído hablar de algunas naves completamente redondas.*

B: ¿Cómo lo guiarías?

D: *No lo sé. No he imaginado eso todavía. Por supuesto, tampoco sabes cómo fue guiado ese, ¿verdad?*

B: No.

D: Me ha dado una gran cantidad de información, y la estoy grabando y escribiendo. Nadie lo sabrá excepto nosotros. Las mujeres no necesitan saberlo.

B: Lo saben. Te acabo de decir lo que todo el mundo sabe. No les hagas saber que te dibujé algunos de sus diseños. No quiero que las amigables se enojen.

D: Lo que me digas no es asunto suyo. Es simplemente interesante para mí. Me gusta ir y visitarte.

B: Ya has estado aquí algunas veces. Hemos hablado mucho.

D: Pero no te importa, ¿verdad?

B: No, o no estaría aquí. Estaría cazando.

D: Creo que es muy bueno que conservemos esta historia. Entonces mucha gente siempre sabrá lo que le pasó a tu gente. ¿Puedo volver en diferentes momentos y hablar contigo así?

B: Si lo desea. Simplemente no le cuentes a nadie sobre el dibujo.

D: No, no. Te lo prometo, no lo haré, solo entre tú y yo. Y pasará a la historia. Puedo mostrarlo en eso.

B: ¿Lo verán las mujeres?

D: No, no lo verán todo. Me gustaría volver cuando piense en algunas preguntas más.

B: ¿No puedes pensar en preguntas?

D: Bueno, ahora mismo no puedo pensar en más.

Este parecía ser el único punto que molestaba a Tuin. Temía que las mujeres se enteraran de que él dibujaba sus diseños. Durante las semanas que trabajamos en esta regresión, él mencionó este punto varias veces, que yo no debía decirles a las mujeres lo que había hecho.

Más tarde se mencionó un punto interesante sobre la forma de la estrella que dibujó en la nave espacial. Tiene seis puntas, pero no tiene la forma de la estrella de David. Parece estar de pie sobre dos piernas. Hice una nota mental para preguntar más sobre eso más tarde.

Capítulo 8

Las herramientas del cazador y los animales

CIERTAS TRIBUS se pueden identificar por sus puntas de flecha e implementos. Así que le pregunté a Tuin sobre sus herramientas de caza.

D: *Tú me dijiste una vez que usas un arco y una flecha para cazar. ¿Qué usas en la punta de la flecha?*
B: Hay cierto tipo de roca que puedes golpear con otra piedra y darle forma a un borde muy fino. Esta roca suele ser blanca por fuera, y quitas la capa blanca y es gris o negra o verde oscuro por dentro. Un poco brillante. Y es muy fácil de moldear. Tienes que tener cuidado; podría romperse. Pero una vez que le da la forma correcta, no es probable que se rompa. Dependiendo de para qué se use la flecha, es cómo se le dará forma.

Un experto en nativos americanos me pidió que intentara hacer un dibujo de las puntas de flecha. Esto ayudaría a identificar a estas personas. Tomé el marcador y la tableta de nuevo e hice que Beth abriera los ojos. Cuando se los entregué, volvió a maravillarse con los materiales y trató de averiguar qué extremo del marcador usar. Esperé mientras ella comenzaba a dibujar. Hizo dibujos de varias formas diferentes de puntas de flecha. El primero tenía lo que parecían ser dos ganchos, uno a cada lado. Explicó que esto era para que pudiera estar atado al eje. No parecía ser muy puntiagudo.

B: No es necesario apuntar. Los bordes son afilados como un cuchillo, hasta donde perforará la carne. (Dibujó uno que parecía ser puntiagudo en ambos extremos.) Uno une una parte al eje de esta manera. (Dibujó la encuadernación sobre el extremo puntiagudo.) Estos son pequeños, son para animales más pequeños y el eje es muy pequeño y liviano. Se hace que se deslice dentro del cuerpo del animal y por lo general lo mata de inmediato. Y algunos de los agricultores usan esto en un juego de habilidad contra los peces.

D: *Teniendo puntos en ambos extremos, ¿eso hace más fácil amarrarle?*

B: Bueno, cuando estás triturando la piedra, sucede que así es como se astilla. Cuando viene con este tipo de punto, es más fácil seguir adelante y apuntarlo también en este extremo. (Dibujó el uno con un gancho en un solo lado.) El fabricante de piedra me dice que este es el más difícil de hacer, porque es apto para tratar de romperlo si no tienes mucho cuidado y lo haces bien. Le da forma con un borde fino con el gancho en la parte posterior. Lo uso para juegos más grandes que pueden salir corriendo después de haberlo disparado. Mientras corren, la punta seguirá abriéndose camino hacia el cuerpo y esto evitará que se caiga. El que tiene los dos puntos es solo para la caza regular. Tiene bordes afilados, por lo que simplemente entra. Y esto es para asegurarse de que vaya directamente dentro y no se cae, hasta que esté listo para que salga.

D: *Ya veo. ¿Le das forma a las flechas tú mismo?*

B: Solo en emergencias. Hay un anciano en el pueblo que lo hace muy bien. Ese viejo tiene un aprendiz. Le está enseñando a dar forma a estas rocas. Todos en el pueblo tienen su trabajo, para que se puedan hacer todas las cosas.

D: *Pensé que tal vez podrías hacer los puntos con piezas de metal.*

B: A veces. Pero el metal es demasiado valioso y es frecuente que las flechas se pierdan. Entonces, si necesita un borde afilado para algo que terminará perdiéndose, usa algo que sea fácil de obtener, como una piedra, y guarda el metal para cuchillos.

D: *Sí. Si pierdes al animal, no puedes encontrar la flecha.*

B: (Con orgullo) No fallo. Soy un cazador. Pero los animales a veces se escapan.

D: *Conoces tu trabajo.*

B: Bueno, todos deberían hacerlo.

D: *¿Alguna vez usaste cabezales grandes? (Estaba pensando en lanzas.) ¿O son las únicas que usa?*

B: Ahh, son suficientes. Una cosa que hago para ayudar con los osos. Necesito uno adicional más grande. A veces está enganchado o no enganchado, pero es más grande. Seguiré adelante y dibujaré el enganchado para ti. (Dibujó el que parecía una lanza.) Por lo general, no es realmente una flecha, es más como un palo arrojadizo.

D: *¿Tiene arpones en los lados?*

B: Es mejor si los tiene. No es tan nítido como éste. (El que tiene dos ganchos.) Este tiene los bordes terminados, es muy afilado.

D: *¿Tienes algo que te ayude con tus flechas?*

B: Por lo general, tengo una especie de bolsa para ellos. (Hizo movimientos como si estuviera alrededor de su cintura). Lo cuelgo de mi cinturón.

D: *¿Y tú navaja? ¿Cómo es su forma?*

B: Tendré que dibujarlo más pequeño de lo que es. (Sacó el cuchillo.) El mango es lo suficientemente largo para la mano, y la hoja es aproximadamente así de larga (aproximadamente un pie de largo). Algunos de ellos son más largos, como este (solo un poco más largos) y más pesados. Diferentes tamaños para diferentes trabajos. Las personas que preparan la carne usan los cuchillos. Los que preparan las pieles también las usan, pero también pueden usar piedras. Algunos de los cuchillos solo tienen un borde en un lado y otros tienen un borde en ambos lados. Los que solo tienen un borde en un lado, solemos tener una pieza de cuero especial que podemos poner aquí, así, para acolchar la mano para que se pueda usar para raspar las pieles. (Dibujó el trozo de cuero en el costado del cuchillo). Simplemente se envuelve allí donde se necesite.

D: *¿Y este cuchillo fue hecho con el metal del barco de los viejos?*

B: Sí.

D: *¿Éstos son los únicos tipos de armas que usas?*

B: Sí. Y a veces hay una forma de tirar piedras cuando no tienes una flecha en la mano. Tienes una tira de piel que te facilita las cosas, para que puedas tirar la piedra.

Le quité la tableta y el marcador y volvió a cerrar los ojos.

D: *Parece que estos son bastante suficientes. Puedes hacer todo tipo de cosas con ellos.*

B: Sí. Hacen todo lo que hay que hacer.

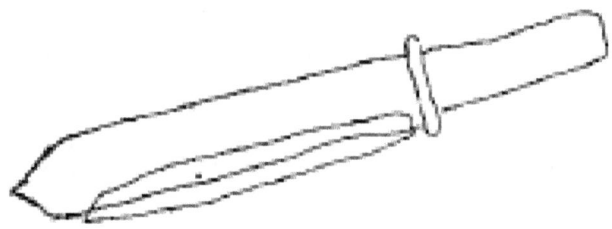

Las flechas y puntas de lanza de caza de Tuin parecían grandes en comparación con los hallazgos indios normales. Luego encontré un artículo en la edición de octubre de 1988 de National Geographic. Esta fue la historia del descubrimiento de los famosos punta de clovis. Estas puntas de lanza se hicieron de sílex (una roca tipo sílex) y calcedonia (un cuarzo translúcido), y se encontraron en el huerto de un agricultor en el estado de Washington. Se cree que son los artefactos más antiguos jamás encontrados en el Nuevo Mundo. Los arqueólogos creen que son obra de la gente de Clovis, un grupo de cazadores que persiguieron mamuts de la Edad de Hielo y otros animales en el área hace casi 12.000 años. La punta de lanza más grande tenía veintitrés centímetros de largo, por lo que parecería que el equipo de caza de Tuin era de naturaleza similar.

Pensé en un método para descubrir dónde Tuin y el pueblo se ubicaron sería para identificar los animales y plantas nativos de la zona. Al menos ayudaría a concentrarse en la parte correcta del mundo.

D: *¿Dijiste que tenías bueyes allí? ¿Tienes otros animales domesticados?*

B: Ah, sí. Hay otro animal que una persona tiene para dar leche a los niños cuando sus madres se secan. Parece a las cabras que están en las montañas, pero es más pequeño, tiene cuernos pequeños. Quisiéramos tratar de mantener algunas de las cabras montesas en el pueblo, pero siguen deambulando. Todas las mujeres dicen que el cabello haría buenas mantas. Es grueso y enmarañado. Pero son difíciles de atrapar; nunca son amables. Los machos tienen cuernos muy gruesos y duros y estriados. Se rizan así. (Hizo movimientos con las manos. Los cuernos se curvan hacia atrás como la oveja de cuernos grandes.) Cuando se mata una cabra, cuando se mata a cualquier animal, todo se usa: la pezuña, los huesos, los cuernos, la piel.

D: *Nada se desperdicia entonces.*

B: Las cabras montesas son muy ágiles y están bien desarrolladas para escalar montañas. Esta cabra más pequeña que tiene esta persona no sube montañas. Siempre se están metiendo en problemas.

D: *(Risas) ¿Hay solo uno o tiene varios?*

B: No estoy seguro de cuántos.

D: *¿Entonces los ordeña?*

B: ¿Así es como lo llamas? Me había preguntado. Sabía que obtenía la leche de las hembras. Pero normalmente estoy cazando cuando él está cuidando sus cabras.

D: *¿Obtienen leche de algún otro animal?*

B: Las hembras de buey, pero en realidad no se usa, excepto quizás para el queso para los inviernos.

D: *¿Se comen alguna vez los bueyes como alimento?*

B: (Lo interrumpió con un enfático ...) ¡No! Eso sería una estupidez. No hay suficientes para matar. Los granjeros no podrían cultivar sin los bueyes. Si nos quedamos sin carne, salgo a la nieve y trato de encontrar un animal, o simplemente comemos verduras por un rato.

D: *¿Para qué sirven los bueyes?*

B: Los granjeros usan los bueyes para jalar cosas. Siempre que necesitan sacar una piedra o un tocón o algo que estorbe, usan bueyes para ayudar a levantarlo si es necesario, y sacarlo del campo. Los bueyes son más fuertes que los hombres.

D: *¿Tienen cuernos?*

B: Sí. Son casi rectos. (Usó movimientos de la mano.) Imagina que soy un buey. Dos cuernos a cada lado y salen así.

Extendió los brazos a los lados todo lo que pudo. Tuve la impresión de que los cuernos grandes iban directamente hacia afuera.

D: ¿Tanto el macho como la hembra tienen estos cuernos largos?
B: Sí.

Estaba pensando en yac, ya que los cuernos no sonaban como un búfalo de agua.

D: ¿También tienen pelo largo?
B: En el invierno.
D: Me dijiste que pensabas que los bueyes podrían haber sido traídos por los viejos.
B: Las leyendas dicen que sí.
D: Debe haber sido una nave grande para cargar tantas cosas.
B: Se dijo que era grande.
D: ¿Crees que las cabras podrían haber venido de algún otro lugar?
B: no estoy seguro. Yo no sé. Para empezar, podrían haber traído algunas cabras de las montañas. Pero no se parecen a las de las montañas. Se nota que ambas son cabras, pero no parecen del mismo tipo. Son más pequeñas y no tan peludas.
D: Tal vez hace mucho tiempo que las tomaron y las domesticaron.
B: Quizás. Yo no sé.
D: Alguna vez la gente de tu aldea ha pensado en domesticar alguna de los animales para que puedan ayudarlos?
B: ¿Ayudarlos? ¿A qué te refieres?
D: Bueno, usas los bueyes para diferentes cosas. ¿Alguna vez han tratado de domesticar a otros animales para ayudar de esa manera?
B: Se ha hablado de ello. Realmente no se ha hecho. El que tiene las cabras dijeron que él sugeriría que intentaran usar las cabras, pero eran un poco estúpidas y tercas. De todos modos, se ha hablado un poco, pero no lo hemos considerado realmente en serio.
D: ¿Alguna vez has pensado en domesticar un animal salvaje?
B: Probablemente un oso sería bueno; son fuertes. Pero eso sería difícil de hacer.
D: A veces tu trabajo es más fácil si usa un animal para ayudarlo.
B: Sí. ... Sin embargo, ¿cómo afectaría eso a la caza?
D: ¿A qué te refieres?
B: Bueno, si uno domestica a los animales y los usa para ayudarlo a trabajar, ¿qué cazaría? ¿Qué comerías?

D: *No los domarías a todos, solo unos pocos.*
B: Oh.
D: *Los bueyes ya están mansos, ¿no?*
B: Bueno, tienes que entrenarlos cuando son jóvenes. Pero sí, no son como las fieras.
D: *¿No son tan difíciles de domesticar?*
B: No si sabes cómo, pero luego no sé cómo. Yo soy un cazador. Estaba tratando de pensar en otros animales domesticados que pudieran tener.
D: *¿Sabes qué son las gallinas? (Sacude la cabeza) Es un tipo de ave domesticada que se cría para comer y algunas personas comen los huevos.*
B: Los huevos de las aves son tan pequeños. ¿Por qué comerlos?
D: *¿Comen pájaros?*
B: No a menudo. Son tan pequeños, no mucha carne.
D: *En algunos lugares del mundo hay aves más grandes y tienen pajaritos grandes. Por eso me preguntaba si los tenías donde vives.*
B: No, solo los pájaros que están en los árboles. Hay pájaros un poco más grandes, halcones y cosas por el estilo, pero no se los comen. Viven en las rocas. Son difíciles de encontrar. El ciervo es más fácil de conseguir cuando se necesita carne.
D: *¿Qué pasa con glotón? (Él había mencionado este animal más claramente).*
B: El glotón no ... la piel es buena, la carne, ah, no tan buena como el ciervo. Pero cuando se necesita la carne, se necesita la carne.
D: *No importa de qué venga.*
B: Sí. El ciervo es mejor. El oso es bueno.
D: *¿Hay algo más que matarías por carne?*
B: Ah, un animalito. No estoy seguro de cómo se llama. Tiene orejas largas y estrechas y es peludo. Tiene cuartos traseros fuertes. Tiende a brincar o brincar en lugar de caminar. Tiene una cola corta con mucho pelaje. Son pequeños, pero pueden ser de buena carne.

Era obvio que esto no venía de la mente de Beth, porque ciertamente podía identificar a un conejo.

D: *Oh, sí. Los he visto. Son buenos, pero se necesita mucho para alimentar a muchas personas.*

B: Por lo general, soy yo quien los come cuando salgo a cazar. Comemos lo que venga, pero los ciervos y los osos son los más comunes.

D: *¿Alguno de los animales bajó alguna vez al pueblo y atacó a la gente?*

B: A veces, en la primavera, cuando los osos se despiertan por primera vez y tienen hambre, se acercan. Pero los osos no son dañinos. Les gustan las bayas más que nada. Si permaneces en armonía con la tierra, estas en armonía con los animales y los animales están en armonía contigo. Y no vienen, porque saben que si estás en armonía no hay nada para ellos.

D: *Pero antes dijiste que tu gente construía pequeños refugios en las casas para que los niños durmieran y para mantener a los animales fuera.*

B: Ese suele ser el oso. Si hay una puerta que se abre y el oso huele algo que le gusta, como bayas o algo, entrará a buscarlos. Los osos siempre tienen hambre.

D: *¿Son grandes los osos?*

B: Oh, son del tamaño de un oso.

D: *(Risas) ¿Tan alto como tú?*

B: Cuando están de pie sobre sus cuartos traseros, son más altos que yo. Cuando están a cuatro patas, llegan hasta aquí (hasta la cintura). Pero los osos son amables. Si sabes cómo tratar a un oso, no tienes que preocuparte por eso.

D: *¿Te comes el oso?*

B: Sí. Sobre todo, en invierno. Hay que prepararlo con cuidado, por supuesto, pero básicamente el oso es un animal limpio. Y la piel de oso es muy buena para hacer cosas.

D: *Escuché que hay algunos animales que duermen durante el invierno.*

B: Eso es cierto. Los vemos de vez en cuando, pero no a menudo.

D: *¿Es esta una de las razones por las que es difícil encontrar carne en invierno?*

B: Sí. Otra razón que lo hace difícil es que uno no quiere salir de todos modos. Hace demasiado frío.
D: *¿Tienes muchos animales que se arrastran?*
B: Sobre todo en el río, y solo los ves en pleno verano. En el agua, a veces en las orillas anguilas, salamandras, así.
D: *¿Tienes lo que se llama "serpientes"?*
B: Sí, por lo general son negras.
D: *¿Hay alguna que lastime a la gente?*
B: Cuando estás en armonía con la Tierra, no tienes que preocuparte por ellos.

Toda esta charla de armonía comenzaba a sonar como un disco rayado.

D: *Pero quise decir, ¿hay algunos que te lastimarían si te muerden?*
B: Hay un tipo que lo haría, que hace sonar su cola. Pero normalmente no hay muchos. Cuando hace frío, no pueden moverse muy bien.
D: *¿Pero no te preocupas por ellos, aunque corras descalzo por allí?*
B: Son tan pequeños y nunca se mueven muy rápido. Suelen ser inofensivos.
D: *Tortuga. ¿Conoces esa palabra? ¿Tienen un caparazón dura?*
B: Oh, sí. Es quien lleva su casa consigo.
D: *(Me reí con esta definición.) ¿Alguna vez te comes las tortugas?*
B: No.
D: *¿Tienes lo que yo llamaría lobo?*
B: Sí. Son animales grandes, generalmente tan altos como tu cintura. Tienen hombros poderosos. No me involucro con ellos. (O eran grandes o la gente era pequeña). Ellos derriban a los ciervos más débiles y cosas así en el invierno.
D: *¿Alguna vez has tenido que comer lobos?*
B: No, no mientras haya sido cazador.
D: *¿Qué tipo de marcas tienen?*
B: Son generalmente de color parduzco con marcas más oscuras a lo largo del borde de la cola, a lo largo de los hombros y acentúan su rostro y la punta de las orejas. Excepto en invierno, son blancos en invierno.
D: *Una vez mencionaste un jabalí.*

B: Sí. Los encuentras en el bosque. (Con disgusto) Es mezquino y feo, aunque también canta la canción de la Tierra. Por lo general, está justo por encima de la rodilla. Tiene el pelo erizado y una cola corta. Una especie de orejas de aspecto recogido, y los ojos son pequeños y rojos. Y sus dos dientes inferiores suelen estar sobre su hocico.

D: Hmm. ¿Son peligrosos?

B: (enfáticamente) ¡Sí! Son de mal genio. Pero puedes oírlos y sentirlos, por lo que puedes evitarlos. Puedes comerlos, la carne es muy sabrosa, pero hay que cocinarla con cuidado. Las leyendas dicen que, si no se cocina con cuidado, podría interrumpir el canto de su cuerpo y producir discordia.

D: Me pregunto por qué la carne de un animal sería diferente a la de los demás.

B: La mayoría de los animales comen plantas u otros animales, y nosotros comemos los animales que comen plantas. Pero este animal se come a ambos sin importarle. Comerá cualquier cosa. Por eso se dice que su carne debe prepararse con cuidado, como ocurre con otros animales que también comen carne. También deben prepararse con cuidado. No saben tan bien. No estoy seguro por qué. Las leyendas nos ayudan.

D: ¿Alguna vez has comido carne de oveja?

B: Oh, sí. Es una buena carne. Los animales que comen plantas tienen la mejor carne. La carne de los carnívoros es demasiado fuerte. Puede estropearse fácilmente.

D: Oh, ¿se estropea, en otras palabras?

B: ¿Estropea?

D: Ese es el uso de la palabra. Significa que se echa a perder.

B: Sí, algunos animales, incluso si están recién sacrificados, saben cómo si se hubieran echado a perder.

D: ¿Qué animales son estos, carnívoros?

B: Hay diferentes. Los animales con las garras que se pueden retractar. No nos gusta comerlos.

Estos comentarios sobre sus hábitos de comer carne sonaron extraños hasta que comencé a pensar en los nuestros. También solo comemos animales que son herbívoros. Hay varios tipos de carnes que hay que preparar con cuidado en nuestra época, el cerdo, por ejemplo.

Si no está completamente cocido, provocará enfermedades peligrosas. Nunca lo había pensado antes. Tal vez haya una razón de salud para no comer animales carnívoros. Esto también va de la mano de las leyes dietéticas mencionadas en la Biblia. Siempre he pensado que esta era la razón por la que prohibían a los judíos comer cerdo. Estos peligros se conocen desde el principio de los tiempos, pero las razones habrían sido demasiado complicadas de explicar a la gente antes del descubrimiento de gérmenes y microbios. Era más sencillo decirle a la gente que la carne de ciertos animales era inmunda y prohibir su consumo.

D: *Recuerdo la vez que me contaste sobre el extraño animal que mataste. Pero dijiste que su carne estaba bien, ¿cierto?*

B: Tenía un sabor peculiar. Lo cocinamos con mucho cuidado. No sabíamos si era un devorador de plantas o de animales. Asumimos que era un devorador de animales, por el bien de la seguridad. Lo cocinamos con cuidado y nadie murió por comerlo. Tenía un sabor muy peculiar. No se podría definir si era la carne de un animal que caminaba o un animal que gateaba. Algunos animales que gatean en lugar de caminar tienen un sabor diferente. Pero los animales que caminan sobre cuatro patas saben cómo saben. Y con este animal, no se podía saber si era un caminante, un reptador o un nadador.

D: *¿Cuándo descubriste a ese animal fuiste guiado hacia él por ese mismo sentimiento en tu cabeza que me describiste?*

B: Sí, así fue. La sensación parecía diferente esa vez. En lugar de estar aquí así (en medio de su frente), parecía ser más así (señaló a ambos lados de su frente en lugar del medio). Y sabía que sería un tipo diferente de animal, pero sentí que probablemente lo reconocería. Me sorprendió no saber qué era.

D: *¿Alguna vez has visto a otro animal como ese desde entonces?*

B: Nunca.

D: *Tuviste suerte de que no estuviera enojado. Dijiste que tenía esas garras y colmillos.*

B: Bueno, estaba tranquilo y en armonía. No sabía que yo estaba cerca.

D: *He oído a veces que hay animales deformados. Vienen de una mezcla extraña, y solo habría uno de los tipos. ¿Sabes a qué me refiero?*

B: Sí, como el granjero con las cabras. Una vez nació un crio con una pierna torcida. A veces he visto extrañeza en algunos de los animales, pero aún se puede reconocer al animal. Incluso si tuviera dos padres diferentes, se podría saber cuáles eran los padres. Una vez vi a una de las crías de la montaña... una de las criaturas carnívoras con garras que pueden retractarse si es necesario. Suelen tener ojos amarillos, orejas pequeñas, cola larga.

D: *Sí, creo que sé a qué te refieres.*

Era obvio que se refería a algún tipo de gato.

B: Hay dos tipos diferentes y una vez vi uno que era una combinación de los dos, así que supe que sus padres eran uno de cada uno.

D: *¿Cómo se ven estos dos tipos diferentes?*

B: Uno es una especie de color dorado moteado de aspecto leonado. ¿Cómo lo describiré? Es de color dorado con un marrón dorado más oscuro en la cola. Se funde con él. Y a veces tiene orejas más oscuras. Tiene aproximadamente la altura de la rodilla, pero es largo y muy elegante. El otro se ve diferente. Por lo general, son de un color gris azulado. Se vuelven blancos en invierno. A veces ves uno que es casi negro, pero por lo general son de color gris.

D: *¿Son tan grandes como el otro?*

B: Más compacto, más voluminoso. Tal vez un poco más alto y no tan largo, pero son igual de elegantes. Parece que son más musculosos. Los dorados tienen músculos delgados que les dan este particular paso. Y los grises son más fornidos. También son elegantes, pero de una manera más compacta.

D: *¿No son tan grandes como el venado?*

B: No, no son tan altos como un ciervo, pero son lo suficientemente fuertes como para derribar a un ciervo.

D: *¿Cómo supiste que el animal era una combinación de estos dos?*

B: Por cómo lo vi; sólo llegaba a la rodilla y tenía un cuerpo bastante largo. Tenía un abrigo gris, pero su abrigo estaba moteado con diseños plateados. Eso y la cola se fueron volviendo negros gradualmente. Eso me dijo que era una combinación de los dos, porque tenía la estructura de uno y el color básico del otro, con las características de color del primero.

D: Ya veo. ¿Alguna vez mataste a estos animales para comer?
B: Solo en invierno cuando lo necesitamos. No hay tantos como ciervos. Me temo que, si los matara, los ciervos serían demasiado numerosos y morirían de hambre.
D: Sí, hay que dejar que la naturaleza se cuide por sí sola.
B: Esté en armonía.
D: Estaba pensando que tal vez el extraño animal que vio con el cuerno en el centro de su cabeza podría haber sido algo así. Una rareza, o una combinación de algo más.
B: No estoy de acuerdo. Por favor perdóname. Lo consideré, pero no pude pensar en ninguna combinación en los animales que sabía que daría lugar a esa. Y, además, con la sensación en mi cabeza de ser diferente, el animal no estaba en armonía con la Tierra. Siento que quizás el animal ... bueno, hay una leyenda que dice que esta Tierra no es la única. Aquí hay varios y en ocasiones podemos pasar de uno a otro sin saberlo. Y siento que ese día de invierno, estaba oscuro, sin darme cuenta fui a la otra Tierra donde están estos animales, porque todo se sentía diferente. La tierra era la misma pero la armonía era diferente. El viento incluso cantó de manera diferente. Pero necesitaba el animal para el pueblo. Y luego, cuando volvía a la aldea, sentí que las cosas volvían a cambiar y todo se sentía bien de nuevo.
D: Tal vez se permitió que sucediera porque necesitabas la carne.
B: Quizás sea así. Uno de los hombres mayores de la aldea cree que sucede con bastante frecuencia sin que lo sepamos, porque algunas de las tierras están más cerca de la nuestra que otras.
D: Nunca se sabe; todo es posible. Quizás estas no sean solo leyendas.
B: Quizás sea así. Tiendo a creerlo. Pero si voy diciendo a todo el mundo que es así, podrían pensar que mi deambular por el bosque me ha afectado. Podrían decir eso de todos modos.
D: (risas) Eso es cierto. Pero el sabio sabía que había algo diferente.
B: Oh, sí. Nunca lo había visto reaccionar de esa manera antes a ninguna de mis muertes.
D: Así que era algo que ninguno de los dos había visto. Pero sus ideas parecen sonar bien. Podría ser.
B: Eres muy diplomático.

Estaba acumulando una gran cantidad de información sobre la vida y el entorno de Tuin, así que pensé que era hora de presentársela a un profesional. Le pedí a mi amigo Richard Quick, un zoólogo jubilado, que lo leyera y me diera su opinión. Las siguientes son sus notas:

Notas sobre "La leyenda del choque estelar"

Mientras leía el manuscrito, traté de hacer una recopilación de todas las características declaradas del medio ambiente y la cultura tal como las informaba el sujeto. Estas características podrían luego usarse para intentar señalar el momento histórico de los eventos y quizás también la ubicación física a través del proceso de eliminación.

Encontré los siguientes elementos relacionados con la cultura de las personas en cuestión: se utilizó el cultivo o la agricultura, incluido el uso de granos, así como verduras, raíces, trigo, frijoles y jardines de hierbas. De los árboles se sacaron melocotones, albaricoques y bellotas. El pan se horneaba con granos. Los cultivos se plantaban antes del 21 de marzo y los campos se araban.

La gente hacía vasijas de barro, tejía y tenía lenguaje escrito. El único metal que utilizaron fue el que quedaba de épocas anteriores.

Sus casas eran de madera con techo de pasto, ventanas y contraventanas, y en el pueblo había una posada con un cartel en la puerta.

En cuanto a los animales domésticos, no tenían perros, pero conocían ovejas, bueyes (en yugo) y cabras.

Ambientalmente, sabían de abejas, mosquitos, ciervos, glotones, jabalíes, osos (no pardos), ardillas, ardillas voladoras, dos tipos de gatos y un lobo que cambiaba de color con las estaciones, tortugas, salamandras, anguilas y ranas. También se mencionaron cuervos, cisnes y pájaros azules. El sujeto caracterizó correctamente a las abejas como "animales".

Los árboles de la zona incluían robles, pinos (dos tipos), nogales, abetos y cedros.

Su ropa consistía en pantalones de lana, una faja de tela, un chaleco de cuero, una gorra de cuero con ala, una falda envolvente y amuletos. Estaban familiarizados con el oro y las gemas.

Dormían en camas con patas y piel de ciervo estirada. Usaban mesas y bancos.

Las montañas cercanas tenían picos con nieve perpetua. Durante el día más largo del año, la noche era como el crepúsculo.

Parecía evidente que la ubicación geográfica del grupo era el hemisferio norte. Muchos elementos que hicieron que la cultura fuera incompatible con lo que sabemos de los nativos de la parte noroeste de América del Norte podrían explicarse por la influencia de los viajeros estelares en el pasado distante: animales domésticos, lenguaje escrito, camas, cultivo de cereales y el uso de metales.

El extraño animal con cuernos mencionado en el texto no tiene contraparte conocida en el mundo natural que conocemos hoy.

(Richard Quick, 1 de noviembre de 1988)

En la actualidad, el único canino que cambia de color con las estaciones con el que estoy familiarizado es el zorro ártico, que cambia de gris a blanco y viceversa. Esto también ocurre con ciertos conejos y ciertos miembros de la familia de las comadrejas. No conozco ningún felino que cambie el color del pelaje estacionalmente. Debido a que es biológicamente posible, puede haber sido una característica en el pasado. Los restos de fósiles y huesos no podrían determinar cosas como el color del pelaje.

Capítulo 9

Historias de niños

D: *Creo que una vez me dijiste que las estrellas juegan un papel muy importante en tu cultura, en tu vida. ¿Es el sabio el único que sabe mirar las estrellas?*

B: Bueno, todo el mundo conoce la forma de las estrellas y cómo se llaman. El sabio nos dice cosas sobre las estrellas que aparentemente no tienen sentido. Pero dice que los viejos sabían estas cosas por sus ojos mágicos. Una cosa que dice es que las estrellas son todas de diferentes colores como las flores en el campo. Bueno, es cierto que algunas son rojas, pero no muchas. La mayoría de ellas son de una especie de color blanco azulado. Pero él dice que son de diferentes colores y supongo que lo son. Dice que a veces las estrellas tienen nubes sobre ellas como la Tierra tiene nubes, y los antiguos decían que eso es lo que provocó los relámpagos y las tormentas. El sol formaría nubes sobre él, lo que haría que la Madre Tierra formara nubes en simpatía y haría una tormenta. Nunca he visto nubes en el sol. Sería demasiado caluroso para tener nubes allí.

D: *Parecería lo mismo. ¿Es eso lo que quiso decir? ¿Qué el sol formaría nubes?*

B: Bueno, quizás solía haber otra palabra para eso, pero ahora lo compara con nubes. La leyenda dice que oscurece parte del sol.

D: *Es tan difícil ver el sol para contar estas cosas. Entonces, ¿esto es lo que hace que llueva en la Tierra?*

B: No siempre, solo cuando sucede en el sol. Solo ocurre muy raramente. Pero cuando lo hace, sí, también causa lluvia en la Tierra. Eso es lo que dice el sabio que dijeron los viejos.

D: *¿Qué más dijeron sobre las estrellas?*
B: Bueno, como sabes, cuando miras al cielo, las cosas se mueven por el cielo. Cuando van por debajo del horizonte siguen moviéndose incluso cuando no puedes verlos y por eso se mueven alrededor de la Madre Tierra. Eso es lo que parece cuando miras al cielo. Pero el sabio dice que no es así. Dice que la Madre Tierra realmente se mueve alrededor del sol. Y que también hay madres tierra moviéndose alrededor de las otras estrellas, pero no puedes verlas. Pero no estoy de acuerdo con el sabio de allí. Sé lo que veo. Y puedo ver las cosas que giran alrededor de la Madre Tierra siguiendo el ciclo de las estaciones.

D: *¿Había algo que pudieran ver con sus ojos mágicos?*
B: Bueno, están las estrellas errantes: el sol, la luna y otras tres o cuatro. Dependiendo de cómo esté el clima, dependiendo de cuántos puedas ver. Todas las demás estrellas permanecen iguales y se mueven con las estaciones y entre sí, pero puedes ver cómo estas errantes se mueven día a día. Un errante cruzará y cambiará su posición con las estrellas. El sabio dice que los viejos podían ver otras estrellas errantes con sus ojos mágicos que nosotros no podemos ver.

D: *¿Tenían alguna explicación de por qué deambulaban así?*
B: No estoy seguro. Creo que escuché al sabio decir una vez que había otras madres terrestres, como nuestra Madre Tierra, dando la vuelta al sol. Yo no sé. Están demasiado lejos para ver si es como nosotros o no.

D: *¿Dejaron los ancianos alguna otra leyenda o alguna información sobre las estrellas en el cielo?*
B: Sí, hay diferentes leyendas sobre las estrellas. La leyenda más común es que las estrellas son como el sol, pero están muy lejos. Como encender un fuego y luego alejarse de él, se hace más pequeño. Se dice que cuando el universo empezó a cantar y las estrellas empezaron a cantar, parte de la canción era tener otras tierras, como esta tierra está con el sol. Y entonces el sabio dice que, para ir más allá, si hay tierras cantando su canción allí, debe haber personas en sus tierras en armonía con la tierra, ya que los antiguos vinieron aquí. Es una leyenda. De alguna manera tiene sentido, pero no entiendo cómo podría ser.

D: *¿Qué no entendiste de eso?*

B: Bueno, la gente está aquí. Las estrellas, están en el cielo. No entiendo cómo pudimos llegar de ahí para acá o de acá para allá. No entiendo cómo pudo ser. Pero las estrellas están en armonía con la Tierra y todo está en armonía.

D: *Eso sería difícil de entender. Quizás algún tipo de magia. Pero entonces las leyendas son solo historias interesantes, ¿no es así?*

B: Las leyendas son el conocimiento antiguo.

D: *¿Sabe el sabio mirar esas estrellas y decir cosas de ellas? (Estaba pensando en astrología.)*

B: Todo el mundo sabe mirar las estrellas. ¿A qué te refieres?

D: *Bueno, ¿qué información obtienes al mirarlos?*

B: Los agricultores pueden obtener, además de la luna, cuándo plantar y cuándo cosechar. Las estrellas dicen muchas cosas. Las estrellas ayudan a saber cuándo serán los festivales. El sol, al bailar entre las estrellas, conoce el paso de las estaciones.

D: *Pero las otras estrellas que permanecen iguales están en diferentes partes del cielo en diferentes estaciones. ¿Hay personas o grupos de estrellas en particular que vean lo que digan las estaciones?*

Al verificar la posición de ciertas estrellas conocidas, podría ser posible determinar dónde estaban estas personas.

B: Bueno, una cosa que haces; vas por cómo están colocados contra las montañas alrededor del pueblo. Eso es lo que usualmente decimos. Además, algunos aparecen en algunas temporadas y se van, o se duermen, dependiendo de la leyenda que sigas, durante otras temporadas.

D: *¿Hay algún tipo de estrella en el cielo que se destaque más que las demás; que sean más notorias?*

B: Las estrellas siguen en un gran círculo y hay un punto en el cielo alrededor del cual parecen centrarse.

D: *¿Hay alguna estrella que sea más brillante que las demás?*

B: (Vaciló como si pensara) Brillos diferentes. Diferentes formas. Es como mirar las nubes y ver formas en las nubes. Puedes ver formas en cómo son las estrellas.

D: *¿Tienen algún nombre para estos grupos de estrellas que ve todo el tiempo?*

B: No. El sabio tiene algunos nombres, pero generalmente solo tenemos descripciones y todos saben de cuál estás hablando.

D: *¿Cuáles son las descripciones?*

B: Están las siete joyas. De ahí es de donde se dice que vienen los viejos. (Sonriendo. Un tono de voz incrédulo.) Bueno, de todos modos, se dice que los viejos sentían que este grupo particular de estrellas era importante por alguna razón. Hay siete agrupados como en una taza pequeña. Algunos se refieren a ellas como las siete joyas, pero creo que se parece más a una taza. Hay tres naves en el cielo. Hay una taza grande con asa larga y otra más pequeña con asa larga. Y ahí está esta pequeña taza. Este es el que los viejos consideraron importante.

D: *Siete pequeñas estrellas amontonadas. (Obviamente se refería a las Pléyades.) ¿En qué dirección estás mirando al cielo?*

B: Depende de cuándo mires. Viaja en un gran círculo.

D: *Está bien. Di que es verano.*

B: (Pausa) En el verano, está ... casi directamente sobre nuestras cabezas.

D: *Me pregunto por qué ese pequeño grupo de estrellas era importante para los viejos.*

B: No lo sé. El sabio lo sabría. Y luego está ... déjame ver, nunca los llamo por sus nombres. Las conozco mirándolas y no estoy acostumbrado a sus nombres. Tendré que pensar por un minuto. Hay una, bueno, un cúmulo de estrellas diría yo, pero se llaman el pájaro. Y hay otro grupo que se llama pez porque parece estar saltando del río de estrellas que corren por el cielo.

D: *Oh, ¿hay algo que parece un río de estrellas?*

B: Sí. Hay una banda de ellos que cruza el cielo. (Obviamente la Vía Láctea).

D: *¿Está este pez en el cielo en un momento determinado del año?*

B: En el otoño. Vemos a un cazador, ha herido a un animal y el animal está a sus pies. Y está en proceso de matar al animal. También tiene un carcaj de flechas colgando de su cinturón.

D: *Sí, creo que he visto ese grupo de estrellas. (Aparentemente Orión.) Creo que probablemente miramos el mismo cielo.*

B: Eso me parece.

D: *Pero miras estas estrellas y siempre que están en ciertas posiciones sabes cuándo será verano e invierno. ¿Es correcto?*

B: Sí. Pero, por supuesto, también se sabe cuántas lunas han pasado. Los agricultores, en particular, deben saber cuándo se acercan las temporadas.

D: *Ya has descrito las osas.*

B: (Parecía confundida) ¿Osas?

D: *¿O lo llamaste así? ¿Como una cuchara grande?*

B: ¿Cuchara? (Pausa) Están las dos tazas con forma de asas. Estos dos grupos de estrellas también recuerdan a un animal como un oso. Ahh ... está el oso grande y el osito pequeño.

D: *Sí, eso podría ser en lo que estoy pensando. Pero tienen colas largas, ¿no?*

B: Bueno, los osos solían tener colas largas. Eso es lo que dicen las leyendas. Algunos tendrán colas parciales ahora, pero las leyendas dicen que solían tener colas hermosas. Y eran un poco "vanidosos" de sus colas. Hay diferentes leyendas, diferentes historias según lo sucedido. Una historia dice que fue en invierno y que el oso tenía hambre de pescado. Entonces hizo un agujero en el hielo, o, mejor dicho, el zorro hizo un agujero en el hielo. El zorro tiene una cola preciosa, ¿sabes? Estaba cansado de que el oso tuviera una cola tan hermosa y fuera tan vanidoso. Entonces tomó un palo grande, hizo un agujero en el hielo y le dijo al oso: "Bueno, caramba, sé que tienes hambre de pescado. Conozco una forma de conseguir un pescado". El oso dice: "¿Cómo?" El zorro dice: "Ve allí y mete la cola en este agujero en el hielo, y cuando llegue un pez, te morderá la cola y podrás sacarla". Y el oso dijo: "Bueno, está bien, eso me suena bien". Fue un oso tonto. Entonces se sentó en el hielo y, mientras esperaba, el hielo se congeló. Mientras tanto, el zorro se había ido y el oso se cansó de esperar a que un pez viniera a morderle la cola. Así que trató de levantarse y se quitó la cola.

D: *(Risas) Suena como una historia que les contarías a los niños.*

B: Lo es.

D: *¿Tienes otras así?*

B: Oh, sí. Hay otra sobre un oso al que le gustaba tanto la miel que haría cualquier cosa por ella. Cualquier cosa por la miel. Y una vez encontró un árbol de abejas. Pero intentó e intentó alcanzar y no pudo meter el brazo en el agujero para sacar la miel. Pero su cola podría caber en el agujero. Así que metió la cola para sacar la miel, luego la jaló hacia afuera y estaba lamiendo la miel. Y las abejas se enojaron. Se dieron cuenta de que alguien les estaba robando la miel. Entonces, la próxima vez que metió la cola en el agujero, comenzaron a picarle la cola y la se hinchó la cola. Cuando intentó huir, su cola se quedó en el árbol.

D: (Risas) Dos historias diferentes de cómo perdió la cola. Apuesto a que a los niños les gustan esas historias. Dime otra. No tanto sobre el oso, sino sobre algo por el estilo.

B: (Pausa) ¿Sabes cómo llegaron a ser las ranas?

D: No. Dime.

B: Una vez hubo este hermoso pájaro tipo cisne. Un pájaro que volaba pero que también podía nadar en el agua. Y este pájaro vio este hermoso pez. Ahora, por lo general, este pájaro comía pescado. Pero este pez era tan hermoso que el pájaro se enamoró del pez. Y el pez vio lo hermoso que era el pájaro, y el pez se enamoró del pájaro. Y el pájaro iba y nadaba en el agua. Todos los días él estaba sentado allí nadando y el pez nadaba debajo y hablaban y pasaban tiempo juntos. Y decidieron que querían estar juntos por el resto de sus vidas. Y ellos dijeron: "Pero no podemos hacer un hogar juntos. Tú, pájaro, vuelas en el aire. Y yo, pez, nadaré en el agua. Tendremos que seguir reuniéndonos así. Pero intentaremos tener niños." Y así tuvieron hijos. Ellos pusieron los huevos y cuando sus hijos nacieron eran parte de ambos. Podían respirar en el aire o podían respirar en el agua, como sus padres. Podían nadar como podían hacerlo sus padres los peces. Al mismo tiempo querían volar, pero no tenían alas. Así que siguieron saltando y saltando, tratando de volar.

D: (Risas) De esa manera ellos también podrían vivir en la tierra. Nunca pensé en cosas así. Estas son historias interesantes.

B: Sí, ayudan a pasar las tardes de invierno.

D: ¿Son estas las historias que se han transmitido a través de muchas generaciones?

B: Supongo. Recuerdo haberlos escuchado cuando era niño.

D: ¿Hay otras así?

B: Déjame pensar.

D: Son en su mayoría de animales, ¿no es así?

B: Oh, sí, oh sí ... Hay un pájaro negro en particular que es muy ruidoso. Siempre te está regañando y parloteando desde el momento en que te ve hasta que te pierdes de vista. Y luego sigue parloteando un rato. Lo que sucedió fue que hace muchas, muchas temporadas había un hombre que era un buen hombre. Pero tenía una compañera con la que vivía. Y ella siempre lo estaba regañando, regañándolo para que hiciera esto y aquello. Era un hombre perfectamente bueno. Trabajó lo suficientemente duro, pero ella nunca estaba satisfecha con nada de lo que hacía. Tenía una nariz puntiaguda y arrugaba la nariz y comenzaba a decir: "No hagas esto y no hagas aquello". El pobre estaba en una mala situación. Así que finalmente un día salió al bosque y estaba cantando a sus espíritus guías. Cantaba con tanta sinceridad sobre la vida que tenía en casa. No se quejaba; solo estaba diciendo que era difícil. El espíritu dijo: "Tenemos que hacer algo al respecto. Él es un buen hombre". Y entonces dijeron: "Haremos que su esposa cambie". Querían que fuera un buen cambio y por eso le pusieron el cambio a ella. Se suponía que debía convertirse en una buena esposa y no molestarlo tanto, y no hablar tanto. Pero ella era tan molesta y crítica que el cambio no salió bien. Y empezó a regañar más y más, y más estridentemente. Hizo tanto esto que dejó de comer, porque hacía esto todo el tiempo sin parar. Entonces ella comenzó a hacerse más pequeña porque no estaba comiendo. Y a medida que se hacía más pequeña, el cabello de su cabeza ocupaba más espacio en su cuerpo porque había mucho cabello. Y llegó a donde cubrió todo su cuerpo y se convirtió en plumas. Y ella se fue volando, fastidiándolo todo el camino.

D: *(Risas) La convirtió en un pájaro. Me gustan las historias que cuentas.*

B: Gracias. Eres como un niño. Haces preguntas.

D: *(Risas) ¿Puedes pensar en otras leyendas sobre los animales?*

B: Muchas, muchas ... (Me reí.) Casi todas las leyendas involucran animales.

D: *¿Tienes una que te guste?*

B: Déjame pensar. (Pausa) ¿Has oído hablar de la ardilla que quería ser pájaro? Le encantaba ver volar a los pájaros y estaba tan celosa porque todo lo que quería hacer era volar. Todo lo que pudo hacer fue trepar a los árboles como cualquier otra ardilla. Corría hacia la rama de un árbol y saltaba, abriendo los brazos y las piernas, moviéndose, dando volteretas y estrellándose contra el suelo. Su madre, su padre, su familia y sus amigos seguían diciéndole lo estúpido que era y que no escuchaba. Finalmente, una noche se fue a dormir y el espíritu del árbol se le acercó y le dijo: "Quieres volar, ¿no es así?" Y la ardilla dijo: "Sí, más que nada". Entonces el espíritu del árbol dijo: "Bueno, ¿te importaría verte diferente a los demás?" Y la ardilla dijo: "No, no me importa. De todos modos, me veo diferente porque siempre caigo al suelo como no debería hacerlo ninguna ardilla". Y el árbol dijo: "Bueno, por la mañana, cuando te despiertes, podrás volar. Corre hasta el final de la rama y salta como lo haces habitualmente. Abre los brazos y las piernas como lo haces habitualmente, y mira qué sucede". Así que a la mañana siguiente la ardilla se despertó y sin esperar a mirar alrededor y ver qué estaba pasando, inmediatamente corrió hasta el final de la rama y saltó. Abrió los brazos y las piernas como solía hacerlo. Pero en lugar de caer directamente al suelo, comenzó a deslizarse y llegó al siguiente árbol. Estaba tan asombrada que se estrelló contra el árbol. Y miró hacia abajo para ver por qué de repente podía volar. Ahora tenía colgajos de piel entre los brazos y las piernas. Y así es como surgió la ardilla voladora.

D: *Oh, me gusta esa historia. (Risas) Apuesto a que a los niños les encanta.*

B: Sí. Generalmente contamos esa historia mientras recolectamos bellotas.

D: *¿Tienes otro que sea un favorito?*

B: No puedo pensar en ninguno ahora mismo. Hay muchos de ellos.

D: *Me gustan esas historias. Hay muchos animales extraños donde vives.*

B: Oh, los animales son animales. ¿Qué son extraños?

D: *No les resultan extraños porque los ven todo el tiempo.*

B: Sí. Extraño solo para los niños que hacen muchas preguntas.

D: *(Me reí y me di cuenta de que me estaba tomando el pelo.) Dijiste que cuando los viejos vinieron aquí, algunos de los animales les parecieron extraños, ¿no es así?*

B: Eso es lo que se dice.

D: *¿Los viejos tenían alguna leyenda de donde vinieron los animales?*

B: Se dice que sí, pero esas leyendas no han sobrevivido. El conocimiento se ha perdido gradualmente, como cuando un sabio muere accidentalmente, o se enferma o algo así antes de tener la oportunidad de transmitir todo lo que sabía. Debe haber sucedido porque hay muchas lagunas en las leyendas. Pero así es la vida.

Capítulo 10

Leyendas de la creación

B: Es a través de las leyendas que podemos mantener nuestra identidad como pueblo. Transmitimos a los hijos la sabiduría de nuestros antepasados y las cosas que hemos descubierto. Lo ponemos en forma de leyendas para ayudar a que el aprendizaje de estas cosas sea más fácil.

D: *¿Tienes alguna leyenda sobre cómo se formó la Tierra y cómo empezó todo desde el principio?*

B: Sí. Hay leyendas sobre la época del comienzo. Y hay dos o tres historias diferentes, supongo que se podría decir. Si solo las observas, a veces suena como si estuvieran en conflicto entre sí. Pero si uno tiene en cuenta a los viejos y las cosas milagrosas que podían hacer, entonces tienen sentido.

D: *Me contaste cómo empezó tu gente. ¿Puedes contarme esas historias sobre cómo empezó todo?*

B: Una historia que se cuenta se llama "historia de la creación". Pero personalmente creo que se relaciona con las historias de cómo los viejos llegaron aquí. Es ese tipo de historia, aunque habla de la época al principio.

D: *¿Crees que están hablando de lo mismo?*

B: Sí, o quizás entre el momento en que se crearon las cosas y cuando los viejos llegaron aquí. Veré si puedo poner las cosas en orden aquí. Ha pasado mucho tiempo desde que pensé en esta historia y quiero contarla bien. Para descubrir la verdad subyacente sobre las cosas, debes mirar lo que te rodea y ver cómo funcionan las cosas juntas. En una noche clara, cuando miras hacia el cielo, ves cómo está oscuro y salpicado de estrellas. Una leyenda dice que las estrellas realmente existen; son realmente cosas. No son solo puntos de luz para mirar. Y hay un gran vacío inimaginable ahí fuera. Se dice que los viejos podían atravesar este vacío de la misma manera que tú y yo caminamos por el bosque. Sería de lo más milagroso. Podían viajar distancias maravillosas a través de este vacío. Pasaban de una habitación estelar a otra habitación estelar. No se limitaban solo al pueblo de donde provenían. Podían vivir en cualquier lugar que quisieran. Y se dice que cuando se acercaron a nuestro sol, el lugar donde vivimos apareció como una joya preciosa suspendida en el vacío. Y que era redonda y bonita, que es una de esas cosas que tienes que aceptar como parte de la historia. Quiero decir, camino por el bosque y el suelo me parece plano. Pero dijeron que cuando te alejas lo suficiente de la Tierra, parece ser redonda. Esa es la historia que estaba diciendo que pensaba que era una historia de tipo intermedio. Antes de que existiera algo, todo era blanco. Sabes cómo justo antes de que salga el sol y haya luz por todas partes, pero no sombras. Así era todo al principio. Aún no existía nada. Todo lo que había era luz. Y la luz se dividió en pedazos, y estos pedazos de luz se convirtieron en el sol, la luna y las estrellas. Después de que la luz se reunió en pedazos de luz, dejó oscuridad entre los lugares que estaban claros. Y aquí fue donde se formó la Tierra, en la oscuridad entre materiales oscuros, metal y suciedad y cosas así. Y a través de la interacción entre los lugares oscuros y los lugares claros, se generó una energía. Y así es como se creó la vida.

D: ¿Las leyendas dicen cómo sucedió esto?

B: No tienen claro esto. Algunas de ellas simplemente dicen "y sucedió". Y algunos de los otros dicen que algo sucedió que afectó la luz y provocó que se dividiera en pedazos de luz. Que de alguna manera se hizo un gran sonido y se podía sentir su vibración. Sabes cómo puedes tararear y puedes sentir la vibración en tu pecho. Bueno, este sonido era tan profundo y tan grande, si hubieras estado allí, podrías haberlo sentido a través de las plantas de tus pies. Lo habrías sentido por todo tu cuerpo. Lo habrías sentido en todas partes. Y la vibración del sonido es lo que hizo que la luz se dividiera en pedazos de luz.

D: ¿Y luego esto causó que el material se formara en la Tierra?

B: (Suspiro) No estoy seguro de cómo sucedió eso. Las leyendas no son claras. De alguna manera, después de que la luz se dividió en pedazos de luz, quedaron cosas en el medio que estaban oscuras. Supongo que los pedazos de luz absorbieron toda la luz. No estoy seguro. Y en los lugares oscuros en el medio todavía había cosas que estaban oscuras. Y así, la materia oscura se reunió y formó la Tierra, los árboles, las plantas, los animales y todo. Hay un orden en el que lo hicieron, porque primero las cosas en los lugares oscuros se juntaron para formar la Tierra. Verás, todo viene en equilibrio. Y algunos dicen que esa es la razón por la que el universo nació, porque solo había luz y no estaba equilibrado. Así que tenía que equilibrarse entre la luz y la oscuridad. Luego, el material que quedó en la oscuridad comenzó a dividirse y equilibrarse también, porque la vibración del sonido hizo que las cosas siguieran cambiando y equilibrándose. Por ejemplo, las cosas de la parte oscura se juntaron para formar la Tierra, por lo que tendrías un equilibrio sólido y vacío. Y luego, en la parte sólida, las cosas volvieron a equilibrarse, hasta donde tendrías sólidos y agua. Las cosas siguieron haciendo esto, y como resultado así es como surgió la vida y la variedad de cosas, los animales en el mar, los animales en la tierra, las plantas y todo. De alguna manera fue para equilibrar todo, y es un equilibrio muy afinado. Por eso es importante vivir en armonía con la Tierra, para no interrumpir este equilibrio. Ahora, al mismo tiempo que toda esta división y equilibrio estaba sucediendo con la parte oscura del universo que creó la Tierra y todo, creemos que la parte clara también se estaba dividiendo y equilibrando. Como resultado, existe la luz que podemos ver y la luz que no puedes ver. Todavía se divide y se equilibra en otras formas de luz y energía. Y se dice que se ha equilibrado en tantas formas diferentes de luz como plantas y animales hay en la Tierra, porque todo tiene que estar en equilibrio. Y dado que la parte oscura del universo, que representa la Tierra o la parte material, seguía equilibrándose y dividiéndose en muchas cosas diferentes, la parte clara también hizo lo mismo. Entonces, hay muchos tipos diferentes de luz, muchos niveles diferentes y cosas así. Solo puedes ver un poco una pequeña parte de ella. Y debes tener habilidades especiales para ver el resto, o

tienes que estar muy avanzado espiritualmente para poder comprender estos otros tipos de luz.
D: *Dijiste que había dos o tres versiones diferentes de la historia. ¿Ese es la principal?*
B: Esa es la más complicada. Es la que tiene más detalles. Hay otra versión que les contamos primero a los niños pequeños. Es la versión más sencilla, para no confundirlos. Como sabes, a medida que los niños crecen y crecen, comienzan a hacer más preguntas. Y cuando empiezan a preguntarse sobre más cosas, les contamos la versión más complicada. Les contamos la versión simple en forma de cuento. Decimos que al principio todo lo que había era esta luz. Sin sombras ni nada, solo esta luz. Pero también había espíritus. Y los espíritus se reunieron y dijeron: "Esta luz es muy bonita, pero nunca pasa nada. Estamos aburridos. Queremos algunos cambios. Veamos qué pasará si hacemos algunos cambios". Y dijeron: "Haremos esto en forma de juego para que podamos aprender más unos de otros y desarrollarnos y divertirnos". Y como parte del juego, dijeron: "Tenemos que establecer un lugar para jugar nuestro juego". Así que dividieron la luz en claro y oscuro. E hicieron la Tierra porque dijeron: "Tenemos que tener un lugar para ir a jugar nuestro juego". Así que hicieron que la Tierra fuera con el sol. Y dijeron: "También necesitamos una luz para la noche". Así que hicieron la luna. Y luego dijeron: "Todo está listo, listo para el juego. Ahora necesitamos establecer las reglas del juego. Y las reglas del juego son que cada jugador puede jugar tantas rondas como quiera. O si quieren retirarse durante dos o tres rondas, también está bien". Así que cada ronda del juego es cuando estás vives aquí en la Tierra. Tu espíritu está aquí jugando el juego. Luego, cuando mueras, ese es el final de ese juego en particular. Si decides que quieres jugar otra ronda, entonces naces de nuevo. O si quieres retirarte por una ronda o dos, entonces lo haces. Y el tiempo pasa, y más tarde si decides que quieres jugar otra ronda vuelves al juego, naces de nuevo. Pero cuando se lo contamos a los niños, agregamos más efectos especiales y lo hacemos realmente interesante para ellos. Hablamos de como los animales ayudaron a decidir cómo debía hacerse la Tierra.
D: *¿Entonces los animales también tuvieron parte en esto?*

B: Sí, definitivamente, porque los animales también son parte de la vida. Toda la vida es importante. Y lo hacemos como si estuviéramos contando historias espeluznantes a los niños. (Voz dramática exagerada) Los osos decidieron que querían bosques profundos y oscuros, para poder gruñir en la oscuridad. Y los pájaros dijeron que querían mucha luz solar, por lo que se les dio la capacidad de volar para poder volar hasta la copa de los árboles donde estaba el sol. Y los diversos animales dijeron qué tipo de mundo pensaban que sería ideal, por lo que se les otorgaron las habilidades especiales que necesitaban para poder disfrutar de ese aspecto particular de la Tierra. Y así todo se equilibra.

D: En esa versión infantil, ¿dicen cómo llegaron a ser los animales?

B: En esa versión, cuando los espíritus estaban decidiendo que querían jugar el juego, se dieron cuenta de que, aunque tenían este lugar adonde ir, los primeros espíritus que vinieron aquí para jugar la primera ronda del juego encontraron que no había nada más que tierra desnuda. Entonces dijeron: "Este no es un juego muy bueno. Aún no hemos terminado de configurarlo. Necesitamos algunos cambios". Llamaron a los otros espíritus y dijeron: "Aún no hemos terminado. ¿Qué haremos?" Y dijeron: "Primero, esto no es más que tierra aquí. También necesitamos un poco de agua". Y estaba todo acordado. "Tienes razón, necesitamos agua". Y así se formaron los ríos y los lagos. Y otro espíritu dijo: "¿Cómo vamos a mantener esta agua aquí? Cada vez que sale el sol, estos lagos comienzan a encogerse". Y entonces otro espíritu dijo: "¿Por qué no hacemos algo realmente salvaje? Hagamos que caiga más agua del cielo". "Bueno, está bien, ¿por qué no?"

D: Sí, en una historia puedes hacer que suceda cualquier cosa.

B: Exactamente. Y ellos dijeron: "Tenemos agua ahora, pero todavía está muy tranquilo aquí". Entonces los espíritus dijeron: "Cuando sopla el viento, si tuviera algo por lo que soplar, haría algún ruido. Así que hagamos plantas y árboles, para poder oír el viento soplar". Y se decidió que sería bueno. Y otro espíritu dijo: "Las plantas y los árboles son bonitos, pero se necesita algo más. ¿Qué necesitamos?" Lo estaban pensando y pensando. Definitivamente faltaba algo, pero no podían entender qué era lo que querían poner en este juego que llamamos vida. Y en aquel entonces una de las cosas que podían hacer los espíritus era que, si recogían un poco de tierra o un día y le daban forma de algo, podían infundirle energía hasta donde pudiera moverse por sí mismo.

D: ¿Oh? ¿Para darle vida?

B: La mayoría de las veces hacían esto con pequeñas cosas temporalmente solo para pasar el tiempo cuando no tenían nada que hacer. Mientras intentaban averiguar qué necesitaban para que este juego fuera más completo, uno de los espíritus se aburrió de intentar averiguarlo. Así que tomó un poco de arcilla y le dio forma a un animal pequeño. Le dio la forma de una ardilla, en realidad, y le dio vida. Y lo primero que hizo la ardilla fue trepar por uno de los árboles. Salió corriendo por la rama y empezó a regañar a todo el mundo. Y la ardilla decía: "¡Idiotas! ¿No se dan cuenta de lo que pueden hacer? Hagan muchos animales. Hagan muchas cosas pequeñas como yo que se mueven, se divierten y los mantienen a ustedes en jaque, porque ustedes también son tan estúpidos como para poder hacerlo bien por ustedes mismos. Hagan un montón de nosotros para mantenerlos en jaque". Y entonces todos decidieron: "Eso no es una mala idea. Hagamos todo tipo de cosas así". Entonces decidieron que llamarían ardilla a ese primer animal. Y luego comenzaron a hacer todos los demás animales. Por lo general, en este punto uno de los niños preguntará: "¿Pero por qué hicieron moscas, abejas y cosas así?" Y tenemos que explicarles que siempre antes, cada vez que imbuirían algo de esta arcilla con vida, sería solo vida temporal. Y simplemente correría de un lado a otro haciendo cosas hasta que se agotara. Pero los espíritus decidieron que, para jugar a este juego durante mucho tiempo, estos pequeños fragmentos de la vida tendrían que seguir adelante, sin que tuvieran que volver a crear cosas todo el tiempo. Entonces, cuando los imbuyeron de energía, lo hicieron de tal manera que serían como personas. Podían comer cosas y seguir viviendo. Y generalmente alguien pregunta: "¿Qué tiene eso que ver con las moscas?" Les indicamos que los pájaros tenían que comer algo. Entonces tuvieron que crear algo lo suficientemente pequeño para que comieran porque los picos de las aves son muy pequeños. Entonces crearon moscas y cosas así.

D: *Puedo ver cómo esto satisfaría a un niño y también los entretendría.*

B: Sí. Contamos estas historias cuando estamos sentados alrededor de la fogata por la noche.

D: *Entonces, ¿cuál es la explicación, en la versión de los niños, de cómo fueron creados los humanos?*

B: Bueno, los espíritus son básicamente los mismos que nosotros; se ven como nosotros. Cuando decidieron venir a la Tierra para jugar su juego, de alguna manera a medida que se acercaban a la Tierra, se volvían más sólidos. Si un niño parece confundido acerca de eso, les diremos que se lo podemos explicar mejor cuando crezcan. Entonces podemos darles la versión más complicada de la historia. Entonces podemos explicar cómo la energía dividió todo hasta donde estaría equilibrado. Los espíritus viven en el vacío donde hay mucha luz y mayormente energía. Pero a medida que se acerca a la Tierra y al aspecto más físico del universo, la luz se condensa en una forma física sólida.

D: *Entonces, en la versión de los niños, nadie tenía que crear humanos.*

B: No. La forma en que nacimos fue que los espíritus vinieron aquí. Y simplemente se volvieron más sólidos a medida que se acercaban al mundo físico. Y debido a que todos somos espíritus, todos pertenecemos realmente a los planos superiores. Solo estamos aquí temporalmente jugando a este juego.

D: *Dijiste que los espíritus decidieron que los animales tenían que comer cosas para poder seguir existiendo. ¿Pensaron que los humanos también tenían que comer?*

B: Descubrieron en el proceso de jugar este juego, que cuando creaban reglas para aplicar a los animales, estas reglas se aplicaban automáticamente a ellos mismos, ya sea que lo planeen o no. La forma en que se configura el universo, las cosas están equilibradas. De alguna manera, cada vez que decidían cómo deberían ser las cosas, por ejemplo: que los animales tienen que comer para seguir viviendo, eso hizo que se aplicara a todos los seres vivos, no solo a los animales. Cuando los espíritus se dieron cuenta de que esto era lo que estaba pasando, empezaron a ser mucho más cuidadosos con las reglas que establecían. Porque no querían limitarse demasiado y encerrarse con un montón de reglas.

D: *Entonces, las reglas que hicieron también se aplicaron a ellos mismos. ¿Es eso lo que quieres decir?*
B: Correcto. No sabían que sucedería de esa manera. Porque ellos estaban planeando que los animales comieran y vivieran, y los espíritus simplemente volando de un lado a otro jugando este juego y pasando un buen rato. Y descubrieron que cuando establecieron las reglas para el lugar de juego aquí en la Tierra, cuando vinieron aquí para jugar, las reglas también se aplicaron a ellos. Y no sabían que funcionaría de esa manera.
D: *Entonces debían tener más cuidado. ¿Las leyendas dicen que esto fue antes de la llegada de los viejos?*
B: Sí. Eso fue antes de la llegada de los viejos. Y algunos de los sabios, los ancianos, dicen que esta historia de los espíritus que deciden venir a la Tierra y jugar un juego, puede que no haya estado necesariamente aquí. Dicen que hay algunas leyendas más antiguas que apenas se cuentan que lo expliquen. ¿Cómo puedo explicar esto? Para mantener el equilibrio, las luces tenían que ser similares entre sí. Cuando la luz se dividía en trozos de luz, cada trozo de luz era similar a los otros trozos de luz.
D: *Quieres decir que no podría ser muy diferente, tenía que ser similar.*
B: Correcto. Para equilibrar las cosas tenía que ser similar. Así que dicen que, en consecuencia, es razonable pensar que las estrellas que vemos en el cielo son similares al sol, porque ambas son piezas de luz. Entonces, si las estrellas son similares a nuestro sol, y algunas de las historias señalan que los viejos podían viajar distancias inimaginables, sería razonable pensar que para que estas luces fueran similares a nuestro sol, tendrían que estar muy lejos. con el fin de aparecer ante nosotros de la forma en que lo hacen.
D: *Sí, porque no parecen tan grandes como el sol.*
B: Exactamente. Por la noche, cuando enciendes la fogata y comienzas a alejarte de ella hacia el bosque, se vuelve cada vez más pequeña. Cuanto más te alejas y más árboles se encuentran en el medio, se vuelve muy pequeño y parpadeante. Quizás esta sea la razón por la que el sol se ve tan diferente de las estrellas. Si esto es cierto, entonces, cuando los espíritus comenzaron a jugar su juego, no necesariamente fue con esta Tierra y este sol. Podría haber sido

en otro lugar. Luego, las historias de los viejos cuentan cuando llegaron aquí. Es realmente extraño que estés tomando todo esto con calma, porque algunos de los miembros más críticos de la tribu no se toman las historias en serio. Dicen que les piden que crean demasiado que no está respaldado por lo que puede ver a su alrededor.

D: *¿Te refieres a la versión más complicada?*

B: Sí. Porque algunas personas de la tribu son muy literales. Dicen: "De ninguna manera las estrellas y el sol pueden ser similares. Cualquiera con dos ojos en la cabeza puede darse cuenta de que son diferentes con solo mirarlos". Y piensan que los ancianos de la tribu que intentan transmitir estos otros hechos y otras historias están tratando de exagerar demasiado, para demostrar cómo todo se equilibra.

D: *Solo creen lo que pueden ver. ¿Es eso lo que quieres decir?*

B: Sí. No sé cómo es en realidad. Es muy complicado y me confundo tratando de resolverlo. Muchas veces, cuando estoy en el bosque cazando, voy a un campo despejado por la noche para acampar. Y en verano, sobre todo si sé que estoy en un lugar seguro, no enciendo fuego. Mantengo todo a oscuras para poder mirar bien las estrellas. Y es muy fácil pensar que quizás los viejos viajaron allí. Porque cuando miro las estrellas el tiempo suficiente me mareo mucho y siento que estoy volando. Entonces, si puedo tener este sentimiento con solo mirar las estrellas, ¿quién puede discutir lo que quizás podían hacer los viejos? Podían hacer muchas cosas milagrosas.

D: *Eso parece que es posible.*

B: Me gusta pensar que sí, pero tampoco todo el mundo se rige por lo que yo pienso.

D: *Dijiste que era interesante que yo entendiera esto. Yo tampoco lo sé, pero siempre intento encontrar respuestas. Y creo que tus historias pueden contener mucha verdad.*

B: No lo sé. Son muy complicadas. Los ancianos, los sabios, los pocos que estudian tales cosas, dicen que cuanto más lo estudias, más complicado se vuelve. Que nunca tiene fin. Les gusta estudiarlo. Pero siempre que intentan explicárselo a personas que no lo estudian, es mucho más complicado. La razón por la que algunas de las cosas no parecen tener sentido para ellos es porque no saben todo lo que hay detrás.

D: *Y no quieren aprender.*

B: Correcto. No quieren esforzarse para intentar aprender las complicaciones adicionales.

D: *¿Crees que por eso es más fácil contar la versión infantil de estas historias?*

B: Sí, porque todo el mundo sabe que es una historia y nadie se lo toma demasiado en serio. Pero la otra versión es lo suficientemente complicada como para que te la tomes en serio. Es suficiente para hacerte sentir incómodo si no quieres creerlo.

D: *Tienen que detenerse y pensar, y eso no les gusta.*

B: Sí. Correcto.

D: *Esto tendría sentido. Las historias de niños serían divertidas de escuchar y no tendría que tomarlas en serio.*

B: Sí, eso es cierto.

D: *¿Son ésas las partes principales de las historias de la creación?*

B: Sí. Sé que hay más, pero no estoy al tanto. Son los ancianos los que entran en las versiones más complicadas. Porque, como digo, cuanto más lo estudian más complicado se vuelve. Y no lo he estudiado tan profundamente.

D: *Parece que solo unas pocas personas podrían entenderlo realmente.*

B: No me importa explicarte las cosas. Al estar en el bosque y pasar mucho tiempo solo, tengo tiempo para pensar en las cosas y descubrir por qué las cosas deberían ser como son. A veces, cuando trato de explicar estas cosas a algunas personas de la aldea, no siempre me toman en serio, porque están ocupadas con sus propias pequeñas vidas rodeadas de gente todo el tiempo. No te conozco, pero cuando se encuentran extraños, si están dispuestos a hablar el uno sobre el otro, de dónde vienen y qué han aprendido, hay más posibilidades de que se lleven bien.

Capítulo 11

La casa del sabio

DESCUBRÍ que la información sobre los viejos no se contenía sólo en la repetición de las leyendas del sabio. También hubo evidencia física tangible. Tuin había mencionado que en una ocasión había estado dentro de la casa del sabio y había visto muchas cosas extrañas que no entendía. Supuso que podrían haber pertenecido a los viejos, pero también sabía que el sabio tenía muchos secretos a los que el resto de la aldea no tenía acceso. Tenía mucho respeto por el sabio y nunca preguntó sobre estas cosas porque pensó que era mejor no parecer demasiado curioso. Eran objetos que definitivamente estaban fuera de lugar en su aldea primitiva. Pensé que, si podía obtener más descripciones, podría averiguar cuáles eran. Habló de estas cosas con asombro. Claramente no entendía qué podían ser.

B: No se suponía que debía ver algunos de ellos, creo. El sabio tiene más de una mesa en su casa. Tiene mesas de diferentes alturas para sostener las cosas que estudia y usa para diversas cosas. Tiene que ver con algunos de los conocimientos que tiene que no deben olvidarse. No sabemos cómo recordar algunas de las cosas que él sabe.

D: *Debe ser muy sabio para saber todas estas cosas.*

B: Para eso está un sabio. Tiene el conocimiento que se ha transmitido. No sé cómo lo hace. No sé si él tampoco sabe cómo lo hace.

D: *¿Hay alguien en la aldea a quien el sabio esté tratando de transmitirle el conocimiento?*

B: Sí. Selecciona a los que serán buenos para contener el conocimiento y los capacita desde la primera infancia. Entrena a más de uno para asegurarse de que se aprueben los conocimientos.

D: *Sí, porque si le sucediera algo, el conocimiento moriría.*

B: Eso no estaría bien. Entonces no podríamos llamar a los espíritus. Moriríamos. Muchas veces hace que las mujeres recolecten hierbas particulares para él. Tiene muchas hierbas y medicinas en su casa, por lo que, si alguien se enferma y los remedios habituales no le ayudan, puede encontrar otro remedio. Tiene algunas cosas sobre las mesas. No sé cómo los llaman ni de qué están hechos. Es suave como el agua, es duro como una roca, pero es claro como el aire. Y no estoy seguro de qué es. (Parecía una buena descripción del vidrio para alguien que nunca había visto ninguno.) Cuando todavía hay un charco de agua en un día de verano, puedes sentirlo y es suave. Esto es así de suave, pero es duro como una roca y es claro como el aire. Tiene cosas de diferentes formas hechas de esto. No sé qué son ni para qué sirven.

D: *¿Pero puedes ver a través de ellos?*

B: A menos que haya algo en ellos.

D: *¿Qué tipo de formas son?*

B: Algunos son de varios tamaños, largos y altos. Por lo general, alrededor de este grande y sobre ... bueno, diferentes alturas. (Aproximadamente tan grande como el pulgar y el dedo tocándose.) Y se sentaron en la mesa, y parecían estar cerrados en un extremo y abiertos en el otro. Como un tubo de fuego cerrado. (Aparentemente se parece a la chimenea que había mencionado antes).

D: *¿Están apegados a algo?*

B: Bueno, los tiene todos juntos en una mesa.

D: *¿Sabes lo que hace con ellos?*

B: No lo sé. Acabo de echarle un vistazo. Algunos tenían líquidos como agua coloreada. Diferentes colores, algunos eran de color verde claro y otros eran de color marrón claro. No sé para qué eran.

D: *¿Has visto algo más?*

B: Hubo una cosa que vi, no con esas, en otro lugar, tenía la forma del sol. Era redondo en todos los sentidos. Dondequiera que lo mires, es redondo. No recuerdo si estaba claro como el aire o no, pero parecía que era suave y duro. Estaba demasiado lejos. No pude ir allí. Él sabría que estaba fisgoneando y no quería que se disgustara.

D: *No. Debes tener cuidado, aunque tengas curiosidad. ¿Era muy grande?*
B: No, era pequeño. Podrías sostenerlo en tu mano fácilmente.
D: *¿Había algo en diferentes formas? Yo también tengo curiosidad.*
B: No recuerdo todo. Hay tantas cosas en su casa que él dice que no puedo recordarlo todo.

Quería saber más sobre estos objetos especiales que estaban dentro de la casa del sabio, pero podría ser difícil hacerlo si solo confiáramos en la memoria de Tuin. La única forma de obtener información realmente precisa sería que me informara directamente desde el interior de la casa. Decidí intentar un experimento.

D: *Conozco una forma de ayudarte, si deseas probarlo.*
B: Descríbeme cómo.
D: *Puedo contar hasta tres y estarías en su casa y él no sabría que estás allí.*
B: (Sorprendido) ¿No lo sabrá?
D: *No. Y podrías mirar alrededor y describir estas cosas.*
B: ¿No sentiría mi canción allí?
D: *No lo creo, no si lo hacemos bien. ¿Quieres probarlo? Te prometo que no te meteré en problemas.*
B: Podríamos intentarlo.
D: *De acuerdo. Contaré hasta tres y a la cuenta de tres estarás en la casa del sabio, y podrás mirar alrededor y contarme en detalle qué ves de estas cosas maravillosas. Uno dos tres. Estás dentro de la casa del sabio. No tiene forma de saber que estás allí. ¿Qué ves cuando miras a tu alrededor?*
B: Veo muchas cosas. Hay muchos marcos con hierbas colgando de ellos. Tiene un ... oh, ahí está el caldero del que hablé de que cambia de color. Lo tiene sobre el fuego. Tiene algo dentro.
D: *¿Está cocinando algo?*
B: Oh, no huele a comida, ¡no! Probablemente alguna medicina. (Hacía muecas como si oliera fatal).

D: *Está bien, no tienes que oler eso. ¿Qué ves cuando miras a tu alrededor?*

B: Veo otra habitación abriéndose desde esta donde tiene la cosa de forma extraña, sí, la gris.

Sus movimientos me llevaron a creer que estaba hablando de algo que había sonado como un panel de instrumentos.

D: *Mencionaste eso antes. Dijiste que era como un cuadrado, pero no del todo.*

B: (Movimientos de la mano) Bueno, de esta manera es cuadrado, pero de esta manera no es cuadrado verdadero, tiene una esquina cortada. (El borde superior, vea el dibujo).

D: *¿Esto era lo que estaba hecho de metal?*

B: Sí, una especie de metal. Es gris. Hay pequeñas cosas redondas que sobresalen y algunas cosas delgadas que sobresalen. Todos son de diferentes colores. Colores brillantes que se ven en diferentes flores. Mayormente rojo y amarillo, un poco negro.

D: *Y, ¿no sabes qué es eso?*

B: No.

D: *Me pregunto si el sabio lo sabrá.*

B: No lo sé. Podría, o podría ser parte del conocimiento que se ha perdido.

D: *¿No dijiste que había otras cosas de metal en la habitación?*

B: Sí. Hay un sombrero de metal de aspecto extraño que es redondo. Tiene cosas delgadas que sobresalen. Y tiene algo de polvo. Parece que no sabe para qué sirve.

D: *¿Como un sombrero que encajaría en tu cabeza?*

B: Un poco grande. Encajaría holgadamente. Cubriría el cabello y las orejas y también bloquearía los ojos.

D: *¿Bloquear los ojos? ¿Cómo podrían ver si llevasen un sombrero así?*

B: No sé para qué sirve. (Tuvo dificultad para encontrar las palabras para describirlo.) En el interior hay ... parecen ser pequeños pelos de metal, pero son delgados y largos (los movimientos de las manos mostraron que tenían aproximadamente dos pulgadas de largo). Son firmes pero suaves. Si te pusieras el sombrero, estarían contra tu cabeza por todas partes. Pero no parece que sea doloroso.

D: *¿Son como los cabellos en tu cabeza?*
B: Umm, tal vez.
D: *¿Hay alguna forma de que lo pongas en la cabeza?*
B: No lo sé. No veo. Simplemente se queda ahí. Tal vez no sea un sombrero, pero no veo qué más podría ser. Lo colocas en la cabeza. Quizás tenga algo que ver con los viejos.
D: *Podría ser, podría ser. ¿Qué color es?*
B: Todos los colores. El interior es negro y los pelos son plateados. El exterior es una especie de color dorado y las cosas delgadas que sobresalen son en su mayoría negras y plateadas.
D: *¿Hay muchas cosas delgadas que sobresalen de la parte superior?*
B: Bueno, son aproximadamente así de largos (unas pocas pulgadas). Comienzan así de grandes en la base (casi tan grandes como tu dedo meñique) y suben y se vuelven muy estrechos y llegan al final. Y hay... oh, yo diría ... bueno, los pelos metálicos del interior son demasiados para contarlos. En el exterior, parece haber ... déjame contarlos ...
D: *¿Podrías dibujarme una imagen?*
B: Sería algo difícil, pero podría intentarlo. Hay alrededor de dos o tres veinte protuberancias. Dos o tres veinte.

Saqué la tableta y el marcador. Hice que Beth volviera a abrir los ojos mientras se los entregaba. De nuevo se maravilló del marcador mientras trataba de averiguar cómo sostenerlo y usarlo.

B: Es negro.
D: *Es negro, sí, hace marcas. ¿Puedes dibujarme una imagen de cómo se ve ese sombrero?*
B: Soy un cazador.
D: *(Risas) Está bien. Lo hiciste muy bien la otra vez. Me encantó la otra imagen que me dibujaste.*
B: (Comenzó a dibujar el sombrero.) Si le gustó ese dibujo, su gente no debe tener dibujos.
D: *Bueno, fue muy bueno para un cazador. A veces es difícil describir las cosas. Es más fácil dibujar una imagen; lo hace mucho más claro.*
B: Las protuberancias, son difíciles de dibujar. Tienen aproximadamente la longitud del dedo meñique. Dos o tres veinte.

Y están por todas partes. Dibujaré algunos por todas partes para que puedas míralo. Están muy juntas como las que he dibujado en la parte superior, pero no soy un buen dibujante, así que no las voy a dibujar por todas partes.

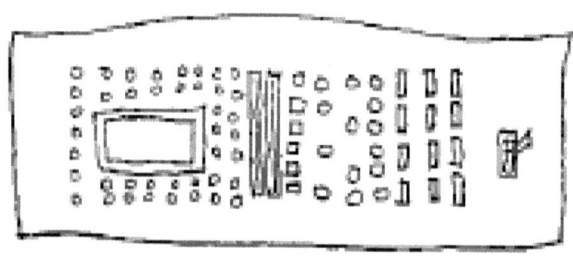

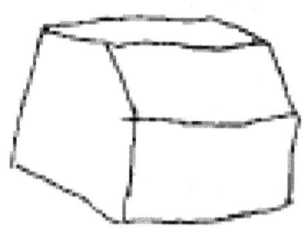

D: *Está bien, sólo para tener una idea. ¿Están puntiagudos?*
B: Algunos lo están y otros no. Los puntiagudos son los más fáciles de dibujar. Algunas son planas y otras puntiagudas. Y están por todas partes.

Terminó el dibujo, así que le pedí a Beth que volviera a cerrar los ojos.

D: *Tenía la idea de que eran mucho más grandes. Mira, de esta manera me ayudaste a entender.*
B: Son del tamaño del dedo meñique.
D: *¿Y estos cubren toda la superficie del sombrero? Y en el interior están todos estos pequeños pelos pegados. ¿Es correcto?*
B: Salidos por todos lados.
D: *Eso es interesante. ¿Podrías dibujarme una imagen de la apariencia de esa cosa cuadrada? Dijiste que tenía todas esas pequeñas cosas.*
B: Podría intentarlo.
D: *Te agradecería que me mostraras dónde están ubicadas las pequeñas cosas.*
B: Soy un cazador.

Hice que Beth abriera los ojos una vez más para dibujar el objeto más grande. Traté de evitar que dibujara sobre la otra imagen que estaba en la misma página. El bosquejo fue tedioso y tardó bastante en terminarlo. Hizo comentarios como: "Primero haré un dibujo de cómo está formado. Las cosas pequeñas son redondas, pero están muy rectas. Están en filas rectas como los cultivos de los agricultores".

Cuando terminó de dibujar el tipo de panel de instrumentos, le pedí que volviera a cerrar los ojos.

D: *Has hecho muchos detalles al respecto. Puede que seas un cazador, pero creo que dibujas muy buenas imágenes.*
B: Hay quienes lo harían mejor.
D: *Quizás sí, pero no puedo hablar con ellos.*
B: Eso es extraño.
D: *En esta imagen, dibujaste un cuadrado que era más grande que los demás. ¿Qué aspecto tiene ese cuadro?*

B: (Vaciló) Es como un gris oscuro. Es suave y duro.

D: *(Parecía una pantalla de computadora o de televisión.) ¿Hay alguna luz o algo proveniente de estas cosas?*

B: No, ese, está ahí. Simplemente se sienta. No conozco el propósito de eso.

D: *Parece complicado. ¿Crees que estas cosas pertenecían a los viejos?*

B: Eso es lo que se dice. Y hay otras piezas de metal alrededor que el sabio usa para hacer los cuchillos y cosas. Es un metal que nunca pierde el brillo. Es muy importante y precioso. No sabemos dónde encontrar más.

D: *¿Las otras piezas de metal tienen formas determinadas?*

B: Nada en particular. Al igual que hay losas de roca, estas son losas de metal. Algunos son grandes, otros son pequeños.

D: *¿Sabes cómo da forma a estos y los convierte en herramientas?*

B: No, se dice que el caldero tiene algo que ver con eso, pero eso es solo un rumor.

D: *Tiene muchos secretos, ¿no?*

B: Sí, es el sabio.

D: *¿Es el jefe de la aldea?*

B: ¿La cabeza? Oh, nos guía cuando lo necesitamos. Pero cuando uno estás en armonía con la Tierra, no necesitas guía. Cuando tu canción está en armonía con la canción de la Tierra, no es necesario que otra persona te diga cómo cantar.

Capítulo 12

La vida de Tuin, el cazador

DURANTE LAS SEMANAS que trabajamos en esta regresión, fui obteniendo mucha información sobre los viejos. Pero también se intercaló a lo largo de la historia la vida de Tuin. Pudimos seguir esto llevándolo a los días importantes de su vida. Dado que su vida era tan ordinaria y mundana, estos tiempos eran pocos y distantes entre sí. Pero revelaron una imagen de un hombre completamente satisfecho de vivir una vida cercana a la naturaleza en un pueblo amable.

D: *Voy a contar hasta tres y quiero que pases a un día importante de tu vida a medida que envejeces. Contaré hasta tres y estaremos allí. Uno dos tres. Es un día importante en tu vida. ¿Qué estás haciendo?*
B: He contratado a un joven aprendiz de cazador. Hoy es nuestro primer día para ir a cazar juntos. Le he estado mostrando a este joven cómo los animales te hablan. Qué señales dejan. Pasará mucho tiempo antes de que lo aprenda todo, pero es rápido; está aprendiendo bien.
D: *Debes elegir el tipo de chico adecuado para estas cosas.*
B: Sí, y finalmente nació uno y ahora tiene la edad suficiente para aprender.
D: *No quieres que tu conocimiento muera.*
B: No puede morir. No debe morir. El pueblo necesita carne. Y cada persona debe transmitir sus conocimientos a alguien que sea más adecuado para aprenderlo, no necesariamente sus propios hijos. Todo es importante y debemos guardar todo el conocimiento.
D: *De esta manera tendrá muchos años para aprender estas cosas.*

B: Sí, quiero que lo aprenda mientras yo sea lo suficientemente fuerte para enseñarle bien.

D: *Y con el tiempo se convierte en una parte de ti, muy natural.*

B: Sí. Estamos en el bosque. Le estoy mostrando los signos que hacen los animales y lo que significan. Creo que puede escuchar a los espíritus cantando en el viento. Parece oírlo mejor cuando estamos en los árboles. Todavía es joven, pero la habilidad se desarrollará. Estoy emocionado. Me había preocupado. Tenía miedo de que no naciera nadie adecuado. Pero si uno es paciente, todas las cosas pasan. Y le había estado cantando a los espíritus sobre eso.

D: *Y, simplemente sabías cuándo llegó la persona adecuada.*

B: Sí, los espíritus me ayudaron.

D: *¿El sabio tuvo algo que ver con elegir al que te ayudaría?*

B: Sí. Generalmente es aceptado por la gente. Sabemos quién es bueno para qué tarea. El sabio simplemente confirma lo que hemos observado. Y fui a él y le dije que sentía que el que ahora es mi aprendiz estaba en armonía con la Tierra y podía oír el viento, y dijo que lo miraría. Y estuvo de acuerdo conmigo después de observarlo.

D: *Es muy bueno que hayas encontrado a este chico. ¿Tienes un nombre con el que lo llamas?*

B: Tiene el nombre de su criatura: Haork. [Le pedí que lo repitiera. Ha-ork (fonético). Los sonidos corrían juntos.] Cuando se descubre lo que hará el niño, si el nombre no encaja o no es armonioso con los espíritus, a veces se altera el nombre.

Beth había informado de un incidente curioso que sucedió en su casa después de nuestra primera sesión. Ella estaba afuera y un pájaro cantaba cerca de su casa. Y por un momento tuvo la extraña sensación de que se estaba comunicando con ella. Esto continuó durante un tiempo antes de que el pájaro se convirtiera de nuevo en otro pájaro. Por un breve tiempo se sintió en sintonía o armonía con el pájaro. El mismo efecto que el viento se comunicó con ella en el sueño que tuvo después de esa sesión. Esto podría haber sido un remanente de la personalidad de Tuin. Lo describió como una experiencia agradable, aunque curiosa.

Durante otra sesión encontré a Tuin caminando junto al río en su camino río abajo.

B: No he estado en esa dirección durante bastante tiempo. El juego debería ser bueno. Alternos donde voy para no agotar el juego en un área en particular, por lo que habrá mucho. Es un día despejado. Es temprano. El sol acaba de salir. Hermoso amanecer; es reflejo de la nieve, los picos.

D: *¿Cuántos días esperas ausentarte?*

B: Probablemente alrededor de tres, tal vez cuatro. Realmente no he fijado un tiempo en particular, pero anticipo estar fuera unos cuatro días.

D: *¿Eso es aproximadamente el tiempo que normalmente duran estos viajes de caza?*

B: Sí. Generalmente de cuatro a ... siete u ocho días, a veces nueve. A veces es un viaje corto y me voy un día. Sin embargo, esta vez serán unos cuatro días.

D: *Si encontraras el juego antes de eso, ¿volverías?*

B: Depende de cuánto juego haya sido y de la época del año. Si es en pleno verano cuando hace calor, trato de recuperar la carne lo antes posible mientras aún está fresca. Pero si es como está ahora, fresco, puedo quedarme afuera por varios días y la carne se mantendrá buena. Si hace frío y el juego es bueno, puedo seguir adelante y disparar más de lo que puedo llevar en una vez. Pero solo la cantidad que necesita el pueblo. Llevaré algunos de vuelta y conseguiré que alguien venga y me ayude a llevar el resto.

D: *Pensé que sería difícil volver si tienes mucho.*

B: Tienes que ser fuerte. Si consigo un oso, tengo que cortarlo inmediatamente en cuartos y despellejarlo. Poner los cuartos en la piel y colgarlos de un árbol. Esta parte es difícil. Lo meto en el árbol donde otros animales no pueden alcanzarlo, y volveré a la aldea para buscar a algunos niños pequeños que me ayuden a traerlo de regreso.

D: *Pensé que tal vez podrías intentar llevar al oso entero de regreso.*

B: No soy estúpido.

D: *(Risas) Estaba pensando que la carne sería pesada. No eres tan fuerte.*

B: No. Trato de no matar más de lo que puedo manejar en ese momento, a menos que esté lo suficientemente cerca de la aldea para obtener ayuda fácilmente. Hago lo mejor que puedo. Mantengo el pueblo abastecido.

D: *¿Estás solo hoy? Una vez me hablaste de un aprendiz.*

B: Sí, el aprendiz está estudiando hoy. Sentí que sería bueno que el aprendiz tuviera una idea de cómo se hacen las puntas de flecha. A veces, cuando estás en un viaje de caza, tienes que hacer una punta de flecha de emergencia. Es bueno saber qué hacer. Así que hoy está con el fabricante de puntas de flecha.

D: *¿Cómo está?*

B: Está bien. Está aprendiendo a tener paciencia.

D: *¿Es eso lo más difícil de aprender?*

B: Cuando eres joven. Verás, la paciencia es lo que te ayuda a estar callado y en silencio. Y te ayuda a aprender a estar en armonía. Ya está en armonía. Ha aprendido a trabajar con la armonía.

D: *¿Qué quieres decir con estar en armonía?*

B: Poder saber cómo piensan los animales, estar en armonía con la Tierra, con sus ritmos. Si no estás en armonía puedes dañar la Tierra. Eso no sería bueno. Ella es la madre de todos nosotros.

D: *Solo tienes que sentirlo, ¿y sabes dónde están los animales?*

B: Los animales te dirán dónde están. Sigues ... es difícil de describir. Lo siento en mi cabeza. (Señaló el área del chakra del tercer ojo en el medio de su frente.) Siento aquí donde está el animal y sigo ese sentimiento. Cuando me vuelvo hacia el animal, es más fuerte y sigo al animal hacia abajo. Además, están las pistas y las señales. Algunas personas pueden cazar usando las pistas y las señales, y hacen un trabajo adecuado. Pero la mejor manera es seguir los sentimientos en tu cabeza y encontrar al que está destinado a ayudar a la aldea. Mi aprendiz necesita aprender a seguir ese sentimiento

D: *¿Él también tiene ese sentimiento?*

B: Creo que sí. Simplemente no ha aprendido a confiar en él todavía.

D: *He oído hablar de personas que siguen las pistas y cazan de esa manera.*

B: Esa es una forma muy superficial de cazar. Busco las huellas en el suelo, si alguna rama se ha doblado o roto, trozos de pelo. Esas son las cosas físicas que encuentras. Luego está el sentimiento en mi cabeza que ayuda. Y el viento, escucho el viento. Me dice lo que necesito saber.

D: *¿Dónde está el animal?*
B: Sí, o donde necesito estar cuando pase el animal.
D: *¿Pero no hay algunos animales que duermen en invierno y no salen?*
B: Sí. El oso es uno.
D: *¿Entonces buscas a los que no duermen durante el invierno?*
B: Eso depende de lo que necesite el pueblo. Si la provisión de alimentos es buena y solo queremos un poco de carne fresca para una celebración o para complementar lo que tenemos, buscaré algunos animales pequeños solo para suministrar un poco de carne fresca, para que no te canses de lo que has estado comiendo. Cuando comes lo mismo una y otra vez, por muy bueno que sea el cocinero, te cansas.
D: *¿Tienen una persona que cocina para todos?*
B: No, las mujeres se juntan y cocinan cosas, así que hay una variedad de opciones.
D: *¿Entonces no comen cada uno en su propia casa?*
B: A veces, si hace mal tiempo o si una mujer tiene el ojo puesto en un joven en particular. (sonrió y yo me reí.) Las mujeres son disimuladas, muy disimuladas. Ella le dará razones plausibles por las que debería ir a ese lugar en particular a comer en lugar de con el grupo en general. E intentará guardarse algunas sorpresas bajo la manga. (estaba sonriendo. Era obvio lo que quería decir).
D: *(Risas) ¿Por qué, esto es lo que te ha pasado?*
B: No. Lo han intentado. Pero lo he visto suceder.
D: *¿Nunca funcionó contigo?*
B: Solo si quiero. Porque también tengo estas sorpresas bajo la manga.
D: *(Risas) ¿De qué tipo?*
B: Oh, unas divertidas. El tipo de diversión que necesita dos personas para experimentar. Por supuesto, también tienen esa noción en mente. Suele suponer eso.
D: *¿No te pedirían que vengas a su casa si no tuvieran eso en mente?*
B: No, no lo harían. Sin embargo, a veces hay una o dos mujeres que hacen eso porque quieren algo y te usan. Pero eso no es muy frecuente. No son muy populares por lo que no tienen éxito. Todo el mundo sabe quiénes son. Son una especie de mujeres amargas.
D: *¿Infeliz, quieres decir?*

B: Yo creo que sí. No tienen tantos amigos como podrían tener. Pero no son tan infelices; simplemente no son tan felices como podrían ser.

D: *¿Tienen hijos?*

B: No, son unas amargadas.

D: *Quizás por eso están descontentas.*

B: Bueno, ellas mismas se lo buscaron.

D: *Voltearon a los hombres contra sí mismos, ¿es así?*

B: Sí, por alguna razón tienden a ser amargas.

D: *¿Pero dijiste que no tienes una mujer que sea tuya?*

B: Bueno, hay una mujer con la que me gusta hablar. Ella y yo tenemos un entendimiento.

D: *Pero no vives con ella todo el tiempo.*

B: No, solo la visito. Y a veces, cuando hace buen tiempo, ella va al bosque conmigo. Ella dice que está interesada en algo de la tradición animal. Pero las mujeres son disimuladas, así que lo cuestiono.

D: *(Risas) Ella está más interesada en ti que en los animales.*

B: Eso creo.

D: *¿Tienes hijos?*

B: Umm, eso creo. Creo que tengo dos ... de dos mujeres diferentes. Pero no me preocupo por ellos. Todos los niños están cuidados. Y todos hacen lo que tienen que hacer. Todos están atendidos y no nos preocupamos por eso.

D: *Es más una cosa grupal.*

B: Correcto. Los niños siempre saben quién es su madre y pueden tener una idea bastante clara de quién es su padre. Pero no hay atadura en el útero como la de la madre. Quiero decir, podría decir cualquier cosa. Podría ser tu padre, nunca notarías la diferencia. Pero no podría decirte quién era tu madre sin que tú supieras la diferencia.

D: *Bueno, a veces se dan cuenta por el color de la piel del cabello, ¿no?*

B: Oh, a veces, pero cuando tienes un aspecto normal, es más difícil. Hay pequeñas diferencias que hacen que a esa persona esa persona. Tal vez su nariz tenga una forma diferente, tal vez sus orejas estén dobladas de otra manera. Hay un anciano en el pueblo, a los niños les gusta mucho, puede mover las orejas. Piensan que es gracioso.

D: *Él los entretiene de esa manera.*

Decidí llevarlo adelante a un día importante en su vida a medida que envejecía. Lo conté antes de ese momento y le pregunté qué estaba haciendo.

B: Estamos celebrando. Estamos todos muy contentos. El sabio ha encontrado a alguien que será bueno para recordar las leyendas. Se nota que cuando le dices algo a este chico, no lo olvida nunca. Y por eso el sabio ha decidido contarle todo sobre todas las leyendas que conoce, para que este chico las recuerde hasta que sea mayor. Y estamos muy contentos porque sabemos que las leyendas continuarán durante otra generación.

D: *¿El chico es muy mayor?*

B: No, solo tiene unas ocho temporadas.

D: *¿El sabio está envejeciendo?*

B: Sí. Su cabello es blanco.

D: *Entonces sería muy importante que se lo dijera a alguien antes de morir.*

B: Sí. Hay alguien más que ha estado aprendiendo la tradición para convertirse en hombre sabio. Y se decide que el que ha ido aprendiendo será un sabio temporal y está de acuerdo con esto, para el chico es obviamente el correcto. Juntos le enseñarán al niño a asegurarse de que todo se recuerde. Y por lo que el niño será un hombre sabio cuando tenga la edad suficiente para asumir la responsabilidad.

D: *¿Al otro ya le han dicho muchas cosas?*

B: Oh, sí. El sabio le ha estado enseñando todo, pero su memoria no es tan buena. Tiene una memoria ordinaria, mientras que la memoria de este chico es extraordinaria. Pero puede ayudar al niño cuando el niño se convierta en un hombre sabio, y de esa manera sería bueno.

D: *Hay tantas leyendas que contarle. Se necesitaría mucho tiempo para enseñarle todas estas cosas.*

B: Sí, pero estamos felices de que esto haya sucedido.

D: *¿Qué tipo de celebración estás teniendo?*

B: Ah... cantando, festejando. Las canciones que cantamos llaman a los espíritus para proteger al niño. Y algunos de los granjeros están bebiendo esa bebida.
D: *De acuerdo. Contaré hasta tres de nuevo y avancemos hacia otro día importante en tu vida a medida que envejeces. Uno dos tres. Es otro día importante en tu vida. ¿Qué estás haciendo?*
B: El que es mi aprendiz de cazador se está convirtiendo en un cazador completo hoy para que yo no tenga que cazar tanto. Estoy envejeciendo.
D: *¿Hay alguna ceremonia o alguna forma de observar esto?*
B: Sí. Por la noche, el pueblo se reúne alrededor del fuego, y mi aprendiz y yo nos colocamos a ambos lados del Sabio. Les digo a los aldeanos que este hombre, es decir, mi aprendiz, es ahora un cazador. Él sabe lo que yo sé. No se ha perdido ningún conocimiento. Lo tiene todo. Y está en armonía. Entonces el sabio les dice a los aldeanos que ha observado que este hombre está en armonía porque ha estado aislado durante los últimos tres días y meditando. El sabio lo ha estado observando y dándole consejos. Y dice que este hombre está listo para convertirse en un cazador de la aldea. Ahora la aldea puede tener dos cazadores completos hasta que yo sea demasiado mayor. Y luego puedo cazar parte del tiempo o dejar de cazar. Lo que yo desee. Pero este hombre será un cazador completo a partir de ahora. Y pueden confiar en él como han confiado en mí. Luego hay ciertas cosas que pone en el fuego para hacer que el fuego salte y el humo cambie de color, como parte de la ceremonia. Y hay algunos cantos. Vemos algunos de los espíritus allí y les decimos a los espíritus de los animales cercanos y de los árboles alrededor que este hombre se comunicará con ellos ahora para cazar. Entonces mi aprendiz les dice a los aldeanos que acepta esta responsabilidad y que la mantendrá. Esto lo hace responsable, y por eso lo hace. Esa es la parte solemne, y después de que se lleva a cabo esta parte, todos se ponen felices. Generalmente es una excusa para festejar toda la noche. Porque los aldeanos dicen: "Comeremos toda la comida esta noche para que puedas ir a trabajar mañana y demostrarnos lo buen cazador que eres". (Me reí) Y eso es todo. Eso es lo que pasa.
D: *¿Crees que ha aprendido todo lo que sabes?*

B: Sí. Cualquier cosa que él no sepa, es simplemente porque he estado cazando mucho más tiempo. Tengo más experiencia.

D: Pero aún puedes aconsejarle.

B: Sí, si quiere el consejo. No tiene que pedirme consejo ahora, pero puede hacerlo si quiere. Está en armonía con la Tierra y conoce los cantos de los animales. Podrá cazar.

D: ¿Crees que ha aprendido bien?

B: Sí. Sí, lo hizo.

Pude sentir por su voz que estaba orgulloso del chico. También sintió que había cumplido con su obligación de transmitir sus conocimientos. Sabía lo importante que era eso para la supervivencia de la aldea.

D: Eso es bueno. Entonces no tendrás que trabajar tan duro ahora.

B: Eso es cierto.

D: ¿Qué crees que harás ahora? ¿Te quedarás en el pueblo?

B: (enfático) ¡No! ¿Por qué debería? No me gusta estar bajo techo. Está demasiado lleno de gente alrededor. Probablemente exploraré un poco para ver qué hay más allá de los campos de caza.

D: Nunca has podido hacer eso, ¿verdad?

B: No. Salgo más lejos que la mayoría para cazar, pero aún me pregunto qué hay más allá de la siguiente montaña. En todas las direcciones a las que quieras ir, hay montañas. Así que elegiré el punto más lejano en el que he estado en cualquier dirección e iré más allá.

D: ¿Alguna vez has tenido el deseo de seguir el río?

B: Sí. También podría hacer eso.

D: Puedes hacerlo ahora porque no tendrás que regresar enseguida, ¿es eso lo que quieres decir?

B: Sí. Empacaré lo que pueda llevar. Y lo haré con buen tiempo, en verano. Puedo cazar por mi carne. Incluso podría llegar muy lejos.

D: Entonces, ¿volverás y le dirás a las demás personas lo que has encontrado?

B: Si quieren saber, se los diré. Será una buena historia para el invierno alrededor del fuego. A principios del verano podría ir y luego regresaría a fines del verano para ayudar a suministrar carne para el invierno.

D: *¿Crees que podrías perderte?*

B: (Indignado) ¡No! ¿Me pierdo? ¿Cómo puedes perderte? Tú sabes donde estas.

D: *¿Incluso si fueras a áreas extrañas que nunca antes habías visto?*

B: Pero eso no hace ninguna diferencia. Todavía sabes dónde estás. Todavía estás en armonía con la Tierra y todavía puedes sentir qué dirección es cuál. Y sabes en qué direcciones has estado, y cuánto viaje tienes detrás. Y sabes dónde estás en la Tierra. Cuando estás en armonía con la Tierra, todos pueden sentir las direcciones. De esa forma no te puedes perder.

D: *¿Usas las estrellas para tus direcciones o simplemente sabes dónde estás?*

B: Oh, ya sabes. Están aquí. (Señaló el centro de su frente.) Las direcciones están aquí. Las estrellas ayudan. Pero esto es más confiable porque puede estar nublado por la noche.

D: *Sí, eso es cierto. O podría estar en el espeso bosque y no ver el cielo. Entonces siempre sabrás cómo volver a encontrar tu hogar usando esa parte de tu cabeza. Algunas personas no saben cómo hacer eso.*

B: ¿Dónde?

D: *Bueno, ¿no dijiste que hubo algunos niños que nacieron que no sabían estas cosas?*

B: Bueno, eso es cierto, pero es tan raro que uno se olvida.

Conté para avanzarlo de nuevo para otro día importante en su vida a medida que envejecía y le pregunté qué estaba pasando.

B: El hombre que ahora es cazador, se ha casado. Y me ha pedido que sea abuelo de sus hijos. Es un honor ya que nunca viví con una mujer y crie hijos. No quería estar bajo techo. Entonces, lo que este hombre está diciendo es que quiere ser mi hijo porque quiere que yo sea el abuelo de sus hijos. Y de esa manera mi línea continuará. Puede hacer esto ya que aprendió a cazar de mí.

D: *Pensé que no se casaban entre tu gente.*

B: Generalmente, no, pero ocasionalmente cuando uno está particularmente apegado a una persona y quiere estar con esa persona, lo anuncian a la aldea. Y el sabio dirá: "Ustedes dos han elegido permanecer juntos toda su vida, donde sienten que están en armonía el uno con el otro, donde deben permanecer juntos. Por lo tanto, lo reconocemos". Aquí la palabra más cercana que puedo encontrar es "matrimonio", que es una palabra que usaste una vez.

D: *¿Y no es normal estar casado, quedarse con una persona?*

B: No, no es normal. Sucede, pero es solo de vez en cuando. Esta es la primera vez que esto sucede en mi vida.

D: *¿Entonces la mayor parte del tiempo simplemente viven con quien quieren vivir?*

B: Así es. Y eso cambia a medida que cambia el camino de su vida.

D: *Una vez me contaste sobre una mujer que te gustaba. ¿Ella todavía está ahí?*

B: Eso fue hace muchos años. Ella todavía está aquí. Seguimos siendo amigos. Ella está con otro hombre. A veces recordamos. Hay otra mujer con la que estoy.

D: *¿Todavía cazas?*

B: No a menudo. Nunca en invierno, no. Me gusta quedarme junto al fuego en invierno. El frío me llega a los huesos ahora. En el verano digo que voy a ir a cazar y salgo a cazar. Pero todo el mundo sabe que realmente no lo hago. Solo digo eso. Salgo para escuchar lo que me tiene que cantar el viento. Y canto con el viento y escucho lo que me dicen los árboles. Y escucho la armonía de la Tierra. Porque no me gusta estar bajo techo, y no puedo escuchar la armonía también cuando estoy en el pueblo.

D: *¿Pero vives bajo techo la mayor parte del tiempo ahora?*

B: No, cuando hace buen tiempo estoy afuera y duermo afuera. Hay una roca en la que me gusta dormir. Pero con mal tiempo entro a regañadientes. Todavía no me gusta estar bajo techo, pero mi cuerpo dice: "Ve bajo el techo". Mi cuerpo no coopera demasiado bien. Supongo que eso es lo que llaman "envejecer".

D: *Pero a tu mente todavía le gustaría estar ahí fuera. ¿Alguna vez viajaste para ver qué había más allá de las siguientes crestas?*

B: Sí, lo hice. Había más montañas y más montañas. Seguí el río hacia abajo. La gente del pueblo dice que estoy envejeciendo y que estoy inventando cuentos para entretener a los niños. Les mostraré "viejos". Pero seguí el río hacia abajo y encontré más gente.

(Hablando casi con asombro). Pero eran muy diferentes de lo que somos, y no se sentían en armonía. No intenté ponerme en contacto con ellos porque me daba dolor de cabeza estar cerca de ellos.

D: *¿Era muy lejos?*
B: Sí. Fue un viaje de varios días. Viajé durante dos lunas.
D: *¿En qué parecían diferentes? ¿Se veían diferentes?*
B: Umm sí, eran más oscuros. Todos tenían cabello negro y piel oscura, muy oscura. Pero la forma principal en que eran diferentes es que ... No puedo describir esto bien. En nuestra aldea, todos pueden saber lo que sienten los demás sin tener que decir lo que piensan o sienten, porque estamos en armonía unos con otros. Pero con estas personas, su armonía era diferente y no podía decir qué estaban pensando. Y no quería bajar a la aldea para verlos, porque temía que, si lo hacía, tal vez no estuvieran lo suficientemente en armonía como para saber que no tenía intenciones de hacer daño. En ese momento, el pueblo todavía necesitaba mi ayuda para el invierno, así que los miré por un tiempo. Luego llegó el momento de volver al pueblo, así que me fui.

D: *¿Te vieron?*
B: (enfático) ¡No! Me aseguré de que no lo hicieran.
D: *¿Se vestían de manera diferente a tu gente?*
B: Sí. Algunos. Parecían tener costumbres diferentes, pero no podía decirlo con certeza ya que no hablé con ninguno de ellos. Ellos usaban cuero de manera diferente a nosotros, y sus adornos eran diferentes a los nuestros. Fue hace tantos años, es difícil de recordar. Ahh ... se peinaban de manera diferente a nosotros. En nuestro pueblo, como sabes, los hombres se cortan el pelo con un cuchillo. Y las mujeres se retuercen el pelo hacia atrás y adornan en él según la tradición y cómo quieren hacerlo. En este pueblo, los hombres también se dejaron crecer el cabello y lo trenzaron de diferentes maneras. A veces envuelven las trenzas en tiras de piel, a veces no. Y algunos de los hombres del pueblo se afeitaban parte de la cabeza y dejaban crecer la otra parte. Se veía muy extraño. No pude entender cuál era el significado.

D: *¿Qué parte se afeitaron?*

B: Bueno, normalmente se afeitaban los lados y luego había una franja en el centro que se alargaba.

D: *¿Y todavía tenían trenzas también?*

B: Normalmente no. Luego simplemente lo dejaron crecer. Las mujeres habían hecho adornos y cosas así con tiras de cuero y usaban estas diferentes formas. Y parecía que los hombres de esta aldea no dejaban que las mujeres hicieran tantas cosas diferentes como nosotros dejamos que nuestras mujeres hagan. No podían expresar lo que sentían.

D: *¿Pudiste ver en qué tipo de casas vivían?*

B: Se parecían a los nuestros, pero había diferencias. Nada que sobresaliera. Tenían diferentes tipos de barcos que los nuestros. Como estaba río abajo, el río es más grande en este punto. Hacían botes de fondo plano que flotaban muy bien. Y tenían palos para barrer, escuché que los llamaban "remos", que usaban para guiar estos botes a través del agua. Y hacían mucha pesca. La mayor parte de la carne que comían era pescado. Y la única carne que mataban eran los animales grandes para sus pieles. También comían la carne, pero el pescado era su principal fuente de carne.

D: *¿Eran los botes lo suficientemente grandes como para estar de pie, como tus barcos?*

B: No. Estos botes eran largos y estrechos, curvados hacia arriba en cada extremo, de fondo plano. Por lo general, lo guiarían dos hombres, tres como máximo. Y siempre estarían arrodillados en los botes.

D: *¿Recuerdas alguna otra cosa que fuera diferente?*

B: Bueno, no tenían un hombre sabio como nosotros. Y no tenían ningún metal. Sus cuchillos estaban hechos de piedra como de la que hacemos las puntas de flecha.

D: *¿Tenían algún tipo de líder?*

B: Sí. Tenían un líder que se ocupaba de las mismas funciones que nuestro sabio, pero me di cuenta de que no tenía el conocimiento que debería tener para ser un sabio.

D: *Me pregunto si esa gente cree lo mismo que la tuya.*

B: No lo creo. No escuché a ninguno de ellos llamar a ninguno de los espíritus para nada. Si lo hacían, tenían una forma diferente de hacerlo. Y no parecían estar al tanto de cosas de las que debían estar al tanto. Como dónde están los animales y cosas así.

D: *¿Cazaban de una manera diferente a la tuya?*
B: Sí. Dependían más de los signos externos que de los sentimientos internos.
D: *¿Los escuchaste hablar?*
B: Sí. No podía entender lo que decían, así que no le presté atención.
D: *Eran como un grupo diferente de personas. ¿Pero te quedaste un rato y solo miraste?*
B: Por unos días.
D: *¿Entonces cuando regresaste y le dijiste a la gente no te creían?*
B: Pensaron que solo estaba inventando cosas para entretener a los niños, contando cosas divertidas que otras personas hacían río abajo. Y la gente decía: "Somos la gente. Somos los únicos. ¿Qué quieres decir con 'otras personas'?" Sé lo que he visto. Y los niños piensan que es divertido escuchar las historias que inventa Tuin sobre personas que hacen esto y aquello. Todo el mundo sabe que nadie hace eso.
D: *Pero antes de ver a estas personas, también pensabas que eran las únicas personas, ¿no es así?*
B: Sí. No sabía que había otras personas. Pensé que éramos los únicos. Estaba bajando por el río para ver adónde iba. Y pasé tres cascadas y estaba solo siguiendo el río. Me sorprendió la primera vez que vi a otra persona. Era alguien en el río en uno de los botes de fondo plano. Me asombró mucho.
D: *Me pregunto cuántas personas más hay ahí fuera.*
B: No lo sé. En ese momento eso fue lo más lejos que pude llegar. Eso fue a la mitad de la cantidad de tiempo que podía permanecer alejado de la aldea.
D: *¿Alguna vez lo intentaste de nuevo?*
B: No. Había muchas otras direcciones a seguir. Lo había visto una vez y sabía que no lo olvidaría.
D: *¿Alguna vez viste a otras personas en las otras direcciones?*
B: No. Solo montañas y animales.
D: *¿Viste animales extraños?*
B: No. Vi animales que se parecían a los animales que conocía, pero tal vez un poco diferentes. Tal vez un poco más grande o un poco más pequeño, o un color ligeramente diferente. Pero aún podía decir que era el mismo animal. Habría algunos árboles que serían

diferentes. A veces, los pinos se verían diferentes o habría diferentes tipos de robles, pero nada drástico.

D: *Hiciste un gran descubrimiento. Viste cosas que las demás personas nunca verían.*

Nuevamente lo adelanté en el tiempo hacia otro día importante en su vida a medida que envejecía.

B: Estoy sentado en una roca. He estado meditando con los espíritus durante bastante tiempo. Y acabo de hacer un descubrimiento importante sobre la naturaleza del universo.

D: *¿Puedes compartirlo conmigo?*

B: Es difícil de explicar. Pero el hecho de que todo es uno acaba de ser reforzado con fuerza. La experiencia es muy especial.

D: *¿Meditas así muy a menudo?*

B: Sí, ahora que no cazo. Salgo mucho al bosque porque todavía no me gusta estar bajo techo. Soy demasiado mayor para cazar, así que pienso en cosas.

D: *¿Alguna vez pensaste en esta idea antes?*

B: Bueno, por supuesto, no lo valoré. Realmente no lo pensé bien.

D: *¿Quieres decir que todos son uno?*

B: Que todo: la gente, las plantas, los animales, la Madre Tierra, el cielo, el aire, todo es uno.

D: *¿Como en total armonía? ¿Es eso lo que quieres decir?*

B: Como parte de un gran ser que trabaja en conjunto.

D: *Esa sería una idea diferente, ¿no? ¿Piensan otras personas en tu aldea lo mismo?*

B: Sí, porque creemos que todo es uno y en armonía. Y me acabo de dar cuenta de que, si todo se uniera en armonía, tendría que ser parte de un cuerpo o ser de algún tipo, porque nuestros cuerpos trabajan juntos. Solo cierra la mano y ábrela de nuevo. Te dice todo lo que necesitas saber sobre la unidad del universo.

D: *¿Crees que este ser tendría un nombre o algo?*

B: (enfático) ¡Oh, no, no! Somos parte de este ser. Este ser somos nosotros. Es como un espíritu. No sé cómo describirlo. Es solo una idea de cómo todo funciona tan bien en conjunto, porque todos somos parte de un ser. Podemos pensar que estamos separados, pero eso es una ilusión.

D: Por supuesto, hay algunas cosas que no están en armonía.
B: Oh, sí. Cuando de vez en cuando te olvidas de ti mismo o algo así.
D: Pero es una idea interesante de todos modos; pensar así. Sé que tienes diferentes días en los que celebras y hablas con los espíritus. Dijiste que cantas a los espíritus y los llamas. Pero ¿cree la gente de tu aldea en un ser o un espíritu que está por encima de todos los demás?
B: ¡No! Los espíritus son todos buenos y todos tienen su posición de lo que cuidan y demás, como la gente del pueblo. Todos son igualmente importantes y todos tienen que hacer lo que deben hacer. Lo mismo ocurre con los espíritus, y los espíritus son nuestros amigos.
D: ¿Entonces no hay uno que sea como un líder sobre todos los demás espíritus?
B: No, los espíritus son sabios; no necesitan un sabio.
D: Algunas personas creen en cosas así. Por eso me preguntaba que creías.
B: Eso sería una creencia infantil.
D: ¿Entonces crees en muchos espíritus de diferentes cosas de la naturaleza, o cómo?
B: Todo, todos, todo lo que existe tiene su espíritu. Una planta, tú, un animal, una roca, el viento, la lluvia, el trueno, los relámpagos, las nubes, el sol, las estrellas, todo. Cada estrella tiene un espíritu. Algunos espíritus son más poderosos que otros en ciertos aspectos, pero todos tienen sus habilidades y poderes. Y están ahí para ayudar. Todo lo que tenemos que hacer es comunicarnos con ellos y presentarles lo que necesitamos, y ellos lo resuelven a donde estará en armonía con todo lo demás, pero aun así obtienes lo que quieres.
D: Entonces, ¿le cantas a algunos espíritus más que a los demás?
B: No más que otros. A veces conoces la situación con justamente y sabes qué espíritu sería bueno para encargarse de la situación. O por qué dos o tres o cuatro espíritus podrían hacerse cargo de la situación. Te diriges a ellos. Pero otras veces, si es solo una situación general y no estás seguro de quién podría manejarla mejor, te diriges a todos los espíritus en general. Y dices: "Por favor, escúchame. Quien pueda encargarse de esto. Esto es lo que necesito".

D: *Eso suena como una muy buena creencia.*
B: Estamos contentos con eso, eso es lo que cuenta. Y funciona.
D: *Sí, siempre y cuando sea bueno para ustedes. ¿Pero estás envejeciendo ahora?*
B: Sí. Mi cabello, en su mayor parte, se ha vuelto blanco.
D: *¿Y ya no cazas?*
B: No. Soy demasiado mayor para eso. El que entrené hace la caza ahora.
D: *¿Tienes alguien que te cuide?*
B: (Indignado) No necesito que nadie me cuide.
D: *Quiero decir, quien te de comida y cosas.*
B: No tengo problemas para conseguir comida. Cacé durante tanto tiempo que obtengo toda la comida que quiero.
D: *Te lo has ganado.*
B: Eso es lo que dicen. Le di al pueblo toda la carne siempre que fue necesario. Dicen que no es nada para mí conseguir la comida que necesito. Es solo justo.
D: *Y el que enseñaste es un buen cazador y ahora suministra comida para la comunidad. Entonces, ¿qué haces con tu tiempo ahora?*
B: Doy muchos paseos por el bosque. Siempre estoy en el bosque deambulando cuando no estoy con los niños.
D: *¿Hay algún niño en particular con el que le guste estar?*
B: Todos ellos.
D: *De acuerdo. Bueno, dejemos esa escena. Avancemos a otro día importante a medida que envejeces. Contaré hasta tres y estaremos allí. Uno dos tres; es otro día importante en tu vida. ¿Qué estás haciendo?*
B: Estoy caminando por el pueblo, viendo lo que ha cambiado y lo que ha permanecido igual. Tengo la sensación de que será la última vez que vea el pueblo, así que realmente lo estoy viendo. Realmente lo estoy mirando para ver todos los detalles.
D: *¿Por qué? ¿Crees que algo ha cambiado? (No entendí realmente lo que acababa de decir) ¿Has estado fuera?*
B: Oh, las cosas cambian gradualmente a lo largo de los años. Y yo estoy comparando el aspecto del pueblo ahora con mis primeros recuerdos.
D: *¿Ves algún cambio?*

B: Bueno, ha habido algunos, ya sabes. Allí solía haber una casa en la que se vivía, pero fue derribada por las tormentas invernales. Y hay otro allí que se ha construido, y las cosas cambian. Los niños son diferentes porque, bueno, los niños siempre crecen. Y así, no hay grandes cambios. -sólo los pequeños cambios. El nuevo sabio lo está haciendo muy bien.

D: *¿Murió el anciano sabio?*

B: Sí. Hacía demasiado frío un invierno. Pero el nuevo sabio se acuerda de todo y por eso estamos en buena forma. Estamos en buenas manos.

D: *Le ha pasado los recuerdos, las leyendas y todo. ¿Hay más personas de las que pueda recordar?*

B: Oh no. Realmente no. A veces parece que sí, pero creo que es simplemente porque soy mayor.

D: *¿Todavía tienen el gran edificio que usan para las reuniones?*

B: Sí.

D: *¿No me dijiste una vez que había una señal o algo en ese edificio?*

B: Sí. Tiene una imagen que dice qué tipo de edificio es, aunque todos lo saben. Este asunto de los diseños, según el sabio, dice para qué sirve el edificio. Supuestamente fue puesto allí por los viejos. El letrero está hecho de metal y nunca se puede saber si ha estado a la intemperie.

D: *¿Podrías dibujarme los diseños que están en el letrero?*

B: Eso sería difícil. No veo tan bien como solía hacerlo.

D: *Pero puedes recordar cómo era, ¿verdad?*

B: Bueno, nunca le presté mucha atención. Sabía para qué era el edificio. El letrero estaba allí. Lo miraba, pero los diseños no se parecen a nada. No parecen árboles. No parecen animales. Son garabatos sin sentido. Cualquier niño podría hacerlo en el barro. Y así, nunca me molesté en recordar cómo eran todos porque no había ninguna razón para ello.

D: *Bueno, me gustaría mucho que pudieras mirar y ver si pudieras cópialo para mí. ¿Crees que podrías hacer eso?*

B: Podría intentarlo. No sería lo que parece porque no puedo ver eso. Están demasiado lejos.

D: *¿Podrías acercarte?*

B: (Exasperado) ¡Estoy parado debajo de él ahora! Simplemente ya no veo bien. Discúlpame.

Fue un buen intento, pero era obvio que, si no podía ver el letrero, no podría dibujarlo.

D: ¿Por qué crees que será la última vez que recorrerás el pueblo?
B: Por la forma en que los espíritus me cantan hoy. La canción ha cambiado. Y puedo decir, por la forma en que ha cambiado, que lo estoy percibiendo de manera diferente, lo que significa que se acerca el momento de cruzar.
D: Bueno, estás envejeciendo, pero ¿todavía gozas de buena salud?
B: Sí. Cuando hace frío, y hoy hace frío, me duelen las articulaciones y están rígidas. No puedo moverme rápidamente. Tengo que moverme lentamente, y no puedo ver. Pero aparte de eso, mi salud sigue siendo buena.
D: Estas son cosas que surgen naturalmente con el envejecimiento, ¿no es así?
B: Para algunas personas. Algunas personas llegan a donde no pueden oír, otras llegan a donde no pueden ver, depende.
D: Así es la vida.

Al despertar, Beth contó lo que recordaba de la sesión.

B: Recuerdo del aprendiz. Comenzó a jugar un papel más importante. Yo recuerdo eso. Y recuerdo algo sobre viajar. Me pareció ver muchas montañas.
D: ¿Recuerdas algo?
B: Creo que tuve la sensación de que sucedía algo que era solemne. Ya sabes: bueno, positivo, pero aún solemne.
D: Eso fue probablemente cuando el aprendiz de Tuin estaba obteniendo la iniciación oficial del sabio de que ahora podía hacerse cargo de sus deberes. Fue una ceremonia. Y durante ese tiempo entregó sus deberes a su aprendiz. Luego tuvieron una fiesta feliz después de eso.
B: Tengo la sensación de ser más contemplativo, como pasar más tiempo pensando en cosas, en lugar de en las cosas normales de todos los días.
D: Así fue a medida que envejecía.

Beth también describió un breve viaje extracorporal que hizo justo al final de la sesión, justo antes de que la contara desde su profundo trance. En su cuerpo astral, espiritual, fue a una ciudad cercana y a la casa rodante de su amigo. Había estado pensando en este joven antes de la sesión y deseando que hubiera alguna forma de conseguir que la llamara para una cita. Había hecho un comentario en broma sobre ella enviándole vibraciones mentales o sugerencias para llamarla. Aparentemente, fueron los últimos pensamientos en su mente mientras estaba bajo hipnosis, y utilizó la última parte del trance para hacer un viaje lateral para verlo e intentar influenciarlo.

Este incidente demostró que el tema de la sesión no era lo más importante para ella en ese momento. Ella estaba más preocupada por su vida privada actual que por la vida de Tuin que ocurrió hace miles de años.

Algo interesante sucedió mientras contaba sacándola del trance. Por lo general, a la cuenta de cinco y seis, el cuerpo del sujeto ha comenzado a responder y muestra signos de volver a la conciencia. Ella todavía estaba inmóvil hasta que llegué a la cuenta de siete, cuando su cuerpo se sacudió incontrolablemente por todas partes. Entonces ella comenzó a responder. Más tarde dijo que mientras estaba parada (o flotando) en la casa móvil y le decía a su amigo que la llamara, me escuchó contar siete, ocho, en el fondo. Ella pensó: "¡Ups, tengo que irme!" y fue impulsada de regreso a la habitación. Probablemente fue entonces cuando ocurrió la contracción del cuerpo, ya que ella volvió a entrar. Dijo que normalmente podía oírme contar, cada vez más fuerte, y por lo general seguía mi voz, despertando lentamente. Esta fue la primera vez que esperó tanto para responder. Pero ella estaba preocupada. Es asombroso lo rápido que pudo realizar el viaje fuera del cuerpo y regresar, todo en ese breve espacio antes de despertar. También demuestra la efectividad de la voz del hipnotizador para hacer retroceder al sujeto y muestra cómo el sujeto percibe el procedimiento desde su punto de vista. Este viaje fue una experiencia interesante.

Por cierto, su amigo la llamó a los pocos días y le pidió una cita. Si fue una coincidencia o si ella realmente se comunicó mentalmente con él, nunca lo sabremos.

Capítulo 13

Muerte de Tuin y las secuelas

CUANDO TRABAJO CON UN SUJETO en una vida pasada, eventualmente llega al punto en el que siente que ha explorado los aspectos más destacados de esa vida, y solo queda una faceta, la muerte de esa personalidad. Cuando se llega a este punto, mi procedimiento habitual es instruir al sujeto para que avance hasta el último día de su vida en esa vida para que pueda decirme lo que sucedió. Les doy la opción de que puedan ver el incidente como un observador si lo desean, para que no experimenten ninguna reacción física o trauma. Muchas reacciones inusuales han ocurrido en este punto, dependiendo del tipo de muerte (violenta o natural). Pero el sujeto siempre experimenta después una sensación de desapego, y puede dar una cuenta impersonal. Todas las sensaciones físicas se quedan con el cuerpo. Nunca los trasladan al estado espiritual.

B: He dejado el pueblo y estoy caminando por el bosque hacia una de las montañas. Hay una cueva allí en la que me gusta entrar a pensar. Ha estado lloviendo. El clima es frío. Voy a la cueva, y al llegar a la boca de la cueva ... no sé si es una avalancha o un derrumbe, pero estoy atrapado en las rocas y estoy aplastado. Las rocas me entierran. El pueblo, sabiendo que soy viejo, piensa que caminé directamente hacia el otro lado. Nunca encontraron mi cuerpo.

D: *¿Esta era una cueva a la que siempre ibas?*
B: Bueno, me estaba haciendo mayor cuando descubrí la cueva y nunca se lo conté a nadie. Y la visitaba con bastante frecuencia.

D: *Entonces es muy poco probable que supieran adónde ibas de todos modos.*
B: Cierto.

He sido testigo de tantos cientos de sujetos pasar por la experiencia de la muerte que ya no la encuentro sorprendente o inusual. Pero siempre siento curiosidad por su descripción de la transición del estado físico al espiritual.

D: *¿Cómo fue cuando moriste? Quiero decir, espiritualmente, ¿cómo fue dejar el cuerpo?*
B: ¿Alguna vez te has sumergido en una piscina profunda, donde está oscuro y turbio en el fondo? Luego, a medida que regresas hacia la superficie del agua, se vuelve más y más clara. Luego, cuando atraviesas la superficie del agua, hay luz solar a tu alrededor. Fue así.
D: *¿Crees que fue así por las rocas que te cayeron?*
B: No, fue así porque iba del plano físico al plano espiritual. Cuando dejé mi cuerpo, fue como subir por la piscina. Y luego, cuando llegué al plano espiritual, fue como romper la superficie del agua y salir a la luz del sol.
D: *Mucha gente se preocupa por lo que es morir.*
B: Si mueres en un accidente, físicamente es doloroso justo antes de perder la conciencia del plano físico, porque tu cuerpo ha sido lesionado. Pero después de perder el conocimiento es muy fácil y natural. Es tan natural como cualquier otra cosa en la vida: hacer el amor, caminar, correr, nadar. Es solo otra parte de la vida. No existe la muerte. Simplemente pasas a una etapa diferente de la vida.
D: *Esto es lo que quiero decirle a la gente, porque a algunos les preocupa. Por eso me gusta obtener información sobre cómo es realmente.*
B: Es agradable. Si les preocupa, diles que vayan a un lugar en el río que tenga una piscina profunda. Diles que se sumerjan hasta el fondo de la piscina. Y luego desde el fondo empujen hacia arriba vigorosamente con los pies y se lancen a la superficie. Diles que es así.
D: *Esa fue tu experiencia entonces.*

B: Estoy mirando la Tierra y el lugar donde morí. Pienso en mi vida. Siento que estuvo bien. Estaba lleno. Estaba en armonía con los espíritus. Yo era cazador e hice un buen trabajo cazando.
D: *Creo que fue una buena vida. Eras una buena persona e hiciste cosas por la gente.*
B: Bueno, eso es normal. En el pueblo, la mayoría de la gente hace cosas por otras personas.
D: *Pero viviste una vida útil.*
B: Ahora estoy mirando hacia la Tierra. Al otro lado de los bosques y las montañas.
D: *Era un hermoso lugar donde vivías.*
B: Sí, la Tierra es hermosa. Y sí, el lugar donde viví es especial para mí. Es muy maravilloso. Veo y entiendo cosas que nunca soñé posibles. (De repente) ¡Saludos!
D: *¿Qué?*

Este comentario fue inesperado. Me asusté.

B: Saludos.
D: *¿Saludos? (Risas) ¿Qué estás haciendo?*
B: Mirándote. Eres de un lugar lejano más extraño de lo que había imaginado.
D: *¿Oh? Dime que piensas.*
B: Veo cómo estás obteniendo tu información. Eso es tan extraño. Esa caja negra. Es como las cosas que tenían los viejos. (Se refería a mi grabadora). Y puedo ver que te gusta hacer preguntas.
D: *Ajá. ¿Pero te molesta?*
B: No. Lo encuentro divertido.
D: *¿Por qué es divertido?*
B: Simplemente lo es. Ninguna razón en particular.

Este era un sentimiento muy extraño, pensar que de alguna manera me estaba mirando o mirando por encima de mi hombro. Alguien invisible o algo observando lo que estaba haciendo. Me sentí un poco incómoda y seguí mirando hacia atrás. No sé lo que esperaba ver. ¿Tuin el cazador en forma fantasmal flotando en el aire? Fue solo una reacción normal a la declaración de sorpresa, pero me dio una sensación de picazón en la espalda. Traté de continuar como si nada hubiera pasado. Aunque ahora tenía la inquietante impresión de que estaba hablando con un fantasma que estaba en la habitación conmigo.

D: *¿Sabes para qué se usa la caja negra?*
B: Bueno, dado que no estás escribiendo ni grabando información, supongo que contiene información. Algo parecido a algunas de las cosas que tenían los viejos.
D: *Tiene maneras de capturar información. Hay muchas cosas raras, ¿no?*
B: Sí. La canción del universo nunca termina.
D: *¿Qué más ves cuando me miras?*
B: Veo que estás rodeada de muchas cosas.
D: *¿Puedes decirme a qué te refieres?*
B: No los veo claramente. Principalmente veo tu cara. Miro a mi alrededor y veo la canción del universo. El baile de las esferas.
D: *Pero ahora puedes ver por qué hice las preguntas. Quería que se recordara el conocimiento. Es muy importante que no se pierda.*
B: Porque se ha perdido totalmente.
D: *Sí. Te das cuenta de eso ahora, ¿no? Y estoy tratando de recuperarlo.*
B: Me alegro de haber cooperado cuando estaba cazando.
D: *Sí. A menudo, cuando hablo con personas, no quieren responder a mis preguntas.*
B: Eso es una tontería. Tienen espíritus pequeños. No cantan.
D: *Bueno, a veces el conocimiento es secreto y tienen miedo de decírmelo.*
B: No cantan bien. No están en armonía con la Tierra. La Tierra no tiene secretos. El conocimiento y la canción están ahí para todos.
D: *Oh, fuiste de lo más cooperativo. Estabas muy ansioso por decírmelo. Y me gustó eso.*
B: Bien. Uno debería serlo. El conocimiento no debe perderse. Mantenerlo en secreto no es prudente.
D: *Creo que tenían miedo de que algunas personas no entenderían, o ...*
B: Si están en armonía con la Tierra, deberían comprender.
D: *A veces tenían miedo de estar en peligro también. Tenían miedo de ser perjudicados si se revelaba el conocimiento.*
B: Bueno, entre mi gente eso no sucedería.

D: *Sí, lo sé. Eran gente muy buena, gente muy amable. Pero por eso estaba haciendo las preguntas, y cuando descubrí que se había perdido, quise intentar recuperarla. Y lo puse en mi cajita negra.*
B: Cuando esté en la pequeña caja negra, ¿otras personas tendrán la información?
D: *Sí. Pues cuando lo saque de la caja negra, lo pondré en papel y ellos podrán leerlo.*
B: ¿Papel? (Parecía confundido.)
D: *Bueno, será como escribir. ¿Sabes qué es escribir?*
B: Está bien, sí.
D: *El papel es solo un material sobre el que escribir.*
B: ¡Ah! Entiendo.
D: *Se anotará y luego mucha gente podrá leerlo y sabrán acerca de tu gente.*
B: Bien.
D: *Conocerán tu historia y de dónde vienes. Y ya no se perderá.*
B: Para otra época o algo así.
D: *Por eso hice tantas preguntas. Estaba tratando de pensar en lo que la gente querría saber sobre tu gente.*
B: Eso explica algunas de las preguntas.
D: *Porque las cosas han cambiado. Por eso quise saber cómo solía ser. Y a veces creía que Tuin se agraviaría un poco. No sabía por qué le hacía tantas preguntas.*
B: No se sintió agraviado, solo desconcertado.
D: *No podía ver por qué yo no sabía estas cosas.*
B: Cierto.
D: *Pero al mirar la Tierra ahora, probablemente puedas ver que muchas cosas han cambiado.*
B: Sí. Pobre Tierra. El hombre no está en armonía con la Tierra. Duele.
D: *Eso es cierto. Este tipo de información podría ayudarnos a recuperar la armonía.*
B: Eso espero.
D: *Por eso siempre busco conocimiento. Me pareció interesante que tu gente no tuviera un concepto de Dios. ¿Sabes lo que quiero decir? ¿Creían en los espíritus de la naturaleza?*
B: Sí. La unidad del universo. No hay lugar para un dios cuando eres uno con el universo. Eso se encarga de todo lo que necesita ser atendido. Un dios sería infantil y superfluo.

D: Pero a muchas personas les gusta pensar en un solo ser o en un dios, sobre todo.
B: Eso es sofocante para tu canción. Eso hace que tu canción esté en armonía con la Tierra. Porque te reprime de lo que deberías ser.
D: Entonces es mejor pensar en muchos espíritus diferentes, ¿o qué?
B: No. Todo está unido en uno, y juntos en una gran entidad donde todo está en armonía. Supongo que de alguna manera podrías pensar en ello como muchos espíritus, como muchos aspectos de la misma cosa. Siempre que recuerdes que estás en armonía y que eres parte del todo de todo. Esta idea de separar las cosas en dios y no-dios y anti-dios no está en armonía. No es como debería ser. No es así.
D: Eso es lo que piensan: el ser al que llaman "Dios" se supone que es uno, sobre todo.
B: Pero no es así. Todo está junto. Nada sobre nada más. Todo está junto.
D: Sí, tener a alguien por encima de los demás los estaría separando, ¿no? ¿Qué vas a hacer ahora?
B: Descansar y aprender. Y volver. Ahora veo que hay otras personas. Viviendo en el pueblo nunca vimos ninguno. Veo la inmensidad del espacio. Estoy mirando cosas que nunca pude ver cuando estaba vivo.
D: ¿Cómo te sientes al respecto?
B: Es hermoso. La armonía y el canto de la vida es mucho más intrincada y mucho más grande de lo que jamás había soñado.
D: ¿Qué estás mirando ahora?
B: Estoy mirando a todo el planeta.
D: Al mirar eso, ¿puedes decirme dónde estaba tu aldea? ¿En qué parte del planeta? No sabías cuando vivías allí.
B: Eso es cierto. ¿Usaré tus etiquetas o las mías?
D: Como sea. Me gustan tus etiquetas. Dime esos y luego podríamos comparar.
B: Bueno, no importa.
D: ¿Cuáles serían tus etiquetas?
B: Oh, descripciones de formas en su mayoría.
D: Dime esos primero.
B: De acuerdo. Hay una tierra que es como un cuerno y está enganchada a otra tierra por un estrecho cuello. Y esta otra tierra

es como un cuenco. Tiene montañas a ambos lados y es llano en el medio. Y se extiende desde un polo casi hasta el otro. Esa es una descripción. Otra descripción sería la de una tierra como un escudo con islas alrededor. Y hay una tierra que es como un cuerno con montañas extremadamente altas. Tus etiquetas serían: esta última sería India, con las montañas y la tierra como un cuerno. La tierra como un escudo con islas alrededor sería China y Rusia, Asia. La que tiene forma de cuerno es América del Sur conectada por un cuello estrecho a la tierra como un cuenco, que es América del Norte.

D: *¿En cuál de estos trozos de tierra estaba ubicada la aldea donde vivías como cazador?*
B: América del Norte. En las montañas del oeste de Canadá.

Finalmente habíamos encontrado la respuesta que había estado buscando.

D: *Seguí preguntándome dónde estaba. ¿Podrías mirar el planeta hoy y ser más específico?*
B: Noroeste de Canadá, en las montañas, cerca de Alaska.
D: *Ahí era donde estaba ubicada la aldea. Al mirarlo, ¿puedes ver lo que pasó con la gente que vivía en ese pueblo? ¿Alguna vez dejaron ese valle?*
B: No se fueron, pero algunas personas llegaron finalmente. Al principio hubo un enfrentamiento, pero luego la gente que vivía en la aldea perdió la visión de estar en armonía. Tenían que poder sobrevivir a las demás personas. Cuando se casaron con otras personas, fueron absorbidos gradualmente.
D: *¿Qué clase de gente eran los demás?*
B: Eran esquimales.
D: *¿La gente que usaba los puños y vivía en casas de nieve?*
B: Sí. O en cobertizos de madera y piel en verano.
D: *¿Cómo descubrieron a tu gente?*
B: Una expedición de caza. Se habían ido extendiendo gradualmente. Se estaban multiplicando y moviéndose y ocupando más espacio. Y finalmente llegaron a ese valle.
D: *Pero ellos no entendían a esta gente, ¿verdad?*

B: Bueno, aprendieron de la aldea. Ayudó a su desarrollo espiritual hasta donde se dieron cuenta de los espíritus y trataron de mantenerse en armonía con los espíritus. Eran como niños a los que nunca se les había enseñado. Y no sabían qué hacer para mantenerse en armonía. No hicieron tan buen trabajo, pero lo intentaron.

D: *¿Había más de estos esquimales que los aldeanos?*

B: Eventualmente, sí. La expedición de caza, no, pero luego vinieron más.

D: *Dijiste que hubo un enfrentamiento. ¿Quieres decir que hubo una pelea de algún tipo?*

B: Realmente no. Solo había sospechas en ambos lados. Y se produjeron algunas discusiones verbales.

D: *Me imagino que la gente de la aldea debe haberse quedado muy sorprendida cuando vieron a otras personas.*

B: Sí. Para entonces, lo que les había contado se había convertido en una leyenda sobre el cazador loco que decía que había otras personas. Y luego, cuando los esquimales bajaron por el valle, se sorprendieron al ver que era cierto.

D: *Pero no había nada que pudieran hacer, ¿verdad?*

B: No. No puedes esconderte para siempre.

D: *Y finalmente los esquimales se entrelazaron con los aldeanos. ¿Qué pasó con las leyendas de los aldeanos?*

B: Los esquimales las olvidaron o absorbieron gradualmente y las cambiaron y mezclaron con sus leyendas. Algunas de ellas fueron transmitidas. Algunos de los conceptos subyacentes fueron principalmente absorbidos por la gente nueva y se transmitieron, pero los detalles se perdieron.

D: *La gente nueva habría tenido sus propias leyendas, ¿no?*

B: Cierto. Pero el concepto aún podría absorberse en su estructura de leyenda.

D: *Combinaron los dos de esa manera. ¿Puedes ver lo que les pasó a las cosas en la casa del sabio?*

B: Finalmente terminaron siendo enterradas.

D: *¿La gente no entendía lo que eran? ¿Es por eso por lo que los enterraron?*

B: Algunos de ellos, sí, porque las leyendas asociadas a ellos se habían olvidado. Y algunos de ellos fueron enterrados deliberadamente, particularmente después del primer contacto con los esquimales. Pensaron: "No queremos que esta gente tenga esto. Esto es para los espíritus". Y así lo enterraron.

D: *¿Qué pasa con esa cosa grande que tenía todos los pequeños botones?*

B: Sí, eso fue enterrado con uno de sus sabios.

D: *¿Después de que entraron los esquimales, enterraron a ese especialmente?*

B: No, ya estaba enterrada con uno de los sabios.

D: *¿El viejo sabio?*

B: No, otro. No se cual. No sabían para qué servía. Y el sabio había sido bien amado, así que lo hicieron para honrarlo.

D: *¿Qué hay de cosas como el sombrero y las piezas de metal?*

B: El sombrero se rompió accidentalmente y no se pudo reparar. Como ya nadie sabía para qué servía, fue desechado. Muy descuidados, esos descendientes.

D: *No pensé que se rompería.*

B: Yo tampoco, pero ... no sé qué pasó.

D: *Y las otras cosas, las piezas de metal y cosas por el estilo fueron enterradas cada vez que el ...*

B: O enterradas o muy usadas.

D: *No querían que los esquimales tuvieran estas cosas.*

B: Bueno, las piezas de metal no fueron un gran problema porque apenas quedaba metal cuando llegaron los esquimales.

D: *¿Fueron estas muchas generaciones después de que Tuin viviera allí?*

B: Sí, varias generaciones.

D: *Entonces las leyendas se olvidaron o se cambiaron.*

B: Ambos. Algunas fueron olvidadas; eso pasa. Y cuando llegaron los esquimales, empezaron a intercambiar leyendas. Algunos eran diferentes, algunos eran similares, y los niños los mezclaron todos juntos y fueron cambiando gradualmente. Luego se olvidaron algunos. Es un ciclo natural.

D: *Entonces los esquimales adoptaron algunos de los hábitos de tu aldea. ¿Qué piensas de esas leyendas ahora que estás en el otro lado y puedes verlo así?*

B: Fueron increíbles.

D: *¿Crees que hay verdad detrás de eso?*

B: Sí, lo hubo. Eso es lo que los hace increíbles, que hayan podido mantener tantas cosas intactas durante tanto tiempo.

D: *Sí, la vida de Tuin era muy estrecha, muy limitada en lo que podía ver.*

B: Todo lo que tenía eran sus cinco sentidos. Pero su gente vio mucho con sus espíritus. Podrían haberse cerrado, pero no lo hicieron. Esto fue bueno para su karma.

D: *Ellos desarrollaron eso en un alto grado, ¿no es así?*

B: Sí, lo hicieron. Un aspecto que deliberadamente apagaron fue poder escuchar a los animales. Pero fue lo mejor. Tuvieron que cerrar esa parte para sobrevivir.

D: *Pensé que eso fue lo que pasó. La leyenda decía que no querían que los animales hablaran más, ¿porque en algún momento podían hablar? ¿Quisiste decir que era mental?*

B: Sí, podían escuchar al animal suplicando que querían vivir. Y les puso demasiado estrés mental.

D: *Eso es lo que pensé que querías decir; que habían cerrado esa habilidad.*

B: Pero eso era una cuestión de supervivencia, por lo que no contaba contra su karma.

D: *Todavía utilizó una gran habilidad psíquica para localizar a los animales.*

Capítulo 14

El origen de los viejos

CUANDO UN SUJETO REGRESIVO revive el momento de su muerte y cruza el portal al otro lado de nuestra realidad, ocurre un fenómeno interesante. He visto que esto sucede con tanta frecuencia que lo espero cuando se llega a este punto de una regresión. Cuando están nuevamente en el estado espiritual, se despojan del cuerpo físico como un traje de ropa vieja y gastada, y con él se van las inhibiciones y limitaciones que el físico les ha impuesto. Cuando una persona está viva en el mundo físico, solo es consciente de esos eventos y del conocimiento que se le presenta a través de sus sentidos físicos y su experiencia. El mundo de Tuin era extremadamente limitado y no conocía el conocimiento que podría estar detrás de las leyendas que había escuchado durante toda su vida. Con el desprendimiento del cuerpo físico también hubo el desprendimiento de estas limitaciones. Sabía que si Tuin seguía el patrón repetido que había observado, tendría acceso a un conocimiento expansivo en el estado espiritual. Y el origen de los antiguos finalmente podría surgir de su escondite si se pudiera aprovechar esa fuente de conocimiento.

Había hecho muchas deducciones por mi cuenta, pero aún quedaban muchas preguntas sin respuesta. Sentí una imperiosa necesidad de encontrar las respuestas, así que dirigí mi búsqueda en esa dirección.

D: *¿Dónde estás ahora, tienes mucho más conocimiento, no es así?*
B: Sí, entiendo mucho más. Uno siempre está adquiriendo más conocimientos. Eso es parte de la vida.

D: *Bueno, me preguntaba acerca de los viejos, y acerca de lo que realmente sucedió, pensé que tal vez podrías ver más ahora de lo que sabías por tus leyendas. Aunque creo que las leyendas eran muy precisas, ¿no es así?*

B: Sí, fueron sorprendentemente precisas. Fueron vagas en varios aspectos, pero eso es de esperarse, debido a la cantidad de tiempo que llevaban. Mi gente puso gran énfasis en tratar de mantener las cosas precisas. Y creo que hicieron un buen trabajo considerando que nada estaba escrito.

D: *Hubo una distancia de tiempo tan larga. Es sorprendente que hayan podido mantenerlo todo completo.*

B: Sí. El énfasis estaba allí, lo que dio un impulso adicional para mantener las cosas precisas. Veo que hay algunos pueblos a los que les gusta embellecer sus historias y cambiarlas y después de unos siglos se han simplificado tanto que ya no tienen sentido.

D: *Sí, mucha gente hace eso. Intentan hacerlos más interesantes. Tus leyendas contenían una gran cantidad de la verdad.*

B: Sí. Eran vagas. Algunos detalles se perdieron a lo largo del tiempo, pero es inevitable en el plano físico.

D: *¿Hay algo que puedas contarme sobre los viejos que no supieras entonces?*

B: Quizás. Podría decirte lo que veo.

D: *¿Vienen de este mundo?*

B: (enfático) ¡No! Venían de otro mundo, del otro lado del vacío. Venían de otra parte de la galaxia. Hubo una agitación política. Esa fue la razón por la que tuvieron que irse. Sabían que no regresarían, así que se fueron con la intención de encontrar otro lugar donde vivir. En el planeta de donde vinieron, hubo mucho malestar político. Tenían un gobierno que abarcaba todo el planeta y estaban a punto de entrar en una guerra civil. Tenían armas capaces de destruir el planeta y toda la vida. Pero decidieron: "No, no queremos hacer esto. Queremos vivir. ¿Qué haremos?" Y llegaron a un compromiso. Uno de los partidos en este malestar político, el partido que estaba algo en minoría, amaba tanto su planeta que no querían que fuera destruido. Así que acordaron irse y tenían la tecnología para hacerlo. El problema básico subyacente de la situación política era si establecer colonias en otros planetas o no. La mayoría gobernante no quería hacer esto y había una minoría que sí. Y la situación estaba llegando a un punto álgido. Entonces decidieron, para enfriar la situación y salvar su planeta, que la minoría se iría y establecería una colonia. Pero con el entendimiento de que no tendrían contacto con el planeta de origen, ya que el planeta de origen no quería colonias. Y acordaron hacer esto porque no querían que su planeta fuera destruido. Sintieron que tendrían lo mejor de ambos mundos de esta manera. Su planeta natal no sería destruido, además podrían establecer colonias.

D: *Si estaban teniendo todo este desconcierto con la capacidad de destruir el planeta, ¿por qué su partida lo detendría?*

B: Porque los principales que estaban haciendo campaña por las colonias no iba a estar ahí para agitar. La población en general, como la mayoría de la población en cualquier lugar, era neutral y realmente no le importaba de una forma u otra.

D: *¿Y los que iban a migrar, por así decirlo, al irse en las naves, eran los que estaban causando el problema?*

B: Sí, estaban molestando al gobierno de la manera incorrecta. El gobierno principal podría haber decidido: "Sí, haremos esto". Pero eran algo burocráticos y decían por alguna razón abstrusa: "No, eso es imposible. Necesitamos la gente aquí. Necesitamos mantener la tecnología aquí". No habría perjudicado al planeta porque el planeta era próspero y tenían un alto nivel de vida. Y, de hecho, eventualmente habría beneficiado al planeta establecer colonias. Pero las que estaban en el gobierno eran de mente estrecha al respecto. El grupo que estaba haciendo campaña por las colonias tenía algunos partidarios ricos. Y se reunieron y construyeron algunas naves, y decidió que se irían por su cuenta de todos modos. Y el gobierno dio su consentimiento tácito pensando que ...

D: *Pensando que así se librarían de los agitadores.*

B: Sí. Para ahorrarles muchos problemas, porque habían sido una espina clavada en su costado durante bastante tiempo. Entonces se fueron. Había cinco grandes naves coloniales. En total se trataba de ... um, ¿cuántas personas eran? (Hizo una pausa como si pensara). En total, fueron cerca de 5,000 personas las que se fueron.

D: *¿Este planeta había hecho viajes espaciales anteriormente?*

B: Oh, sí.

D: *Entonces era algo que era común. ¿Simplemente no tenían colonias?*

B: Correcto. Habían explorado extensamente su sistema y tenían operaciones mineras en algunas de las lunas que estaban compuestas principalmente de minerales. Una de las razones por las que el planeta era próspero era porque la tierra en la que no se vivía era mayoritariamente agraria. La mayoría de las industrias se habían trasladado al espacio. Las compañías mineras estaban en algunas de las pequeñas lunas rocosas de algunos de los otros planetas. Y funcionó muy bien. Simplemente no establecieron colonias porque el gobierno sintió que la gente no querría estar permanentemente abandonada de su planeta. Los mineros y las personas que trabajaban en el espacio tenían turnos rotativos. Un cierto número de días en un trabajo y luego un cierto número en el planeta de origen. Habría varios miles trabajando en el espacio, pero estaban girando hacia adelante y hacia atrás hasta donde solo habría, digamos, un par de miles al mismo tiempo. Y el resto estaría en el planeta de origen para su cambio de tierra. Pero estaba girando continuamente, por lo que tenían un tráfico constante de un lado a otro.

D: *Esta fue la primera vez que se fueron tan lejos.*

B: Sí. Iban a dejar su sistema solar. Fue una época de gran agitación en ese planeta, y probablemente todos los involucrados tenían razones mixtas para ir. Muchos probablemente no estaban seguros de por qué se iban. Hubo muchos científicos que fueron con el grupo y estaban entusiasmados con eso. Había otros científicos que querían ir, pero no podían. El principal obstáculo fue el gobierno, que estaba un poco ligado al planeta, sin tener la culpa. Simplemente no tenían tanta previsión como podrían haber tenido.

D: *Pero sonaba como si esperaran no volver nunca más.*

B: Sí, sabían que nunca volverían.

D: *Dijiste que había cinco naves que se fueron. ¿Qué le paso a los otros? ¿Solo uno vino a la Tierra?*

B: Sí, funcionó mal y no pudo seguir adelante. Las naves estaban diseñadas para ser naves de tipo multigeneracional. Cada generación entre la generación siguiente tuvo que transmitir todas sus habilidades, para que la nave pudiera seguir funcionando y el conocimiento se continuara. Y así los descendientes sabrían lo que estaba involucrado y lo que se intentaba hacer, sin perder el propósito del viaje.

D: *¿Quieres decir que las personas que terminaron el viaje no fueron las mismas que lo empezaron?*

B: No. Su distancia era de varios años luz y todavía no tenían viajes más rápidos que la luz. Estaban tratando de desarrollarlo, pero aún no lo habían logrado. La velocidad a la que podían viajar estaba cerca de la velocidad de la luz, pero aún tomarían muchos, muchos años para pasar de una estrella a otra. La estrella a la que se dirigían era similar a su propia estrella. Estaba hacia el extremo rojo del espectro, por lo que se dirigían hacia ella. Tenían una fuerte evidencia de que habría un planeta habitable para ellos. Y mientras viajaban a través de los años en el espacio, establecieron cada nave como una ciudad en sí misma. Había familias. La gente estaba casada y tenía hijos. Tenían facilidades para aprender y, a medida que los niños crecían, eran educados como lo habían sido en el planeta, incluso una formación de tipo universitario. Cada niño podía decidir en qué campo quería entrar, y sería entrenado para eso. Todos los niños recibieron una amplia formación cultural para que no olvidaran el tipo de cultura de la que procedían.

D: *Si el barco estuvo en vuelo durante tantos años, ¿qué tipo de fuente de energía lo operó?*

B: Fusión nuclear. No la fisión como la que tú tienes, sino la fusión.

D: *¿Cuál es la diferencia?*

B: Tus científicos están intentando desarrollar la fusión. La fisión nuclear es cuando los átomos se dividen para liberar energía y, por lo tanto, mucha radioactividad y demás. Algo desordenado. Por otro lado, una vez que se desarrolla la tecnología para la fusión, es más fácil controlar dónde se unen los átomos en lugar de dividir los átomos individuales en fragmentos.

D: *Oh, es todo lo contrario.*

B: Correcto. Y cuando los une, también libera energía, pero no tiene que lidiar con una radiación tan alta. Y mientras tenga material para alimentarlo, puede seguir combinando átomos. No importa cuál sea la fuente de combustible. Cualquier cosa física: aire, agua, madera, metal, tela; cualquier cosa que tenga materia se puede utilizar como combustible. Debido a la forma en que habían configurado su sistema, tenían un campo de energía que dividiría las cosas en átomos individuales, en una especie de cosa de tipo plasma de energía. No conozco demasiado bien las palabras técnicas. Y alimentaría los átomos juntos a una velocidad predeterminada, de modo que se combinarían y liberarían una cierta cantidad de energía a la velocidad requerida. Hicieron instalar estos barcos para que fueran autosuficientes. En un entorno cerrado como ese, el problema principal suele ser el exceso de agua, por condensación y cosas por el estilo. Por lo tanto, a menudo alimentaban el proceso con agua para eliminar el exceso de agua.

D: *¿Este fue uno de los materiales que usaron?*

B: Sí, les venía bien cualquier cosa. Y así no tuvieron ningún problema con la fuente de energía. Habían traído material a la mano para esto.

D: *Pensé que tendrían que llevar una gran cantidad de material si viajaban por todas esas generaciones.*

B: No necesitaban tanto. La energía nuclear es eficiente y compacta, y la combinación de átomos crea una enorme cantidad de energía. Es muy parecido a sus bombas atómicas, pero está controlado y no es explosivo. Es la misma cantidad de energía, pero esta se utiliza para impulsar y no para explotar y nada es violento, pero se tiene una idea de la cantidad de energía involucrada. En lugar de estar descontrolado como en una bomba, se controla como una corriente eléctrica.

D: *Me imaginé que todas estas personas debían tener suministros de alimentos, y no tendrían mucho espacio para suministros de energía para alimentar los motores o lo que fuera.*

B: Eso es correcto. Había algún material que era más eficiente que otros y, naturalmente, lo llevaban. Pero sabían que, si bajaba, podrían alimentar el motor de cualquier cosa y aun así poder viajar.

D: *Escuché que a veces se usaban cristales para propulsión y como fuente de energía en naves espaciales. ¿Usaron algo así?*

B: Sí. Sus dispositivos de fusión nuclear no eran exactamente lo que tus científicos llamarían dispositivos de fusión nuclear, pero estas son las palabras más cercanas en tu idioma. La energía involucrada no era puramente atómica. Había otros planos de energía, de niveles más finos que el atómico. Energías de tipo subatómico que debían enfocarse a través de cristales. Y se usaron varios cristales con diferentes matrices para enfocar la energía de diferentes maneras para varios propósitos específicos.

D: *¿Qué hay de sus suministros de alimentos? ¿Los podían reponer?*

B: Sí. Tenían jardines hidropónicos y tenían lugares en la nave preparados para cultivar granos y cosas por el estilo. Su comida se reponía continuamente porque la estaban cultivando. Tenían una sección de la nave diseñada para esto.

D: *Debe haber sido una nave grande.*

B: Sí, eran enormes.

D: *La imagen que Tuin hizo del diseño de las mantas, ¿era la forma exacta de la nave?*

B: Eso fue algo crudo. En realidad, representaba uno de sus transbordadores que usaban para ir de una nave a la otra. En lugar de aterrizar la nave más grande cada vez, simplemente usarían una cápsula para ir y venir de las naves que giraban.

D: *¿Entonces la nave principal que se estrelló no se veía así?*

B: No. Las naves se habían construido en el espacio porque eran muy grandes. Podrían aterrizar, pero lo ideal sería que solo tuvieran que aterrizar una o dos veces. Básicamente, estaban diseñados para permanecer en el espacio, por lo que tenían una forma diferente.

D: *¿Qué forma tenía la nave principal?*

B: Tenía la forma de una lágrima, una gota de agua. El frente era la parte redondeada en lugar de la punta afilada. Y rodeando la parte delgada había puntales y tren de aterrizaje. A lo largo de los lados inclinados de la forma de lágrima estaban los puertos de salida para el empuje de los motores.

D: *El lado en punta estaba hacia atrás. ¿Y no había alas ni nada?*

B: No. Su puerto de entrada y salida estaba en la parte de atrás. De alguna manera tenían un campo de energía para protegerlo de la radiación para que pudieran entrar y salir por la parte trasera, porque tenían rampas de carga.

D: *¿La nave tenía muchos pisos?*

B: Oh, sí. Muchos. Algunos pisos, como el que se usaba para jardinería y demás, eran muy altos para acomodar la maquinaria que necesitaban para sostener las plantas. Las viviendas eran de tamaño normal, pero algo más altas que el piso promedio porque tendían a ser una raza de personas más alta. Eran más altos y delgados, por lo que sus techos eran algo más altos para adaptarse a esto.

D: *Entonces tenían todo lo que podían encontrar en una ciudad. ¿Es correcto?*

B: Eso es correcto. Y mantuvieron todo cuidadosamente equilibrado porque era un entorno cerrado.

D: *¿Usaron luz en las naves?*

B: Sí, para ver y funcionar usaban luz similar a la luz del sol. Te parecerá más tenue y rojizo, como una lámpara a la mitad de potencia con una bombilla naranja clara en lugar de blanca.

D: *Estaba pensando que usamos tipos incandescentes o fluorescentes.*

B: Observo que tienes esferas de reloj que brillan en la oscuridad debido a una fuente de radiación interna. Que no debe tener ninguna fuente de energía y que brilla por una reacción química. Este era el tipo de iluminación que tenían. Era una iluminación que duraría siglos simplemente por la naturaleza de los materiales involucrados, debido a reacciones atómicas o químicas. Eran paneles luminosos ubicados a veces en los techos, a veces en las paredes, dependiendo de cómo y dónde se necesitaban. Y para trabajos específicos en los distintos lugares, como en los laboratorios y demás, habría otro tipo de fuentes de luz para las distintas funciones. Tiene una fuente de luz similar que puede funcionar durante años, pero no la han utilizado mucho. Solo lo usan para cosas pequeñas, como para paneles indicadores y marcadores y cosas por el estilo.

D: *Entonces, ¿qué tuvo que pasar para que trajeran su nave a nuestro planeta?*

B: Este viaje continuó a través de diferentes generaciones. Fue entre la segunda y la tercera generación cuando las naves pasaban por este sistema solar. Una de las naves había desarrollado un mal funcionamiento y había ido empeorando gradualmente. No sé si fue por accidente o por sabotaje.

D: *¿Crees que alguien en la nave lo saboteó?*

B: O posiblemente por alguien antes de irse. Daño por acción retardada.
D: *Me pregunto si habrían hecho algo así con todas las naves.*
B: No lo sé. Es posible.
D: *Es posible que quisieran evitar que estas personas tuvieran éxito.*
B: No se puede decir cuando se trata de una agitación política o una agitación religiosa. La gente hará cosas en nombre de ... lo que sea. Habían estado tratando de repararlo, pero seguía fallando de nuevo y empeoraba un poco cada vez. Para cuando llegaron a este sistema solar, esta nave apenas funcionaba. Intentaban desesperadamente encontrar un lugar donde aterrizar para poder reparar su barco. De acuerdo con sus estándares, consideraban que la Tierra era marginalmente habitable porque consideraban que el sol era demasiado brillante y caliente. Pero pensaron que tal vez esta nave podría hacer un aterrizaje de emergencia y, en las condiciones del planeta, poder reparar la nave y luego continuar. Pensaron que podrían vivir allí solo en condiciones muy cuidadosas, porque el sol era demasiado fuerte para ellos y tenía demasiada radiación. Pero pensaron que, si usaban ropa protectora durante el día y realizaban la mayoría de sus actividades durante la noche, podrían aterrizar allí el tiempo suficiente para reparar su nave. Mientras reparaban, las otras naves orbitarían la Tierra y enviarían ayuda cuando fuera necesaria, porque querían permanecer todos juntos. Pensaron que había fuerza en los números. Esta nave, cuando comenzó a aterrizar, volvió a fallar y se salió de control. Para cuando recuperaron el control, ya era demasiado tarde. Pudieron suavizar el golpe del choque, pero la nave estaba más allá de la reparación. Entonces las otras naves tuvieron que dejarlos, porque sintieron que no podrían vivir allí. La radiación los mataría o haría que sus cultivos no crecieran. De modo que las otras naves se dirigieron hacia su destino. Realmente no puedo ver dónde era. Y los supervivientes de esta nave (hubo varios que murieron, pero muchos de ellos sobrevivieron) siguieron adelante y lo aprovecharon al máximo. Pensando, "Bueno, estábamos planeando ser una colonia de todos modos. Seguiremos adelante y haremos de esta nuestra colonia".
D: *¿A pesar de que no eran las condiciones que querían?*

B: Correcto. Y así siguieron adelante y se dispusieron a construir una colonia. Era más pequeño de lo planeado originalmente, ya que solo era una nave en lugar de cinco. Pero tenían todo lo que necesitaban para ser autosuficientes y comenzar una nueva vida. Y así lo hicieron y se enfrentaron lo mejor que pudieron a lo que consideraban duras condiciones.

D: Esto debe haber sido muy difícil para ellos.

B: Sí, pero vivieron.

Capítulo 15

Supervivencia

D: *Las leyendas decían que los viejos tenían dificultades para tener hijos cuando vinieron por primera vez aquí. ¿Eso tuvo algo que ver con el accidente?*
B: Se curaron de los efectos del choque, porque eran lesiones de corta duración. Pero el principal problema era el sol. Hacía más calor y la banda de radiación cubría una parte diferente del espectro. Era muy diferente al sol de su antiguo planeta. El suyo era un sol más tenue y frío. Su planeta no estaba tan lejos del sol como la Tierra lo está de su sol, pero en lugar de ser una estrella amarillo-blanca de tamaño mediano como nuestro sol, era una estrella más pequeña y fría, más hacia el extremo rojo del espectro. Y entonces la radiación de su luz solar era diferente. Las líneas de espectro eran totalmente diferentes de las líneas de emisión de este sol.

Increíblemente, esta afirmación sobre la temperatura de las diversas estrellas de nuestra galaxia es correcta. Parece ser lo contrario de lo que nos enseñan, pero las estrellas más frías son rojas y las más calientes son azules. Por lo tanto, su sol era uno de los tipos más fríos (rojo), y el sol de la Tierra está en el rango medio como un tipo amarillo. Las temperaturas cambian a medida que se pasa de una clase espectral a otra, y el color de la estrella parece depender de su temperatura.

D: *Dijiste que ellos también estaban fascinados con nuestra luna.*
B: Sí. Aunque otros planetas en su sistema tenían lunas, en su mayoría eran pequeñas y rocosas que las compañías mineras estaban

extrayendo. Su planeta natal no tenía luna. Los científicos estaban fascinados de que la Tierra tuviera una luna tan grande en relación con el tamaño del planeta. Porque habían formulado teorías, debido a las observaciones en su sistema de origen, que esto no era posible. Tenían teorías basadas en las proporciones de los caminos de las lunas, el tamaño de las lunas y la masa de las lunas en relación con el tamaño y la masa del planeta. Y la luna de esta Tierra rompió todas esas reglas. Les fascinó ver que un planeta tan pequeño podía tener una luna tan grande y que el estrés no los afectaba negativamente. Formaron una teoría de que el tamaño de la luna era una de las razones por las que la Tierra tiene tanto desplazamiento de placas tectónicas y terremotos y cosas así. Era por el estrés de la luna, pero vieron que no era nada drástico. Podría acortar la vida del planeta en unos pocos millones de años a largo plazo, pero no lo suficiente como para afectar la vida en el planeta durante varios miles de millones de años.

D: *¿La gravedad de la Tierra era diferente a la de ellos?*

B: La gravedad de la Tierra era un poco más fuerte, pero no fue suficiente para afectarlos realmente. Se sentían cansados porque sus músculos no estaban acostumbrados. Descubrieron que estaban desarrollando más problemas óseos como artritis y cosas así, porque la gravedad era una fracción más fuerte. Pero en unas pocas generaciones se habían adaptado a esto.

D: *Estar en un entorno cerrado en el barco durante tanto tiempo también podría haberlo hecho más duro, cada vez que aterrizaban en la Tierra y estaban expuestos al aire y al sol.*

B: Eso es cierto ya que fue durante la tercera generación que aterrizaron. Algunos de la primera generación aún estaban vivos. Eran muy viejos y recordaban cómo era un planeta. Pudieron ayudar a algunos. Pero, aun así, dado que era totalmente nuevo para su experiencia, los más jóvenes tuvieron que pasar por sus ajustes individuales. Nunca habían visto el cielo abierto en sus vidas. Ese fue el mayor impacto de todos, los grandes horizontes. Prácticamente tenían agorafobia (miedo a los espacios abiertos) porque estaban acostumbrados a los espacios cerrados.

D: *También dijiste que hacían la mayor parte de su trabajo de noche y se quedaban dentro.*

B: Sí, particularmente los primeros años que estuvieron aquí. Intentaban aclimatarse a las cosas. Al principio, solo estaban tratando de adaptarse a la gravedad más pesada y al sol. Así que hacían la mayor parte de su trabajo por la noche cuando era más fresco. Facilitaba el trabajo con el peso extra. Mientras tanto, salían algunos durante el día, pero estaban tratando de encontrar formas de adaptarse al sol. Los científicos estaban investigando esto y desarrollaron protectores solares especiales y similares para ayudar a protegerlos de la radiación. También llevaban ropa protectora durante el día. Esta era la ropa blanca que Tuin mencionó, en la que comenzaron a enterrarlos.

D: *El tipo de material brillante. ¿Qué vestían normalmente?*

B: Es difícil de decir. Siempre tenían puesta la ropa protectora. Tenían otros materiales debajo, no como los que tenemos nosotros, pero era un tipo de ropa fluida que usaban durante la noche.

D: *Dijiste que cuando empezaron a tener hijos, los genes estaban afectados.*

B: Sí, en la forma en que la radiación normalmente afecta a los genes. Fue difícil y mutaron. Pasó bastante tiempo antes de que pudieran tomar las precauciones adecuadas. Y tenían que continuar tomando estas precauciones durante varias generaciones.

D: *¿A qué tipo de precauciones te refieres?*

B: No dejar afuera a una mujer en edad fértil durante las horas del día. Cuando quedaba embarazada, para protegerla con ropa protectora en todo momento, de día o de noche. Tener mucho cuidado con la comida que comía, etc.

D: *Creo que Tuin dijo que algunos de los primeros bebés nacieron muertos o estaban deformados de alguna manera.*

B: Sí. Y muchas de las deformidades eran tan graves que murieron porque no podían vivir en esa condición.

D: *Eso debe haber sido muy angustioso para estas personas. Dijiste que ellos tenían formas de reabastecer sus alimentos mientras viajaban en la nave. ¿Llevaban animales?*

B: Algunos. Planearon hacer uso de los animales nativos del planeta. Pero sabían que para empezar necesitarían algunos animales. Y por eso trajeron principalmente tres animales. Un animal era básicamente una fuente de alimento. Otro animal era una fuente de alimento y una fuente para hacer telas con su piel, y un tercer animal era básicamente un animal de tiro. No llevaban muchos, solo reproductores, porque era difícil mantener vidas extra en la nave.

D: *Supongo que durante ese largo período de tiempo se habrían reproducido hasta que hubiera demasiados en la nave.*

B: Tenían formas de restringirlo mediante la cría controlada. Básicamente, solo se reproducirían lo suficiente para reemplazar el stock viejo que moría, para mantener el número constante hasta que pudieran llegar a un planeta. Planearon dejarlos reproducirse de manera más numerosa cuando supieran que se acercaban a un planeta y se comprobara que era habitable, por lo que tendrían más animales cuando aterrizaran. Y luego cuidarían cuidadosamente a los animales hasta que se reprodujeran en el rango de números seguros.

D: *Había un animal al que Tuin llamaba "buey". ¿Era uno de estos?*

B: Sí. Ese era el animal de tiro. No eran verdaderos bueyes como los conoces, pero esa fue la palabra más cercana que pudo encontrar en su idioma para relacionarse con los animales. Se usaban como bueyes y se parecían vagamente a ellos, en el sentido de que no parecían caballos y no parecían elefantes. Y no parecían búfalos de agua, que son otros animales de tiro en tu planeta. Pero se parecían vagamente a los bueyes, por eso así los llamaba. Fueron construidos de manera diferente. (Hizo una pausa como tratando de pensar cómo describirlos.) Su marco general, sus esqueletos, eran diferentes. Sus articulaciones estaban articuladas de manera algo diferente, por lo que tenían una forma de andar diferente. Y su cráneo tenía una forma diferente. Algunos de ellos tenían cuernos y otros no; dependía de la genética. Sus orejas estaban bien hacia atrás en la cabeza y hacia atrás. Los ojos tendían a ser de color gris y se colocaban más altos en la cabeza que los ojos de los bueyes. Y la dentición (dientes) era diferente.

D: *Creo que dijiste que los cuernos salían directamente a los lados. ¿Es eso correcto?*

B: Sí. Y no tenían pezuñas hendidas. Parecían dedos huesudos: tres atrás y cuatro delante. Eran cuatro apéndices en forma de dedos que eran muy huesudos y terminaban en cascos en miniatura en cada dedo. (Toda esta descripción se enfatizó con movimientos de mano apropiados).

D: Eso sería diferente. Pero él dijo que nunca habían tenido muchos de estos animales.
B: Eso es cierto. La radiación del sol dificultaba su propagación y muchas veces los machos tendían a ser estériles. Entonces, siempre que había un macho fértil, no tenía que hacer ningún trabajo. Era muy mimado y se utilizaba estrictamente para la cría. Se planteó la hipótesis de que debido a que los testículos estaban más expuestos que los ovarios, recibían una mayor dosis de radiación y, por lo tanto, tendían a ser estériles.
D: ¿Y no había nada con lo que pudieran cruzarse?
B: No, sus genes eran demasiado diferentes a los de otros animales de la Tierra. Si hubieran podido encontrar algunos verdaderos bueyes, podrían haber desarrollado las llamadas "mulas", híbridos que habrían sido estériles pero que habrían podido funcionar. Consideraron usar caribú, pero la química y las estructuras corporales eran demasiado diferentes para desarrollar cruzas viables.
D: Dijiste que había otros dos tipos de animales que llevaban. ¿Sobrevivieron después del accidente?
B: Uno sobrevivió; el otro no. El que sobrevivió fue un animal notablemente similar a la cabra domesticada.
D: ¿Era este el animal que Tuin dijo que alguien de la aldea cuidaba?
B: Sí. Habían perdido los detalles de su procedencia, por lo que asumió que había sido criado a partir de las cabras montesas salvajes, porque había una gran similitud. Pero también había muchas diferencias. Eran considerablemente más pequeños que la cabra montañesa. Tenían un tipo similar de piel y estructura ósea, pero los cuernos eran diferentes. No eran tan grandes. Los cuernos eran más delgados y simplemente retrocedían un poco, al igual que sus cabras lecheras. Al principio, los científicos pudieron cruzar los animales que trajeron con algunas cabras montesas, porque sorprendentemente había un cruce viable. Lo hicieron para ayudar a aclimatar a los animales al planeta y aun así mantener las características para las que habían sido traídos. Y entonces entraron en un programa especializado de cría selectiva. El otro animal que fue traído principalmente como fuente de alimento no sobrevivió. El animal tenía dificultades para reproducirse y su descendencia generalmente estaba deformada. Y así se decidió

que, dado que habían descubierto que los animales nativos del planeta eran comestibles sin ningún daño, seguirían adelante y matarían a los animales que habían traído y los usarían para ese primer invierno.

D: *Realmente no necesitaban los que habían traído de todos modos.*

B: Correcto. Porque descubrieron que, aunque el sol era diferente, la química corporal de los animales del planeta no era venenosa para ellos y podían recibir nutrición de ellos.

D: *¿Experimentaron para conocer esto? ¿O hicieron pruebas de algún tipo?*

B: Hicieron pruebas.

D: *Dijiste que los bueyes murieron. ¿Qué pasó con el animal cabra? ¿Ese sobrevivió a nuestros tiempos?*

B: Sí. La cabra terminó cruzándose con las cabras montesas y sobrevivió. Pero después de tantas generaciones de cría, ahora no se puede diferenciar de las cabras montesas. Quizás los científicos puedan considerarlo una raza diferente de cabra montés. Y cualquier irregularidad que pueda observarse podría explicarse como diferencias entre razas y no entre especies. Básicamente eso es lo que es hoy.

D: *Hablaste de que traían semillas y cosas así también. ¿Sobrevivió alguna de esas plantas?*

B: Se han cruzado tanto con plantas que ya estaban aquí que realmente no puedes encontrarlas. Una planta que es una posibilidad es lo que llamas "maíz".

D: *¿Maíz? Los nativos americanos lo llamaron maíz. ¿Crees que esto desciende directamente de las semillas que trajeron?*

B: El maíz también se ha mezclado con plantas nativas, pero tiene más genes predominantes del planeta de origen que otras plantas terrestres.

D: *Me preguntaba si podría haber una planta que pudiéramos rastrear al origen de sus semillas.*

B: No, fue hace tanto tiempo. Muchas épocas.

D: *¿Qué hay de los árboles de los que hablaste? Había algunos que tenían fruto.*

B: Sí, uno de ellos sobrevivió. Se le conoce como caqui.

D: *(Sorprendida) ¿Caqui?*

B: Uno de ellos. El caqui que se encuentra en este continente es diferente al que se encuentra en el continente asiático. El otro árbol no sobrevivió, pero era muy similar al albaricoque. No sobrevivió allá en esa tierra porque había que mimarlo; pero el caqui sobrevivió.

D: *Entonces el caqui sería algo que podría rastrearse directamente a ellos. Y habló de la planta con la que hacían su tela. ¿Sabes cuál es?*

B: Esa planta prosperó aquí en la Tierra y se ramificó en muchos tipos diferentes de plantas. Es difícil decir cuál era, ya que hay tantas plantas que se remontan a ella.

D: *Estaba pensando en lino, porque sé que el lino se ha utilizado durante miles de años para la confección de telas.*

B: El lino es uno. Otra adaptación de la planta es la yuca o hierba de oso. Hay muchas adaptaciones de una misma planta.

D: *Entonces simplemente se han dividido en diferentes tipos. Me gustaría saber un poco más sobre las primeras personas que estuvieron allí. Tuin dijo que había un pequeño grupo de personas allí cuando la nave se estrelló.*

B: Sí, los nativos. Eran personas de tipo aborigen, antepasados lejanos de los indios americanos. En la cadena de la evolución, parecían ser personas de la Edad de Piedra, en desarrollo entre los humanos Neandertales y Cro Magnones. Aunque sé que Neanderthal y Cro Magnon no estaban relacionados directamente en la línea de evolución, en cuanto al conocimiento y el desarrollo cultural. Vestían pieles y por lo general vivían en cuevas o construían refugios, generalmente con palos y barro.

D: *¿No tenían ninguna forma de agricultura?*

B: No, eran cazadores y recolectores. Cazaban por juego, y cuando llegaba la época apropiada del año, recolectaban cualquier fruta y nueces que crecieran silvestres.

Finalmente nos estábamos acercando a la fecha de la llegada de los viejos. Los geólogos afirman que hubo cuatro grandes avances en el hielo, durante la Edad de Hielo, que incluyó períodos en los que el hielo se derritió. La última capa de hielo desapareció de América del Norte hace entre diez y quince mil años. Con la retirada del hielo, muchas formas de animales se extinguieron, para ser reemplazadas por animales modernos. Los científicos dicen que fue durante el último período glacial cuando los humanos aparecieron por primera vez en la Tierra. Se supone que las primeras especies de humanoides, como el hombre Neandertal, existieron en el último período interglaciar. Las especies modernas de seres humanos se desarrollaron durante el último avance del hielo (o hace aproximadamente 15.000 años) y con su retirada (hace 10.000 años) han poblado la Tierra.

Según esta información histórica, los viejos se estrellaron durante el último período interglaciar cuando el predecesor del hombre moderno vivía en esa región. Allí vivían los extraterrestres (o sus descendientes) cuando ocurrió algún tipo de cataclismo, pues así está registrado en sus leyendas. ¿El drástico evento provocó el último avance del hielo?

D: ¿Eran gente amable o gente guerrera?
B: Es cierto que tenían armas para cazar, pero eran amables. Realmente no tenían contacto con otras personas debido a su ubicación. Estaban algo aislados. Eran extremadamente psíquicos, por lo que casi no tenían necesidad de hablar. Tenían un vocabulario muy pequeño, porque simplemente no había necesidad de desarrollarlo.

D: ¿Cómo era la gente en la nave? ¿Eran psíquicos?
B: Sí, ellos también eran muy psíquicos, pero como eran extraterrestres era ... bueno, una longitud de onda diferente, por así decirlo.

D: Esto es lo que Tuin quiso decir acerca de estar fuera de armonía.
B: Sí. Sin embargo, a medida que se adaptaron a vivir en la Tierra, sus poderes psíquicos también se ajustaron para estar en armonía con las energías de la Tierra, lo que les facilitó el contacto con los nativos. Al principio fue muy doloroso para ambos grupos ya que eran sensibles y psíquicos. Ambos se dieron cuenta de cuál era el problema, pero sabían que no se podía hacer nada para acelerar el proceso. Así, los nativos básicamente los dejaron solos. Y la colonia trabajó para adaptarse al planeta y venir en armonía. Dado que ambos eran básicamente grupos de personas amables, los nativos realmente no tuvieron tantos problemas con los enfrentamientos. Hubo algunos malentendidos, pero se

corrigieron. El principal problema fue el choque cultural, que era de esperarse.

D: *Me pregunto qué pensó la gente de la colonia cuando aterrizó y vio este tipo de... humano.*

B: Se regocijaron al ver esto, porque sabían que, si una especie humana se había desarrollado en apoyo del planeta, tenían una mayor oportunidad de vivir. Si una especie de tipo humano pudiera sobrevivir en un planeta, eso aumentaría sus posibilidades de supervivencia. Porque significaba que ese nicho ecológico ya existía y solo necesitarían encajar en él.

D: *Pero los nativos estaban muy atrasados intelectualmente, según sus estándares.*

B: Bueno, estaban atrasados tecnológicamente, pero no intelectual o psíquicamente. Estaban en esa etapa de desarrollo tecnológico donde solo tenían herramientas de piedra y demás. Pero debido a su capacidad psíquica y estar en armonía con la Tierra, su religión y filosofía eran tan avanzadas como la filosofía de la colonia. De esa forma facilitó el contacto. Al principio, los miembros más jóvenes de los nativos querían adorar a la colonia como dioses. Pero luego llegaron a ver el error de sus caminos y comprendieron que no eran dioses, sino criaturas humanas como ellos. Solo era cuestión de adaptarse a ellos. Y los nativos ayudaron a los miembros de la colonia a encontrar qué plantas y animales eran comestibles y cuáles no.

D: *Supongo que eventualmente se mezclaron, y así fue como pudieron sobrevivir.*

B: Sí. Aunque habían comenzado a adaptarse al planeta, los científicos sabían que nunca podrían adaptarse por completo a la radiación del sol. Y querían sobrevivir. Decidieron que la mejor manera sería cruzarse con los nativos y, por lo tanto, adquirir algunos de sus rasgos más fuertes en lo que respecta a la tolerancia al sol. Los nativos eran más bajos y robustos que la gente de la colonia. Eran lo que usted consideraría de estatura y complexión normales, pero eran personas atractivas. Y así, si los jóvenes de la colonia querían interesarse sexualmente por los nativos, se les permitía e incluso se les animaba a hacerlo.

D: *Entonces los nativos no les eran realmente repulsivos.*

B: No, en absoluto. Diferente pero no repulsivo. Era solo una cuestión de introducirlos a estándares de higiene más modernos.

D: *Me preguntaba si el mestizaje les habría resultado difícil, porque era algo que tenían que hacer para poder sobrevivir.*

B: No fue tan difícil. Tenían que hacerlo para sobrevivir en general, pero se dejaba a cada individuo tomar su propia decisión sobre el asunto. Algunos lo hicieron y otros no. Algunos de los miembros de la colonia se criaron entre ellos y algunos se cruzaron con los nativos. Pero finalmente, después de dos o tres generaciones, todos tenían algo de sangre nativa. Naturalmente, esto cambió su apariencia y también ayudó a que sus habilidades psíquicas se adaptaran a los campos de energía de la Tierra.

D: *Supongo que nunca fueron tan claros después de eso.*

B: No. Porque los nativos tenían la coloración típica de los nativos americanos: piel morena, cabello negro azulado, ojos con párpados espesos. Y la gente de la colonia era alta y delgada. Su cabello era rubio; su cabello más oscuro era rubio ceniza. El azul claro también era un color de cabello común (eso fue una sorpresa). Era una especie de azul pálido y pastel. Y su color de piel era de un color plateado. Cuando murieron, parecía un gris claro. Cuando estaban vivos, con las secreciones de su piel y la energía de la vida, parecía plateado. No es que brille particularmente, pero se veía plateado en general. A la luz directa, el aceite en la piel la haría brillar un poco, pero nada llamativo. Debido a que los nativos eran de color bronce, cuando se aparearon con los extraterrestres, sus hijos serían básicamente de un color bronce más claro. Todavía tendría el tipo de tinte metálico del color debido a que uno de los padres es de color plateado y el otro es de bronce. No habría un marrón más pálido como el que sucedió cuando los nativos americanos se cruzaron con blancos. Con esto, el bronce siguió siendo bronce, era solo un bronce más claro.

D: *Entonces el color plateado se ahogó de inmediato.*

B: Sí, se volvió recesivo. No se ahogó de inmediato, porque durante varias generaciones se podía saber quién había descendido de los extraterrestres. Aquellos que tenían alguna ascendencia de colonia tendrían un tono de piel más claro que las personas que eran estrictamente de ascendencia nativa.

D: Pero la mayoría de los alienígenas eran rubios. ¿Tenían pelo blanco?

B: Algunos. Los colores iban desde el rubio cenizo hasta el rubio claro, el rubio platino y el azul pálido. Y varias variaciones de ese rango; a veces alguien puede ser rubio platino, pero con reflejos azul pálido. Cuando estuvieran a la luz directa, verías destellos azul pálido en este cabello rubio platino. Y otras personas serían directamente azul pálido de modo que, independientemente de la luz en la que estuvieran, era obvio que era azul pálido.

D: Supongo que esos colores se habrían ahogado genéticamente de inmediato.

B: Sí, de hecho. El aspecto azul tardó más en eliminarse porque los nativos tenían azul en el cabello por ser tan negro. Has visto el color. Es negro cuando lo miras, pero cuando el sol brilla justo en él, ves reflejos azules porque es muy oscuro. Algunas de las primeras y segundas generaciones tenían colores de cabello interesantes. Por lo general, cuando un rubio cenizo se aparecía con un nativo, el cabello era rojo; no el rojo de su espectro, sino el color rojo anaranjado normal o más de un castaño rojizo, un color muy agradable. Y a veces, cuando alguien con cabello azul claro se apareaba con un nativo, los niños solían tener el cabello azul brillante. Encontraron esto muy divertido.

D: (Risa) ¡Azul brillante!

B: Porque la oscuridad del cabello del nativo se habría oscurecido a medias entre los dos. Pero como ambos tenían reflejos azules, sería de un azul intenso en lugar de marrón o algo así.

D: (Risas) Entonces ese fue el color que más tardó en desaparecer.

B: Correcto. Por lo general, si alguien con cabello azul brillante se apareaba con un nativo, aparecería con un color oscuro y realmente no podrías decidir si era negro o azul. Pero había muchas variaciones de azul para dos o tres generaciones. Las características rubias brotaron de inmediato. De vez en cuando, sobre todo de los que tenían el pelo rojo, aproximadamente uno de cada cuatro niños nacía con una variación de pelo rubio. Pero esa rama particular de la genética con el grupo de cabello rojo tendía a ir hacia el marrón y el negro, ya que el gen negro era tan dominante.

D: *Supongo que los ojos también deben haber sido diferentes por un tiempo.*

B: Oh, sí. Los nativos tenían ojos oscuros o castaños dorados. Y la colonia tenía ojos violetas. Por lo tanto, los ojos de los niños suelen ser de color violeta o marrón oscuro. De vez en cuando había un par de recesivos que se juntaban y producían a alguien con ojos gris plateado, pero eso era extremadamente raro. Con todos estos diferentes colores de cabello, durante un tiempo se convirtió en una moda pasajera entre los niños, cada vez que alguien se cortaba el cabello recogía el cabello y hacía diferentes tipos de telas con diseños, usando los diferentes colores de cabello.

D: *(Risas) Eso sería interesante. Supongo que podrían divertirse haciendo eso.*

Capítulo 16

Los artefactos

D: *Aparentemente hay personas en este continente hoy que son descendientes de la colonia.*
B: En este momento de su tiempo, cualquiera que tenga algún indio americano en ellos tendría un poco de la sangre de los viejos porque eventualmente se extendió por todos los pueblos indígenas americanos. Hubo miles de años de mestizaje involucrados aquí. Eso fue lo suficientemente largo para que sus genes se diseminaran entre todos los indios americanos, por lo que descienden de los viejos.
D: *¿Eso significaría que los nativos americanos vinieron de los esquimales?*
B: Oh, parcialmente. Los esquimales también se cruzaron con los otros nativos americanos, por lo que finalmente se extendió. Uno de los rasgos de los viejos que han sobrevivido prácticamente intactos tienen una baja tolerancia al alcohol, porque las cepas normales, de pura tierra, pueden tener una alta tolerancia al alcohol. Pero en su planeta, los antiguos tenían una combinación química diferente para su droga recreativa. No tenían alcohol, por lo que no lo toleraban. Por eso los nativos americanos pueden volverse locos cuando beben. Sus cuerpos no pueden soportar el alcohol.
D: *¿Hay otros rasgos que se hayan transferido?*
B: Hay algunos factores sanguíneos, pero son tan raros y difíciles de encontrar que realmente no hacen mucha diferencia.
D: *¿Te refieres a enfermedades de la sangre o qué?*

B: No. Factores en la sangre que los médicos e investigadores llegan a conocer cuándo factorizan la sangre en la centrífuga y realizan análisis químicos en ella. Los médicos los han etiquetado como muy raros. Son solo pequeños vástagos de los genes de los viejos que aún sobreviven, porque los viejos tenían sangre diferente a la nuestra.

D: *¿Era la radiación normalmente más alta durante ese período de tiempo, o era porque no estaban acostumbrados?*

B: Eran de un sol diferente que tenía un recuento de radiación más bajo, por lo que no tenían defensas naturales para ello. Ésa es una de las razones por las que la gente de tu época contrae cáncer de piel a causa del sol. Tienen algunos de los genes de los viejos.

D: *¿Entonces todavía son muy sensibles al sol ahora?*

B: No tanto como antes, pero todavía aparece algo en tu época.

D: *¿Hay algún otro rasgo que aún se traiga?*

B: Hay lupus eritematoso. Esa es una condición en la que la piel es sensible al sol. Creo que la palabra que usas es "alérgico". La persona se expone al sol, le brota un sarpullido en la piel y el cuerpo comienza a dolerle y a funcionar mal. Hace que el sistema inmunológico natural del cuerpo ataque al cuerpo mismo. Particularmente en las articulaciones. Ese es otro rasgo de los viejos.

El lupus es una enfermedad inflamatoria crónica que puede afectar varias partes del cuerpo, especialmente la piel, las articulaciones, la sangre y los riñones. El sistema inmunológico del cuerpo normalmente produce proteínas llamadas anticuerpos para proteger al cuerpo contra virus, bacterias y otros materiales extraños. Estos materiales extraños se denominan antígenos. En un trastorno autoinmunitario como el lupus, el sistema inmunológico pierde su capacidad para distinguir entre sustancias extrañas (antígenos) y sus propias células y tejidos. Luego, el sistema inmunológico produce anticuerpos dirigidos contra "uno mismo". En otras palabras, el cuerpo comienza a atacarse a sí mismo, de ahí el nombre Lupus que significa lobo.

El lupus es una enfermedad bastante misteriosa porque es difícil de diagnosticar y se desconoce su causa. Se cree que intervienen factores ambientales y genéticos. Han descubierto que existe una predisposición genética o hereditaria a la enfermedad y que los factores ambientales desempeñan un papel fundamental en el desencadenamiento de los brotes. Uno de estos factores es una sensibilidad inusual a la luz solar.

La enfermedad se presenta con más frecuencia en mujeres que en hombres, por lo que se cree que las hormonas pueden influir. Y los nativos americanos desarrollan la enfermedad con más frecuencia que los caucásicos. Algunas tribus nativas americanas (Sioux, Cuervo, Arapaho) tienen una alta predisposición hacia la enfermedad.

Esta es una descripción simplificada de una enfermedad muy compleja, pero es sorprendente cómo los síntomas muestran que posiblemente podría estar conectado a un gen defectuoso transmitido a lo largo de miles de años desde los viejos.

D: ¿Va junto con su sensibilidad a la radiación?
B: Sí. No necesariamente surge en la misma persona al mismo tiempo, pero está relacionado con los problemas que tuvieron con la radiación. Pero también se transmitieron algunos buenos rasgos. Muchas de las habilidades psíquicas que tiene la gente. Algunas personas tienen visión nocturna u "ojos de gato", como algunos lo llaman. Pueden ver en la oscuridad con mucha facilidad. Ese es un rasgo de los viejos.

D: Sí, hubieran tenido que ver en la oscuridad si trabajaran de noche, o en la luz tenue de su nave. Dijiste que todos los indios norteamericanos descendían de ellos. ¿Es ahí donde se detuvo la sangre, en América del Norte?
B: Eso es difícil de decir. Es predominantemente en América del Norte y del Sur porque es donde están los pueblos nativos americanos. Y las personas que están relacionadas con los pueblos indígenas se encuentran principalmente en el hemisferio occidental. Parte de la sangre se ha extendido un poco a otras razas, cuando la gente de este hemisferio se fue a otros lugares para vivir y tener hijos. Pero no está tan extendido en general como en el hemisferio occidental.

D: Entonces los genes son más predominantes aquí. (De repente se me ocurrió otra idea.) Me pregunto, ¿podrías dibujar el letrero que colgaba de ese edificio? ¿El que tenía los símbolos?
B: Puedo verlo. No sé lo que dice.

D: *¿Podrías dibujarme el diseño?*
B: Puedo intentarlo.

Hice que Beth volviera a abrir los ojos y le di el papel y el marcador. Comenzó a dibujar la forma del letrero.

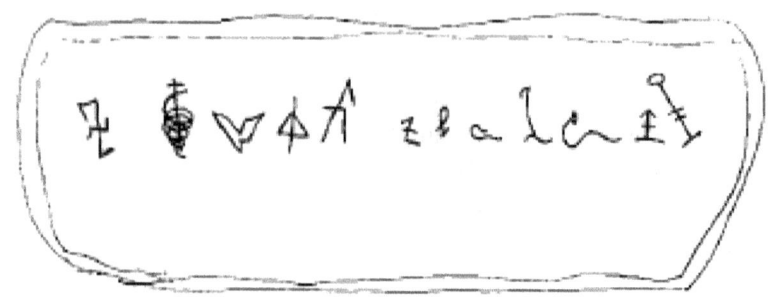

B: El letrero no tiene una forma muy inusual y se supone que es recto. El fondo es oscuro y las letras son claras. Y las letras... No sé si podré reproducir con precisión las letras porque el letrero se desvaneció un poco en la época de Tuin, aunque él no se dio cuenta de esto.
D: *De todos modos, haz un intento.*

Dibujó todas las letras de aspecto extraño.

D: *¿Son todos esos?*
B: Sí. por un tiempo, aparentemente, había una letra más fina debajo de ellos.

Retiré el papel y le pedí a Beth que volviera a cerrar los ojos.

D: *Desde tu posición ahora, ¿puedes decir qué significan esos símbolos?*
B: Sí. Era un rótulo de la nave que indicaba una combinación de las habitaciones del capitán y el puente donde se encontraba el área principal de computadoras. En la nave, las habitaciones del capitán y el puente y gran parte de la investigación se combinaron en una sola instalación, y ese era el letrero que lo etiquetaba.
D: *Y guardaron el letrero y lo pusieron en el edificio.*

B: Sí, también tenían letreros en otros edificios cuando se construyeron por primera vez. Finalmente fueron descartados, o más bien entregados al sabio por su contenido metálico.
D: *¿Eran letreros de otros compartimentos de la nave?*
B: Sí. Y para etiquetar los cuartos de diferentes personas.
D: *¿Crees que existe la posibilidad de que alguna vez se encuentren partes de la nave?*
B: Es una posibilidad remota. Partes de él todavía están enterradas y han sobrevivido a causa del intenso frío.
D: *Tendrías que saber dónde buscar.*
B: Sí. Está en una zona muy remota. Quizás algún día.
D: *¿Hay alguna civilización en esa área hoy?*
B: Hay lo que se llaman "esquimales" viviendo en esa zona.
D: *¿Sin ciudades o pueblos?*
B: Bueno, nada grande o importante. Población de pueblos pequeños, digamos 44: población 14.
D: *Pensé que, si estaba cerca de una gran ciudad o pueblo, alguien podría encontrarlo algún día si estaban excavando para una construcción o algo así.*
B: No, no se encontraría de esa manera. Solo lo encontrarían grupos que exploran específicamente.
D: *Había un río corriendo por allí. ¿Sabes qué río sería ese?*
B: Fue una de las corrientes de alimentación del Yukón.
D: *Sería bastante difícil encontrar ese lugar en un área tan grande. Una cosa de la que habló Tuin. ¿Cuándo cambio todo? ¿Quería decir que hubo un cambio en el eje?*
B: Sí.
D: *¿Sabes si esto fue antes o después de la época de los dinosaurios?*
B: Este cambio en el eje se produjo justo después de la época de los dinosaurios. Hubo otro cambio antes durante la época de los dinosaurios. Pero esto ya fue en la era de los mamíferos.
D: *Eso pensé, porque no mencionó ningún dinosaurio.*
B: No conocía a ninguno.
D: *Luego hubo un gran cambio. Y este segundo fue durante la época de los viejos.*
B: Correcto. No fue un cambio tan importante, pero aun así fue traumático.

D: *Entonces el primer turno fue el que creó las edades de hielo, ¿o no?*

B: Todos los cambios contribuyeron a las edades de hielo. Ese primer cambio importante alteró principalmente el flujo climático hacia donde murieron muchos animales repentina y drásticamente de maneras violentas. El segundo cambio hizo que gran parte del planeta se enfriara y, por lo tanto, entrara en una era de hielo.

D: *Porque se movieron los polos. Pero donde vivías, ¿hacía más frío?*

B: Hacía mucho frío. Era solo que lo daba por hecho. De todos modos, el lugar donde vivía había estado básicamente frío durante mucho tiempo. Y cuando hizo un poco más de frío, solo significó más hielo, más nieve.

D: *Estaba pensando en una edad de hielo y glaciares. No creo que hayas mencionado nada de eso.*

B: No.

D: *Cuando sucedió que los viejos chocaran allí, ¿el clima era diferente al de la época de Tuin?*

B: Sí, lo era. Hubo un cambio de eje durante los siglos intermedios.

D: *¿Cómo era el clima cuando se estrellaron por primera vez?*

B: Era subtropical, muy parecido al sur de América del Norte, el área que ustedes llaman el "sur profundo". Era cálida, húmeda, con mucha vegetación, muchas plantas, muchos animales, muy fértil.

D: *Entonces se volvió ártico después del cambio. Una cosa que me estaba preguntando era ese extraño animal que Tuin encontró. ¿Puedes ver algo sobre eso?*

B: Sí. Eso fue algo raro. Hay muchos, muchos universos separados que existen en el mismo espacio que el tuyo. Normalmente son invisibles porque vibran a diferentes velocidades. Estos universos diferentes se cruzan entre sí, pero generalmente los puntos de intersección no son compatibles, por lo que los habitantes de los dos universos diferentes no son conscientes de la intersección. Puede haber algunos cambios menores que una o dos personas pueden notar, pero no será nada importante. En este caso, hubo un punto en particular que fue una ocurrencia rara de una intersección compatible. Cuando Tuin estaba cazando, estaba en dos universos simultáneamente, pero no era consciente de ello. El animal que mató era un habitante del otro universo. Pero ya que fue una intersección compatible, fue capaz de transportar al animal a este universo sin destruir su matriz básica.

Esto fue muy confuso para mí. Nunca me había encontrado con la idea de universos paralelos en mi trabajo. En mi libro Guardianes del jardín (Keepers of the Garden), discutimos otros universos compuestos de energía, y asumí que estaban ubicados en algún lugar del espacio. No había oído hablar de otros compuestos de propiedades físicas similares a la tierra y que ocuparan el mismo espacio que el nuestro.

D: *¿Quiere decir que el otro universo también era un universo físico?*
B: Sí. Era un universo físico construido a lo largo de una matriz básica diferente. Pero dado que la intersección era compatible, la matriz del animal no fue destruida cuando fue traída a este universo. Eso es lo que hace que esa ocurrencia sea tan rara. Si la intersección no es compatible, la matriz básica de cualquier cosa del otro universo se destruye y ya no existe en este universo.
D: *¿Qué quieres decir con que se destruye? ¿Simplemente desaparecería o qué?*
B: Sí. Simplemente se disolvería en la nada y liberaría la energía en el éter.
D: *¿Alguien lo vería como un espejismo o algo?*
B: Quizás. Bajo ciertas circunstancias lo verían, luego brillaría y se desvanecería en la nada.
D: *¿Quieres decir que este otro universo está viviendo, existiendo al lado de éste?*
B: Sí, hay un número infinito de universos coexistiendo con éste. Y están todos entretejidos como una tela (suspiro). Los términos de este lenguaje no son suficientes.
D: *Me han dicho eso antes.*
B: Para que haya una intersección compatible, como en este incidente con Tuin, tiene que haber un conjunto muy inusual de variables que existan al mismo tiempo. Dado que ocurre tan raramente, no se puede expresar con porcentajes; el número es demasiado pequeño.
D: *Bueno, él dijo que cada vez que se encontraba con este animal tenía una sensación extraña en sus sentidos.*

B: Sí, estaba muy desarrollado psíquicamente y por eso era consciente del hecho de que estaba en dos universos simultáneamente, pero no sabía cómo expresarlo verbalmente. Sabía lo que sabía sin saber realmente lo que sabía.

D: *Sí, no sabía exactamente qué era. ¿Pero quieres decir que fue muy inusual que él pudiera traer el animal de regreso a la gente?*

B: Sí. Para poder traer al animal de regreso completamente a su universo sin que el animal se disuelva en la nada es extremadamente inusual. Rara vez sucede. Sucede, pero no muy a menudo.

D: *Por supuesto, también la gente tenía mucha hambre en ese momento. Esto podría haber sido parte del beneficio.*

B: Sí. Sus habilidades psíquicas indudablemente ayudaron al animal a hacer la transición.

D: *Durante muchos años después, el sabio utilizó la piel de la cabeza del animal, así que definitivamente fue algo físico. Y lo comieron, y aparentemente no les hizo daño de ninguna manera.*

B: Cierto.

D: *El concepto es muy interesante, pero también muy complicado.*

B: Sí. Siento que quizás he dejado algunas impresiones erróneas en tu mente debido a las deficiencias de este lenguaje.

D: *Bueno, eso es posible. Pero otras personas con las que he hablado así también han dicho que el lenguaje es inadecuado para explicar las cosas. A veces tienen que dibujar analogías.*

B: Cierto. Pero también son sumamente inadecuadas. Deja más bien nociones simplificadas en tu mente.

Esta idea era tan nueva y complicada para mi mente que solo quería tocarla brevemente en este libro. No quería confundir al lector o distraerme de la historia que estoy tratando de contar. El concepto de universos paralelos se explorará más a fondo en mi libro, The Convoluted Universe (El complejo universo).

D: *Tuin habló de algunas cosas que estaban en la cabaña del sabio. Una imagen que dibujó me pareció un panel de instrumentos.*

B: Lo era. Era el panel que se conectaba con la computadora central. Dejaron la computadora intacta durante varias generaciones después del accidente. Y el panel principal se colocó en la cabaña del líder, por lo que podía consultar con la computadora cuando lo necesitara. Cuando estaban construyendo la colonia utilizaron partes de la nave. Y terminaron usando toda la nave. Eventualmente también tuvieron que canibalizar la computadora, pero mantuvieron el panel intacto para recordarles su herencia.

D: *¿Dónde estaba ubicada la computadora principal?*

B: Todos los archivos y conocimientos se almacenaron en la nave. Lo usaron como un dispositivo educativo y para la escuela y cosas por el estilo. Tenían un dispositivo de comunicación configurado, pero no era tan poderoso como les hubiera gustado. Así que no contaban con contactar a nadie en otro lugar.

D: *Tuin dijo que hablaban con una pared y también con algo parecido a una roca. ¿Es cierto?*

B: Cuando la gente estaba construyendo la colonia, todavía vivían en la nave y vivían en edificios separados. En la biblioteca de la nave, se podía hablar con la pared como parte del sistema de intercomunicación de la nave y hablar directamente con la computadora. La pared podría usarse para mostrar información, como una pantalla de película, como imágenes generadas por computadora. El cristal del que habló era uno de los cristales especializados que tenían. La ciencia de la cristalografía era extremadamente avanzada y era una ciencia muy delicada. Podrían desarrollar un cristal para casi cualquier propósito. Y uno que desarrollaron podría usarse de la misma manera que usarías las radios. Si una persona necesitara ponerse en contacto con otra persona, tendría un cristal a través del cual podría hablar. Se adjuntaría a un instrumento para que pueda ajustarlo al campo de energía y la matriz de un cristal en particular que pertenezca a otra persona.

D: *¿Entonces estaban hablando entre ellos y no hablando con la gente de las otras naves?*

B: Antes de que las naves partieran, hablaron con las demás personas a través de un cristal como este. Pero después de que las naves tuvieron que partir, lo usaron para comunicarse entre sí.

D: *Entonces, cuando le estaban hablando a la pared, en realidad le estaban hablando a la computadora en la nave. ¿No tenían forma de ponerse en contacto con nadie del exterior después de que las otras naves se fueran volando?*

B: Tenían un dispositivo tipo radio en el que podían transmitir, pero nunca nadie estuvo dentro del alcance de su transmisión.

D: *También hizo un dibujo de un sombrero o dispositivo tipo casco de aspecto extraño. Tenía curiosidad por saber para qué se usaba.*

B: Eso se usó para muchas cosas. Era un instrumento muy delicado, pero básicamente era un dispositivo de aprendizaje. Siempre que uno quería aprender sobre un tema en particular, uno se ponía este casco y los finos alambres en el interior, desde la energía generada, se extienden hacia afuera hasta que apenas tocaban toda la cabeza. La energía mantendría el sombrero suspendido para que casi no lo sintieras. Este sombrero estaba conectado a la computadora central para que pudieras aprender sobre lo que quisieras o ver lo que quisieras. Esto se debía a que el sombrero podía generar imágenes en tu mente y darte conocimiento directamente. Era una forma de aprendizaje más concentrada. No lo usaron exclusivamente, porque podría quemarte el cerebro. Si se usaba en dosis limitadas, era muy terapéutico y muy útil. Era un dispositivo extremadamente complejo.

D: *Tiene todas esas protuberancias en el exterior. ¿Estaban conectados a los cables o pelos en el interior?*

B: Sí. Las protuberancias del exterior eran cristales y se conectaban mediante microcircuitos a los cables del interior. Y estos cristales se sintonizaron en la computadora, por lo tanto, uno podía controlar lo que estaba aprendiendo solo a través del pensamiento. Uno no tenía que funcionar realmente ningún dispositivo. Los cristales se sintonizaban con el cerebro para que pudieran cambiar sus polaridades y sus ajustes para responder a lo que su cerebro quería y obtener la información de la computadora.

D: *¿Se usaba con ese instrumento de tipo panel?*

B: Podría usarse por separado. El panel era principalmente un dispositivo de la biblioteca. La biblioteca central era como una cámara dentro de la computadora. Pero todas las paredes, el techo y el piso estaban conectados directamente a la computadora, por lo que era como una extensión de la computadora.

D: *¿Se usó este sombrero para enseñar a los niños o para enseñar a alguien algo que quisieran aprender rápidamente?*

B: Por lo general, se usaba en adultos jóvenes y mayores. A los niños se les enseñó con diferentes métodos. Más rápido que tus métodos, pero similar a tus métodos convencionales de aprendizaje para que aprendan disciplina. Tuvieron que aprender a disciplinar sus pensamientos y a concentrarse, porque se necesitaba disciplina mental para poder usar el casco y la biblioteca correctamente.

D: *¿Para no tener ningún tipo de agotamiento?*
B: Correcto. El casco también ayudó a mejorar ciertos poderes psíquicos. Es por eso por lo que solo se usó en adultos jóvenes, aproximadamente 15 o 16 de sus años en adelante. Había algunos dispositivos de seguridad incorporados. Normalmente no eran necesarios porque, como factor de seguridad, se aseguraban de que la persona tuviera la disciplina mental adecuada antes de permitirle usar el casco. Cuando tenías la disciplina mental adecuada, sabrías cuánto puedes manejar, y cuando llegues a tu límite, el sentido común te dirá que te detengas. Y la mayoría de las veces, la mayoría lo hacía. A veces algunos intentarían ir más lejos. Pero había un dispositivo de recorte que les advertiría que se estaban acercando a su límite, en caso de que no se hubieran estado concentrando o prestando atención. Si uno ignora este recorte, después de un cierto período de tiempo, se apagará antes de que se produzca un daño permanente. Uno podría tener el equivalente a un dolor de cabeza durante unos días, y podría necesitar ser manipulado, pero no sería un daño permanente. Sería algo temporal, como una leve quemadura de sol.

D: *¿Usaron esto hasta que tuvieron que canibalizar la computadora principal?*
B: Sí, lo usaron durante varias generaciones. Pero finalmente tuvieron que usar los materiales en la computadora para otras cosas a fin de sobrevivir.

D: *Debe haber sido traumático para ellos cerrar y perder todo ese conocimiento.*
B: Sí, lo fue. Pasaron gran parte de su tiempo tratando de registrar el conocimiento por otros medios, como por escrito, porque sabían que eventualmente tendrían que canibalizar la computadora. Y cuando llegó el momento, sabían que no tenían casi todos los conocimientos de la computadora registrados en otro medio. Pero habían hecho todo lo posible para registrar las partes esenciales, como su ciencia y tecnología y cosas básicas como esa.

D: *¿En qué tipo de materiales lo escribieron?*
B: En un esfuerzo por ser autosuficientes y estar en sintonía con el planeta, hicieron productos parecidos al papel y lo imprimieron en eso. Guardaron este papel en cajas de metal especialmente construidas para proteger el papel de la pudrición.
D: *¿Heredaron alguno de estos?*
B: Oh, sí. Todo se transmitió durante muchas, muchas generaciones. Pero finalmente el papel comenzó a desgastarse y ya no sabían cómo hacer más papel. Así, a lo largo de los siglos, gradualmente perdieron su tecnología. En este punto pasó a la forma oral, en la forma de sus leyendas. De ahí su énfasis en mantenerlo preciso, porque sabían que estaban transmitiendo información que alguna vez se había impreso, pero sabían que no podrían imprimirla ahora. Y no querían que se transmitiera información errónea.
D: *Esta fue una de las razones por las que sobrevivió tanto. Pero Tuin dijo que el sabio sabía escribir.*
B: Sí. Con el tiempo, se hizo más difícil educar a todos para que leyeran y escribieran, ya que ese tipo de materiales escaseaba. Con el tiempo, a lo largo de los siglos, se desarrolló hasta el punto en que la gente en general sintió que realmente no necesitaba leer y escribir para su vida normal. Así que no se tomaron la molestia de aprender tanto como pudieron. Se consideró que el jefe debería hacer esto, ya que era parte de su deber llevar un registro de las leyendas de todos modos.
D: *¿El tipo de escritura era similar a la copia que hiciste para mí?*
B: Sí, lo era. como estaba copiando eso de una de las placas de la nave, ese era el tipo de escritura. A lo largo de los años, el tipo de letra se modificó un poco. Y para cuando llegó a los días de Tuin, la mayor parte de la escritura se usó como simbolismo en lugar de para lo que estaba destinado originalmente. El jefe lo usaba en sus tocados y demás para el significado simbólico, en lugar de que usarlo para formar palabras y cosas así.
D: *¿Algo de ellos llegó hasta nuestro tiempo?*
B: No, se perdió.
D: *Estoy tratando de recordar todas estas cosas de las que habló. En la casa del sabio mencionó algo que pensé que debían de ser tubos de vidrio.*

B: Eran tubos de cristal. Todo de ese tipo estaba hecho de un tipo de cristal en lugar de vidrio. Dado que tenían formas de convertir cristales en cualquier cosa que necesitaran, fue muy eficiente y económico. Realmente no sintieron la necesidad de pasar por la molestia de fundir cristal crudo en vidrio.

D: Dijo que el sabio tenía líquidos. ¿Era esta una forma de hacer medicamentos?

B: Sí. La mayor parte del tipo de conocimiento de laboratorio que se transmitió quedó bajo la jurisdicción del jefe. Y se refería principalmente a los medicamentos necesarios y cosas esenciales como esa.

D: Fueron principalmente las cosas para sobrevivir. Y la otra tecnología no habría sido lo suficientemente importante como para recordarla.

B: Sí. Tenían que ceñirse a lo esencial. Había medicinas y también algún fertilizante especializado para sus cultivos, para ayudarlos a ser resistentes a algunas de las radiaciones del sol.

D: Creo que esas son todas las preguntas. Quería obtener un punto de vista diferente al de él. Su punto de vista estaba muy restringido por lo que sabía en ese momento. Tenía curiosidad por conocer la verdadera historia de estas personas que vinieron aquí. A menudo he creído que descendimos de alguna manera de la gente de otros planetas.

B: Sí, eso es cierto. Ha habido muchos exploradores aquí. Esto era solo un caso.

D: Quizás algún día podamos hablar de otros, y tú me puedas dar más información.

B: Sí. Tú eres la que pregunta.

D: ¿Hay algo que te gustaría decir sobre ese momento? ¿Sobre las leyendas o sobre la gente?

B: Eran buena gente. Su énfasis y vida estaba más cerca de lo que debería ser. Las personas en su situación y tiempo han perdido el verdadero énfasis de aquello por lo que deberían estar trabajando: su mayor avance espiritual.

Mientras le contaba para que saliera del trance, Beth reaccionó de la misma manera que lo había hecho antes. No mostró signos de respuesta hasta que llegué a los números siete, ocho, y le di instrucciones sobre cómo tomar conciencia de su entorno. Entonces su cuerpo se sacudió con un movimiento espasmódico y se despertó con una señal. Por la experiencia similar que tuvo antes, supe que había hecho otro viaje lateral antes de despertar. Describió una visita rápida que había realizado astralmente a la casa de un amigo. Ella lo había visto a él y a la casa con gran detalle. Luego escuchó los números "siete, ocho" en el fondo y el ruido del ventilador en la habitación, y fue empujada hacia su cuerpo. Dijo que por un momento se sintió sin aliento, como si hubiera estado corriendo. Ciertamente no parecía sin aliento; se veía muy refrescada y relajada.

Ella dijo: "A veces, cuando vuelvo a la conciencia, siento, no realmente mareada, pero un poco mareada, momentáneamente como si tuviera que estirarme como si me estuviera despertando. Pero esta vez me sentí alerta de inmediato."

Le expliqué que esto era normal incluso entre las personas que se despertaban de un sueño normal. Parecía aprovechar este estado casi de vigilia para realizar estos pequeños viajes extracorporales. A menudo no recordaba prácticamente nada de la sesión, pero recordaba estos viajes paralelos con gran detalle. Tal vez esto se debió a que ocurrieron justo antes de despertar cuando ella estaba saliendo del nivel theta, y también porque tenían más importancia para ella que el propósito de la regresión. Esto es muy similar a las personas que recuerdan los últimos vestigios de sus sueños antes de despertar.

Beth definitivamente no estaba influyendo en la información que Tuin estaba dando porque no tenía mucho interés en ella. A veces quería que extendiera la sesión y le preguntara a su subconsciente sobre cuestiones de salud. Cuando se despertó, preguntó sobre ese detalle, pero no mencionó a Tuin. Llegué a conocer muy bien a ese amable cazador, pero permaneció solo como una sombra para la mente de Beth. Ni siquiera estaba interesada en escuchar las cintas.

Capítulo 17

La magia de los viejos

PASARON TRES AÑOS entre el momento en que reuní la información sobre la leyenda de los viejos y el momento en que comencé a armarlo en forma de libro. Nunca estuve inactiva durante ese tiempo. Estuve involucrada en cientos de regresiones normales con personas que querían la experiencia, ya sea por curiosidad o por ayuda con problemas en su vida diaria. También pasé mucho tiempo escribiendo otros libros sobre las aventuras que había encontrado en el camino. Cuando comencé a ordenar los datos de estas transcripciones, me di cuenta de que aún quedaban algunas preguntas sin respuesta. Estos tendrían que ser respondidos antes de que el libro estuviera completo. Había visitado a Beth, pero no habíamos trabajado en este material durante tres años. Aunque no había hablado con Tuin en todo ese tiempo, no pensé que sería un problema volver a llamarlo. En cierto sentido, las personas en estos experimentos de reencarnación nunca mueren. Pueden resucitar tantas veces como sea necesario. En este sentido, son eternos, inmortales; siempre están viviendo sus vidas en sus respectivos períodos de tiempo y pueden ser contactados más fácilmente. Esta es una parte asombrosa de este fenómeno para el que no tengo respuesta. Solo sé que es posible, porque lo he logrado muchas, muchas veces. Las entidades parecen vivir para siempre en las mentes subconscientes de los sujetos.

    Llamé a Beth y le dije que tenía que volver a ponerme en contacto con Tuin. Ella no había pensado conscientemente en él durante los años siguientes, pero estaba dispuesta a reabrir el experimento para que pudiera atar los pocos cabos sueltos. El día de la cita utilicé su palabra clave. Funcionó perfectamente, como si no hubiera habido ninguna interrupción en nuestras sesiones. Inmediatamente entró en un profundo trance sonámbulo y comenzamos. Sabía que la información que necesitaba no se encontraría durante la vida de Tuin debido a su estrecho punto de vista físico enfocado. Tendría que hablar con su espíritu después de su muerte física en la avalancha. La conté hasta ese momento, e inmediatamente comenzó a describir una escena de belleza etérea que estaba viendo en el plano espiritual.

B: Todo existe en múltiples planos, y estoy mirando la Tierra y todos los planos en los que existe. La imagen es muy bonita, pero también muy complicada. Puedo ver que no solo está la Tierra física con la que estaba familiarizado cuando estaba cazando allí, sino que también hay otras Tierras que están ocupando el mismo espacio, pero en un nivel de energía diferente.

D: *Eso suena complicado.*

B: Es muy hermoso. Todos están vinculados y relacionados entre sí. Pero a medida que se pasa de un tipo de energía a otro, así como de un nivel de energía a otro, hay cambios sutiles que diferencian los diferentes tipos de Tierra entre sí y los diferentes niveles de la Tierra entre sí.

D: *¿Se parecen estos niveles y partes diferentes?*

B: Parecen similares, pero hay cambios sutiles. Como ejemplo, usaré un manzano. En la primavera, cuando está floreciendo en la Tierra física regular que uno ve cuando está en el plano físico, se ve la corteza marrón grisácea y las flores blancas con un toque de rosa. Parece un manzano normal. Pero en el siguiente nivel, cuando el mismo manzano está floreciendo en primavera, las flores serán más de un color dorado y la corteza será más oscura. Seguirá siendo el mismo concepto, un manzano, pero estás en un nivel de energía diferente. A medida que asciende por los diferentes niveles de energía, sigue viendo cambios sutiles como ese. Hay un nivel de energía en el que los manzanos tienen corteza de color marrón oscuro, flores plateadas y hojas azules. Pero no cualquier tono de azul; es un tono particular. Estoy tratando de pensar en una forma de describírtelo. Sabes cómo es al atardecer cuando el sol se ha puesto por completo y es el crepúsculo, y todavía tienes algo de oro en el horizonte. Pero justo encima de ti está este puro tono azul. Ese es el tono de azul que tienen las hojas de los manzanos en uno de estos niveles de energía. Las hojas han cambiado gradualmente de verde a azul verdoso a turquesa a este color azul, a medida que asciende por los diferentes niveles de energía.

D: *Es la misma forma. Simplemente está cambiando de color.*

B: Correcto. Los paisajes siguen siendo similares, pero cambian un poco de un nivel a otro. Si subes de nivel en orden, puedes ver que el paisaje cambia ligeramente, pero puedes ver dónde está relacionado. Pero si comienzas en un nivel y te saltas varios niveles intermedios, se verá diferente porque no has visto el proceso de cambio. Serían diferentes colores, diferentes formas, diferentes ubicaciones. Pero todo cambia muy sutilmente de un nivel a otro. Por ejemplo, estás parado en un campo de la Tierra en el plano físico. Hay un río ahí a tu izquierda y una montaña a tu derecha. Cambias al siguiente plano y la montaña se inclina un poco diferente. Puede tener pendientes un poco más graduales o pendientes un poco más empinadas, pero tendrá una forma un poco diferente. Todavía está en el mismo lugar, por lo que puedes ver que es la misma montaña. Y el río puede ser más ancho, por ejemplo, pero sigue siendo el mismo río. Es un poco diferente. Y si subes al siguiente plano, el río podría tener el mismo tamaño, pero podría estar un poco más cerca de la montaña. Y entonces son solo cambios sutiles como ese. Si subes de nivel uno por uno, puedes ver estos cambios graduales, pero puedes ver dónde están relacionados con todo en el nivel inferior. Si saltaras desde el nivel de la Tierra y subieras cinco o seis niveles, y llegas sin mirar ninguno de los niveles intermedios, es posible que encuentres un nivel en el que la hierba es de color más azul, la montaña es un poco diferente en forma, y el río se ha movido a donde está justo al lado de la base de la montaña. Y ahora se ha convertido en un pequeño arroyo de montaña. tu podrías pensar que estaba en un lugar diferente, cuando en realidad todavía está ubicado en el mismo lugar.

D: *Eso suena complicado, pero creo que puedo entenderlo.*

B: A medida que asciendes por los niveles de energía superiores, las relaciones de los colores entre sí cambian. De alguna manera, la luz cambia cuando subes, de modo que los colores te parecen diferentes. La luz aparentemente afecta los colores de todo.

Sonaba como una escena muy hermosa y era un concepto interesante, pero era hora de poner manos a la obra para el que me había puesto en contacto con el espíritu de Tuin en este estado de otro mundo.

D: *Quería hacerle algunas preguntas sobre cosas de la vida de Tuin que él no podía entender en su tiempo. Pensé que podrías tener las respuestas, porque ahora tienes mucho más conocimiento. Ya me ha dado explicaciones sobre otras cosas que vio y experimentó y que no pudo entender. Habló del pozo extraño del sabio al que llamó caldero. Tenía curiosidad por eso. Era un lugar extraño que, según dijo, cambiaba de color y tenía un asa que giraba. Todo lo que sabía era que el sabio lo usaba para algo. Le ha costado mucho explicarlo. ¿Sabes a qué se refería?*

B: Sí. Esta olla a la que se refirió es una reliquia muy antigua. Como puedes ver, la gente de Tuin descendía de viajeros galácticos que llegaron allí hace mucho tiempo y colonizaron esa parte de la Tierra. Y como no pensaban volver a volar su nave, lo canibalizaron. Usaron todo lo que pudieron convertir para fines cotidianos. Pero a medida que pasaban los siglos, las cosas se desgastaron, se rompieron, se perdieron o se llevaron a medida que los grupos se alejaban. En el tiempo del grupo de Tuin, uno de los artefactos que todavía tenían era esta olla que usaba el sabio, y era de la nave de los viajeros galácticos. No fue diseñado originalmente como una olla, por así decirlo. Comenzó como parte de un dispositivo que ayudó a controlar el flujo de energía que hacía funcionar la nave. Para la época de Tuin, ya no tenían la fuente de energía disponible para la nave. Todo lo que tenían era fuego y agua corriente. Los guardianes de estos artefactos eran tradicionalmente los sabios de la tribu, o las mujeres sabias, cualquiera que fuera el caso. Y pasaron este artefacto de generación en generación. También transmitieron instrucciones para su cuidado y uso, para qué era y qué se suponía que debía hacer. Pero como sabían que esto era algo precioso y la información era preciosa, fueron muy cuidadosos a quién le contaron sobre esto. La fuente de energía original para activar lo que quedaba de este dispositivo ya no estaba disponible, por lo que habían aprendido a activarlo parcialmente mediante la aplicación de calor. Lo pondrían sobre un fuego para iniciar la activación, porque este dispositivo tomaría el calor del fuego y lo convertiría en la energía que necesitaba. No podía funcionar de la forma en que se suponía que debía hacerlo, porque no tenía suficiente energía. Podría funcionar parcialmente. Y en ese momento se había perdido tanto conocimiento, que, aunque solo funcionaba parcialmente, la olla se consideraba muy impresionante y muy especial.

D: *¿Pero en la nave era parte de los controles que manejaban la nave?*

B: No, no, no. Formaba parte de la canalización del sistema energético. Los controles eran algo totalmente diferente. Era parte de un dispositivo que ayudaba a dar forma a la energía. Tenían un concepto diferente de energía. En esta Tierra, en su período de tiempo, la energía se representa como algo que fluye a través de algo, como la electricidad a través de un cable o el agua a través de una presa para producir energía. Estos viajeros galácticos tenían una forma diferente de lidiar con la energía. En lugar de que la energía simplemente fluyera hacia donde quisiera, se formaba la energía. Es difícil de explicar. No estoy seguro de entenderlo, pero tenían dispositivos que daban forma a la energía. Y dependiendo de qué forma tomaría la energía, haría cosas particulares, o reaccionaría de formas particulares. Entonces, de acuerdo con lo que debían haber hecho en la nave, el dispositivo daría forma a la energía. Los controles eran un dispositivo separado que le permitiría a este dispositivo saber qué forma necesitaba para moldear la energía.

D: *Así que no siempre tenía la misma forma. Se le daba forma para lo que se necesitaba.*

B: Exactamente. Había un número infinito de formas que podía tener. Pero se necesitó una cantidad particular de energía para hacerlo de la forma en que se suponía que debía hacerse. Para la época de Tuin, faltaba parte de este artefacto, el modelador de energía. Además, no tenían una fuente constante de energía, por lo que realmente no podía funcionar correctamente. Pero las cosas que hizo y los cambios de color por los que pasó, fueron parte de él tratando de dar forma a la energía que recibió.

D: *Dijo que pensó que podría haber más de una olla porque lo veía como de diferentes colores.*

B: Era el mismo artefacto cambiando de color mientras trataba de dar forma a la energía que estaba recibiendo. Pero no estaba recibiendo lo suficiente para completar el proceso.

D: *Dijo que tenía un tipo extraño de manija o algo en él.*

B: Sí. La olla, este dispositivo, no estaba del todo allí; faltaba parte. Y esta manija era una parte que solía conectarse con la parte que faltaba. Era una especie de parte intermedia conectar la pieza que tenían en un dispositivo más grande que podría haberse acercado más a hacer lo que se suponía que debía hacer. Pero tal como estaba, solo tenían una parte, por lo que nunca pudieron, incluso si supieran cómo, hacer que hiciera lo que se suponía que debía hacer, porque no tenían todo el dispositivo.

D: *Dijo que la manija se podía mover.*

B: Eso fue parte de dar forma a la energía. La parte que tenían podría usarse para hacer algunas cosas, pero no pudieron realizar todo su potencial.

D: *¿Para qué lo usaba el sabio?*

B: El sabio lo usó para aplicar energía. Si alguien estaba enfermo o herido, la olla podría dirigir suficiente energía para ayudar con el proceso de curación. Además, si el sabio se aplicaba parte de esta energía mientras se encontraba en un estado meditativo, tendría visiones.

D: *Tuin dijo que a veces si los granjeros encontraban rocas o cosas en el campo, se las llevaban al sabio. No sé si usó la olla para esto o no.*

B: Si encontraban una piedra o algo en el campo que pareciera tener un alto contenido de metal, se lo llevaban al sabio. Aplicaba fuego y luz solar o lo que fuera a la olla para darle tanta energía como pudiera. Y sería suficiente para que cada vez que insertara esta roca pudiera purificarla en un contenido de metal más puro, y tal vez darle la forma particular que se necesitaba. Similar a lo que haría el dispositivo completo a la energía, el dispositivo parcial podría afectar a cosas materiales. Podría purificarlos un poco o cambiar la forma o lo que sea. Pero solo funcionaba con ciertas cosas. No funcionaba con madera, por ejemplo, pero funcionaba con ciertos tipos de rocas, ciertos tipos de metales.

D: *Parece que no pudo hacer mucho a un tiempo.*
B: No, era algo especializado. Otra cosa útil que hizo la olla fue que era buena para hacer medicinas. Sabían que cuando masticabas las hojas de una planta en particular, el jugo te ayudaría de forma medicinal. Si colocas estas hojas en la olla y le aplicas energía, extraerá este líquido de las hojas. Tendría medicamento concentrado, en lugar de tener que masticar muchas hojas para obtener el valor del medicamento.
D: *Estaba en la casa del sabio y parecía que nadie más sabía cómo usarlo.*
B: Este era un conocimiento muy especializado, porque algunos de los detalles se habían perdido. Lo habían estado transmitiendo de persona a persona a lo largo de muchos siglos, por lo que era difícil hacer un seguimiento de todo.
D: *¿Puedes ver lo que finalmente sucedió con ese artefacto?*
B: Sí. Pasan más siglos y, finalmente, se pierde suficiente conocimiento, por lo que ya no pueden usarlo, y durante dos o tres siglos se usa como símbolo de estatus. A quien quiera que se le pase la olla se le designa como el líder espiritual de la tribu. Y finalmente, en un momento dado, hubo un líder espiritual en particular que era muy carismático. Cuando murió, como gesto de respeto, encontraron una cueva que sería una buena tumba. Lo colocaron allí y le dejaron la olla y algunas otras cosas. Luego pusieron una roca y algunos escombros frente a ella, y bloquearon la cueva para proteger el cuerpo de este sabio en particular y los artefactos.
D: *Parece que sería muy poco probable que se encontrara entonces.*
B: Es algo improbable a menos que ocurra un terremoto o algo que derribe los peñascos y las plantas y demás que hayan crecido sobre la abertura de la cueva. Eso tendría que romperlos o tirarlos para exponer esto nuevamente. O si, con maquinaria moderna, se aplicaran dispositivos de detección como radar, sonar o lo que sea, en la cordillera se podrían encontrar las cuevas ocultas y demás. Pero, como tú dices, es poco probable que salga a la luz pronto. Ha pasado demasiado tiempo y, para empezar, era una cueva pequeña.

D: Tenía curiosidad por algunas otras cosas que se mencionaron en las leyendas. Tuin habló sobre la lanza solar que usaban los viejos. Creo que dijo que lo usaban para matar animales.

B: Era un dispositivo que disparaba un rayo de energía. Parecía una luz intensa, pero también tenía otras energías. Apuntar este dispositivo como si fuera un arma de fuego y presionar el botón de activación. La luz se dispararía y golpearía a cualquier animal o lo que quisieras golpear, y los mataría en el acto. Aparecía como un rayo de luz directo o una lanza de luz. Es uno de esos dispositivos que sobrevivieron durante esos años y se perdió parte del conocimiento. Empezaron a llamarlo lanza solar. Después de un tiempo, el dispositivo se desgastó, por lo que dejó de funcionar y luego se perdió.

D: Pensé que sonaba como un rayo láser o algo similar.

B: Había luz visible en el rayo de energía, pero también había otras energías allí. Tenía un particular equilibrio de energías. De modo que, si le dispararas a un animal, lo mataría instantáneamente sin causarle dolor al animal y sin causar un daño excesivo al cuerpo. Se asumió que querías usar al animal para comer, por lo que no querías dañar el cuerpo, porque eso dañaría lo que podrías comer.

D: También habló de una caja que cocinaba comida. Se suponía que era muy milagrosa.

B: Sí. Esta caja que cocinaba comida era bastante simple, pero la tecnología involucrada iba mucho más allá de lo que la gente de Tuin tenía en ese momento. Esta caja funcionaba con energía solar. Lo expondría al sol y la energía que absorbía del sol se convertiría en energía para cocinar. Era similar al microondas, pero no exactamente, porque las personas que diseñaron esta caja tenían un concepto de energía diferente al que mencioné anteriormente. Eran conceptos diferentes con principios diferentes involucrados, pero básicamente, el equivalente sería un horno de microondas de energía solar.

D: Era cargada de energía solar.

B: Correcto. Simplemente se colocaba al sol y cocinaría cosas.

D: Funcionó con el tipo de energía con la que estaban familiarizados. No sería lo mismo si pusiéramos una caja al sol.

B: Correcto. Porque las personas que inventaron y construyeron la caja tenían un concepto diferente de uso de energía.

D: *Habló de una bola redonda que se podía sostener en la mano y también mencionó una piedra que podía responder. No sé si son las mismas cosas o no, o si estaban relacionadas entre sí.*

B: Son dos cosas diferentes. La bola redonda que se podía sostener en la mano era una esfera casi perfecta. El material del que estaba hecho era un tipo especial de cristal que no existe en esta Tierra. Ahora que la humanidad se expande hacia la exploración espacial, tarde o temprano se encontrarán con este material. Este material en particular es en realidad un cristal, aunque parece metálico. Y cuando sostuviera esta esfera de cristal en su mano, las energías que fluyen a través de la Tierra, las energías magnética y gravitacional, más las energías de su cuerpo, harían que el cristal reaccionara. Como resultado, podría hacer muchas cosas maravillosas. Se podría canalizar energía a través de él y usarlo para todo tipo de cosas. Por ejemplo, un efecto secundario muy común era que cada vez que alguien usaba el cristal, las cosas comenzaban a levitar a su alrededor, o las cosas se teletransportaban accidentalmente. Algo dejaría de existir aquí y luego volvería a existir allí. Sería un efecto secundario de las energías que se canalizan a través de esta esfera. Ahora bien, la piedra que podía responderte no era en realidad una piedra, aunque así lo percibía Tuin. A través del recuento de cuentos y leyendas a lo largo de los siglos, se había corrompido. La roca que podía responderte era en realidad o básicamente un dispositivo metálico, y tenía su propio sistema de energía autónomo. Podría usarse para transmitir y recibir mensajes, más bien como la radio, pero había un nivel diferente de energía involucrado. Lo usaban para comunicarse con personas en las naves en órbita alrededor de la Tierra.

D: *¿Te refieres a los otros que estaban allí cuando aterrizaron por primera vez?*

B: Sí. Estaban en comunicación con los que aún estaban en órbita, para hacerles saber si podían o no vivir en este planeta. Y este dispositivo también tenía otros usos, porque podían usarlo para analizar tipos de energías. Por ejemplo, podría analizar el tipo de luz que absorbían las plantas. El tipo de energías que utiliza el ecosistema de la Tierra. Envió la información de regreso a la nave en órbita, donde pudieron analizarla y determinar si podían o no vivir aquí.

D: *Entonces era un dispositivo tipo radio. Creo que solo tengo una pregunta más. ¿Recuerdas el dibujo que hizo Tuin del diseño de la manta? Creo que una vez dijiste que no se trataba de un dibujo de la nave principal, sino que era como un transportador o algo así, una nave más pequeña. Por la forma en que se dibujó la imagen, había un objeto en forma de estrella sobre la entrada. Pensé que parecía una estrella de seis puntas. Solo que estaba de pie sobre dos piernas con dos piernas hacia arriba en el aire y dos hacia afuera. De todos modos, esa es la forma en que Tuin lo dibujó. ¿Puedes decirme si esa estrella tenía algún significado real, o fue algo que inventaron para la manta?*

B: La estrella tenía importancia debido a su posición. Representaba un objeto real en el transbordador.

D: *¿En esa área sobre la puerta?*

B: Cuando entrabas por la puerta por primera vez, el techo estaba justo arriba de tu cabeza. Pero encima del techo había mucha instrumentación y demás. Y la parte central de esta instrumentación era este enorme y complejo cristal. El diseño de estrella que dibujaron en esa posición fue su representación simplificada de este cristal. Este cristal era muy complicado con muchos dedos y ramas y cosas así. Era similar a una pieza de cuarzo gigantesca y complicada, por ejemplo, con todos los dedos de los cristales sobresaliendo por todas partes. Pero se utilizó cada pedacito de este cristal. Cada dedo de cristal, cada tamaño, cada ángulo y cada forma hicieron cosas particulares al tipo de energía que utilizaron. Se utilizó como canalización central de la energía, para aplicarla particularmente a los dispositivos automatizados, para que básicamente funcionaran por sí mismos. Ponía en marcha el transbordador, además de mantener los sistemas del transbordador coordinados con los sistemas de la nave.

D: *Cuando la vi por primera vez, pensé que se parecía a una estrella de David de seis puntas, excepto que no tenía la misma forma.*

B: Hay una similitud, particularmente cuando se dibuja la Estrella de David de modo que las diversas ramas parecen entretejerse entre sí, como en el Sello de Salomón. Esa es otra representación de este cristal que he mencionado.

D: ¿Quieres decir que es de donde provienen el Sello de Salomón y la Estrella de David?

B: Sí.

D: Pensé que se veía similar. Pero si se trataba de una nave que aterrizó en América del Norte y estaba relacionada con la tribu de Tuin, ¿cómo llegó el conocimiento de ella a Asia? Probablemente podría estar equivocada en la historia de dónde vino el Sello de Salomón.

B: Estás en lo cierto hasta donde has llegado, porque este grupo aterrizó en América del Norte y estableció su colonia allí. Pero este no fue el único grupo de viajeros espaciales que aterrizó en tu planeta. Dado que varios de los otros pueblos aún no estaban muy avanzados, cada vez que alguno de estos grupos aterrizaba sus naves en otras partes del planeta, la gente lo tomaría como un evento milagroso. Ha habido muchas historias de este tipo de visitas que se convirtieron en leyendas y se transmitieron, particularmente en el Medio Oriente. Las personas que vivían allí en ese momento eran muy supersticiosas y se daban cuenta de cualquier cosa fuera de lo común. Como tenían lectura y escritura lo registraron y el evento se conservaría de esa manera. Como resultado, en varios escritos sagrados alrededor de la Tierra tienes estas descripciones de visitas y viajes milagrosos. Por ejemplo, en el antiguo reino de Mesopotamia tenemos La epopeya de Gilgamesh, que nos da la historia de Gilgamesh y su amigo Enkidu. (La enciclopedia enumera esto como una de las epopeyas más tempranas y fue escrito en tablillas de arcilla babilónicas en cuneiforme. También se refiere a Utnapishtim, un equivalente a Noé). La epopeya describe un viaje que realiza Gilgamesh, donde el mar que él mira se convierte en un estanque y luego en un charco de barro y luego como un cuenco de avena. Lo que está describiendo es que pudo hacer un viaje en uno de estos barcos. Hay otras descripciones que se han conservado en lo que llamarías la Biblia. Hay varias descripciones del desembarco de este tipo de barcos y las personas que salieron de él. Por ejemplo, el hombre llamado Juan que escribió "Apocalipsis" vio aterrizar una nave y transmitían saludos y cosas así. La gente que estaba escuchando esto estaba muy asustada de lo que estaba sucediendo. En otro lugar, Ezequiel describió haber visto el barco aterrizar en el desierto. Ezekiel había estado en el desierto por un tiempo y, como parte de su meditación, consumía sustancias alucinógenas, por lo que estaba acostumbrado a que sucedieran cosas extrañas. Por lo tanto, no tenía tanto miedo como lo estaban otros cronistas y, por lo tanto, podía ser un poco más objetivo sobre lo que estaba escribiendo. Pero todavía le resultaba muy maravilloso, porque no tenía suficientes conocimientos de tecnología para dar una descripción tan precisa como le hubiera gustado.

D: *Esto se me está volviendo un poco confuso. Pensé que el único grupo de personas que aterrizó en la Tierra fue este pequeño grupo que aterrizó en el área de Tuin. ¿Quieres decir que hubo este grupo que se quedó allí y luego otras personas que podrían haber aterrizado en otro lugar?*

B: Estás pensando de forma demasiado estrecha. No estás pensando en una imagen lo suficientemente amplia. Un pequeño grupo aterrizó y vivió allí en el área de Tuin, porque no tenían otra opción. Pero no fueron las únicas personas que llegaron a la Tierra. Hay una civilización galáctica y, dado que la Tierra no estaba en un nivel tecnológico muy alto, no tuvieron mucho cuidado sobre dónde aterrizaron en el pasado. Sabían que los nativos de la Tierra no podían hacerles daño, porque no tenían las armas. Entonces, esta nave que aterrizó con los antepasados de Tuin no fue la única nave que visitó la Tierra. Cuando ese grupo aterrizó, básicamente se establecieron dónde estaban y simplemente vivieron sus vidas en esa área aislada. Las otras personas de la misma civilización galáctica son tan complejas como nosotros. Diferentes personas tienen diferentes motivaciones. Y otros vendrían en sus naves, y no les importaba si la gente los veía o no. Querían aterrizar y tal vez hacer alguna explotación o exploración. Otros grupos han llegado en diferentes momentos de la historia del planeta. Este grupo del que habló Tuin había diseñado sus naves para poder desarmarlas y usarlas en la superficie del planeta, así que las desmantelaron y simplemente se quedaron allí.

D: *Entonces los otros grupos que vinieron fueron antes o después. Venían a diferentes partes de la Tierra. Todos parecían utilizar este mismo tipo de energía cristalina. Y de aquí es de donde vienen los diseños para la Estrella de David y el Sello de Salomón.*

B: Esta energía cristalina fue una de las formas de energía más comunes en esta civilización galáctica. Usaron los cristales para enfocar la energía. Por ejemplo, en tu civilización usas electricidad. Para llevar esa electricidad a su hogar, tienes un cable que la lleva a una caja de interruptores donde se divide en muchos cables que van en muchas direcciones diferentes, saliendo como enchufes de luz para la luz y enchufes eléctricos para enchufar varias máquinas. Esta civilización galáctica, en lugar de tener un cable que transportaba electricidad y una caja de interruptores para dividirla y enviar la electricidad en sus diferentes direcciones, usó algo que es similar a lo que ellos llaman "energía coherente". Formas de energía muy puras y muy sólidas enfocadas a través de cristales. Dependiendo de cuántas formas diferentes de energía se necesitarán y dónde se necesitará, esto afectaría la forma del cristal. El cristal enfocaría la energía y luego la enviaría a donde fuera necesario.

Esto es similar a la descripción dada en mi libro, Keepers of the Garden (Guardianes del jardín), de cómo otras civilizaciones usaron los cristales para diferentes tipos de energía. Sus formas también afectaban sus funciones.

B: Tenían cristales de todos los tamaños. Los más grandes y complicados eran para hacer funcionar barcos y edificios y cosas así. Y luego tenían otros más pequeños, portátiles y de mano, para hacer otras cosas. Por ejemplo, si el barco aterrizaba en algún lugar del desierto, y la tripulación decidió que necesitaban agua, sacarían un cristal de mano al exterior. Lo sostendrían en la mano y enfocarían la energía del sol hacia una roca o hacia el suelo. Esto haría que una de las corrientes de agua subterráneas altere su curso y salga a la superficie para formar un manantial donde podrían tener agua. Podían hacer cosas como esta sin pasar por mucho trabajo físico. El concepto es similar a la esfera que describió Tuin. La bola redonda funcionó con principios similares, pero sucedieron cosas diferentes porque era un cristal perfectamente redondo en lugar de uno facetado. Tenía una función diferente, pero seguía siendo la idea de sostener el cristal donde pudiera absorber las diversas energías y enfocarlas de ciertas maneras.

D: *Así que el diseño de la manta era en realidad solo una versión simplificada de los cristales que vieron, y esto fue transmitido.*

B: Sí. Cuando intentaban dibujar el cristal, dibujaban el diseño estilizado para simbolizar el poder que usaban los cristales. Se convirtió en un símbolo sagrado. Hay muchas formas en que todo esto se conecta, incluso con tu tiempo presente. También está el Sello de Salomón y la Estrella de David, además de cualquiera de los varios triángulos especializados y demás. Todos estos se remontan a estas imágenes antiguas de tratar de describir lo que hacían los cristales. Por ejemplo, la esvástica fue el intento de imaginar el cristal como un punto central y la energía ramificándose realizando estas diferentes funciones.

La esvástica es una cruz uniforme, cuyos brazos están doblados en ángulo recto. Dado que las cuatro barras apuntan en la misma dirección (ya sea en sentido horario o antihorario), la forma crea una impresión de rotación perpetua. Se desconoce el origen del símbolo. Se ha utilizado durante miles de años como símbolo del sol, del infinito, de la recreación continua, así como motivo decorativo en el América, China, Egipto, Grecia, Escandinavia y otros lugares. Se ha encontrado en las catacumbas de Roma, en textiles del período Inca y en reliquias que fueron desenterradas en el sitio de Troya. Siempre había sido considerado como un símbolo sagrado hasta la época de la Segunda Guerra Mundial. Adolfo Hitler lo corrompió cuando fue transformado y difamado en un símbolo de un régimen horrible.

B: Este tipo de conocimiento es necesario y será útil para ti y para los de tu tiempo presente. Le recordará a tu gente sus orígenes.

Capítulo 18

Investigación

UNA VEZ HABÍA COMPLETADO LAS REGRESIONES, el siguiente paso fue la investigación. El propósito de esta investigación sería encontrar similitudes entre las creencias y las historias de la tribu de Tuin y las creencias actuales de los nativos americanos. Tenía que descubrir si parte de la tradición de los viejos podría haberse infiltrado en los rituales y costumbres modernos de tal manera que los nativos desconocen sus orígenes. Tuin dijo que la sangre de su pueblo y la de la Gente de las Estrellas ha descendido y se ha incorporado a la sangre de la mayoría de las tribus indias. Mi tarea sería intentar rastrear esta teoría y ver si han sobrevivido algunos restos de sus historias. El lugar lógico para centrar mi investigación serían los esquimales y las tribus nativas americanas de Canadá. Ahí fue donde comencé, con la ayuda del préstamo interbibliotecario de la Universidad de Arkansas.

Decidí limitar la mayor parte de mi investigación a libros y artículos de revistas muy antiguos. Durante las últimas cuatro o cinco décadas, los ovnis y los extraterrestres se han convertido en palabras familiares y seguramente influirán en cualquier persona moderna. Pero si hay sugerencias de tales cosas en registros muy antiguos, entonces tendría más validez. Por lo tanto, decidí concentrar mi investigación en registros antiguos antes de que los nativos americanos fueran influenciados y contaminados por la cultura europea y las creencias de los misioneros. Parte de esta información provenía de libros tan antiguos y frágiles que solo estaban disponibles en microfilm. En un momento tomé prestado un lector de microfilmes portátil de la biblioteca. Me quedé con los ojos nublados después de horas de intentar leer textos arcaicos en páginas descoloridas, pero los resultados siempre justifican la búsqueda.

La tarea de rastrear el comienzo de la vida humana en nuestro planeta está más allá del alcance de este libro. Probablemente se profundizará en un libro futuro, a medida que continúe explorando nuestros orígenes, en relación con nuestros antepasados alienígenas. Bastará decir que la teoría aceptada de nuestros comienzos es que los tipos humanoides comenzaron en África y se extendieron desde allí a todos los rincones del mundo. Este capítulo se centrará en mi investigación sobre el origen del indio norteamericano y la relación con la historia de Tuin.

Encontré que hay mucho debate sobre el origen de las tribus nativas americanas en América del Norte, y supongo que el debate no se resolverá pronto, ya que todavía hay varias teorías. Uno de los más antiguos, y desde entonces desacreditado, es que el Hombre Rojo es el descendiente degenerado de las Diez Tribus perdidas de Israel. En general, se reconoce que el indio no se originó en el continente norteamericano, sino que vino de algún otro lugar.

Los antropólogos están seguros de que no se ha encontrado ningún tipo de restos prehumanos en el continente norte o sur de este hemisferio. El Homo sapiens (o el hombre moderno), según los conocimientos actuales, es la única especie humanoide que ha ocupado las Américas. Este hecho, que hasta ahora sólo se han descubierto restos del hombre biológicamente moderno en el Nuevo Mundo, indica que las migraciones que lo poblaron tuvieron lugar en la última, o al menos en la última etapa del desarrollo de la humanidad. Los humanos se habían convertido en una especie biológica antes de que comenzaran las migraciones.

Los observadores científicos han notado el sorprendente parecido entre los nativos de América y el norte de Asia. La creencia más popular es que emigraron a través del Estrecho de Bering durante un tiempo en el pasado antiguo cuando existía un puente de tierra (el puente del Mioceno) en el área. Los grandes glaciares de la Edad de Hielo capturaron y retuvieron tanta agua que los niveles del océano bajaron cientos de pies, exponiendo los puentes terrestres que unían a Siberia con América del Norte. En su parte más ancha, este puente se extendía mil millas al norte de la actual Península de Alaska. Era una tierra que los migrantes tenían que compartir con los mamuts, tigres dientes de sable y osos gigantes. Se encontraron herramientas de piedra en Siberia que eran idénticas a las encontradas en Alaska y el oeste de Canadá. Los científicos creen que los inmigrantes llegaron en tres oleadas. Dos se mudaron tierra adentro, los antepasados de los nativos americanos. Una tercera ola, que incluía esquimales y aleutianos, bordeó la costa. Los períodos de calentamiento -el último comenzando hace unos 13.000 años- derritieron el glacial y pusieron el puente de nuevo bajo el mar de Bering. Cuando el puente desapareció, la gente quedó confinada al hemisferio occidental y se convirtió en los primeros estadounidenses. Aislados del resto de la humanidad, desarrollaron sus propias culturas únicas. Sobrevivieron y prosperaron gracias a la adaptación.

Las fechas estimadas para la llegada de la primera de una larga serie de migraciones han variado desde hace 12.000 a 18.000 años. Algunos sitios aislados apuntan a poblamiento hace 30.000 años y antes. Se cree que las migraciones humanas desde Asia probablemente continuaron hacia el Siglo 4, A.C.

Todo el viaje biológico ocurrió en el contexto de la Edad del Hielo, con períodos alternos de frío y calor. Hace unos 18.000 años, la última gran glaciación alcanzó su máximo, creando un clima y una vegetación muy diferente al actual período interglaciar cálido. Esto me lleva a especular que los antepasados de Tuin deben haberse establecido firmemente antes de la Edad del Hielo. Las leyendas indicaban que durante la época de los viejos el clima era más cálido, más suave. Algo muy dramático ocurrió en ese momento (sonó como el impacto de un cometa), la Tierra se movió y provocó cambios trágicos. Los habitantes originales del valle, los Primeros, parecen ser descendientes de aborígenes que habían viajado allí mucho antes de las migraciones de los hombres de Asia. O (en aras del argumento) habían sido depositados allí por extraterrestres después de la siembra y desarrollo original de los humanos. Como indiqué en mis otros libros, los humanos se distribuyeron por todo el mundo para que pudieran multiplicarse en varias áreas. Las investigaciones arqueológicas han dejado claro que el hombre se distribuyó por toda la tierra habitable en un momento muy remoto, en la etapa más baja de la cultura humana. Un estudio de las lenguas del mundo lleva a la conclusión de que probablemente el hombre se distribuyó antes del desarrollo del discurso organizado o gramatical. Esto fue cierto para los Primeros, porque se comunicaban con sus mentes.

Los esquimales ahora ocupan toda la franja norte del continente americano. Las excavaciones arqueológicas en Alaska y Canadá muestran que su cultura no era una condición original, sino el resultado de movimientos y contactos de población relativamente recientes. La migración hace alrededor de mil años llevó a la cultura desde su lugar de origen en el norte de Alaska hacia el este a través del norte de Canadá hasta Groenlandia. Las excavaciones indican que hubo un crecimiento y cambio cultural continuo durante un período de más de 2000 años, especialmente alrededor del área del Estrecho de Bering. Esta zona era uno de los mejores territorios de caza del mundo y las condiciones de vida en general eran mejores allí que en cualquier otra parte del Ártico. Las excavaciones también muestran que, aunque los esquimales eran en todos los aspectos prácticos un pueblo de la Edad de Piedra, tenían algún conocimiento del metal.

Según las sagas nórdicas que describen las visitas de viajeros escandinavos del siglo IX a la costa oriental de América, las personas que encontraron no se parecían a los habitantes actuales. Los vikingos apodaron a los nativos estadounidenses "Skraelingr" (hombres pequeños) o "Chips", debido a su apariencia insignificante. Fueron descritos como pequeños y enanos en apariencia y con características esquimales. El área donde se asentaron los vikingos parecía estar más al sur que la gente de Tuin. Esta gente "chip" también era extremadamente violenta, rechazando cualquier intento de asentamiento, por lo que no suenan como la gente amable de Tuin. Pero pueden haber sido aborígenes similares a los Primeros que la Gente de las Estrellas encontró en el valle.

En la edición de diciembre de 1912 de National Geographic se contaba la historia del notable descubrimiento de un grupo de esquimales rubios. Fueron encontrados en el área ártica de la isla Victoria, que en realidad está más al norte que el valle de Tuin, pero se podría especular que algunos de sus antepasados podrían haber emigrado allí. Se había considerado que la zona estaba deshabitada y los nativos nunca habían visto hombres blancos. Muchos de ellos tenían cabello rubio, ojos azules y algunos tenían barbas rojizas. La primera explicación fue que eran una mezcla de sangre europea y esquimal, porque muchos de esos híbridos se encontraron hacia el este de Groenlandia. Sin embargo, la historia de esta área no corrobora esta teoría. Estas tribus estaban tan aisladas que la mayoría de ellas no podrían haber tenido contacto con hombres blancos.

Hubo informes de que, en la década de 1700, cuando los misioneros establecieron el cristianismo en las áreas al este, se vieron nativos que eran bastante distintos de los esquimales. Estas personas tenían unos dos metros de alto, eran bastante guapas y de piel blanca. En los años 16, cuando se informó que el área todavía estaba libre de contacto con los europeos modernos, un capitán de barco informó que dos tipos distintos de nativos vivían pacíficamente juntos en la zona costera. Un tipo era muy alto, bien formado y de tez clara. El otro tipo era mucho más pequeño, de complexión aceitunada, bien proporcionado, excepto que sus piernas eran cortas y gruesas. En 1821, Sir Edward Parry desembarcó en la ensenada de Lyon y encontró personas que tenían rasgos y complexiones nativas americanas tan hermosas como las europeas. No se parecían en nada a los esquimales. Estos nativos nunca habían visto indios ni europeos. Se reportó que había más grupos pequeños aislados en Repulse Bay, Point Barrow y el Istmo de Boothia durante el decenio de 1980. Muchos informes similares de la época mostraron la existencia de individuos híbridos entre varias tribus esquimales. Se demostró que su distribución era ininterrumpida a lo largo de toda la costa norte de América del Norte, antes de la corrupción generalizada de los esquimales por contacto con los blancos durante el siglo pasado.

Se especuló y sugirió que algunas de estas personas podrían ser descendientes de las exploraciones nórdicas en el nuevo mundo, que se extienden desde el siglo X hasta mediados del siglo XV. Se creía que estas expediciones cubrieron la costa de Groenlandia al sur del Círculo Polar Ártico, y las costas del continente americano probablemente desde la isla de Baffin al sur hasta Nueva Escocia, y probablemente Labrador. Se cree que los escandinavos no fueron exterminados por los esquimales, sino que fueron absorbidos gradualmente por ellos. Se pensaba que cuando algunos de estos grupos fueron redescubiertos en los siglos XV-XVI, habían adoptado completamente el estilo de vida esquimal y, por lo tanto, no conocían su ancestralidad.

Se especuló que si los esquimales rubios son descendientes de antepasados nórdicos-groenlandeses de cinco siglos antes, la cepa nórdica se habría diluido abrumadoramente a través de matrimonios mixtos esquimales puros. Si tal fuera el caso, entonces uno debe considerar a los "rubios" como un ejemplo notable de reversión ocasional de tipos, por el cual una raza pasajera retoma gradualmente la forma general de sus antiguos ancestros.

También podría ser un caso de atavismo -la recurrencia en un descendiente de características de un antepasado remoto (o un "retroceso") - en lugar de las de un antepasado inmediato o cercano. Esta explicación podría aplicarse tanto si esos antepasados eran europeos, vikingos o extraterrestres.

En el artículo de National Geographic se señaló que este descubrimiento presentaba un intrincado problema racial que bien puede poner a prueba la agudeza de los etnólogos estadounidenses durante algún tiempo. Creo que, si se dieran cuenta del alcance aún más amplio del mestizaje con extraterrestres, los confundiría aún más.

Durante el verano de 1991, un hallazgo accidental de un grupo de excursionistas en los Alpes italianos llevó al descubrimiento del cuerpo humano intacto más antiguo y mejor conservado jamás encontrado. Con una antigüedad estimada de 5.300 años, la descripción de la ropa y las herramientas del hombre sonaba como si pudiera haber sido nuestro amigo Tuin, excepto que el antiguo cazador fue encontrado en el continente equivocado. Atrapado en el hielo durante todos estos siglos, el cadáver congelado era casi 2.000 años mayor que el rey Tut, y les dio a los científicos una visión asombrosa del período de tiempo en el que yo calculo que vivió Tuin. Este es considerado el descubrimiento más importante de la arqueología moderna. Se suponía que había sido un cazador y murió vistiendo sus pieles de ante y su capa de hierba. Su arco y flechas, un hacha de cobre y otras herramientas se recuperaron cerca.

Se sabe muy poco sobre las personas que cultivaban y cazaban en los bosques de Europa durante el Neolítico tardío. Las comunidades agrícolas se extendieron por Europa hace 7.000 años. La gente cultivaba los claros y apacentaba sus ovejas y bueyes en el bosque. También había un grupo seminómada experto en caza, pesca y rastreo. Las dos culturas se fusionaron y la práctica de la agricultura se extendió por toda Europa.

Los científicos estaban asombrados porque la ropa y las herramientas del Hombre de Hielo mostraban claramente una alta tecnología inesperada de finales de la Edad de Piedra. Nunca se había encontrado ningún trabajo de cuero de este período. Su ropa de piel de ciervo estaba bronceada y cosida por expertos. Sus zapatos fueron hechos inteligentemente con muchos ojales. Y llevaba una capa de hierba impermeable única que mostraba una habilidad considerable para tejer, anudar y empalmar la hierba. (A Tuin le gustaba tejer y anudar como solución al aburrimiento durante los meses de invierno). La hoja de cuatro pulgadas de su hacha de cobre se fundió con metal fundido, se vertió en un molde y se trabajó con un martillo. Además de sus herramientas de metal, el tamaño de su arco sorprendió a los arqueólogos. Dijeron que la fuerza necesaria para tirar de la cuerda del arco y volver a disparar habría sido la misma fuerza necesaria para levantar 90 libras con una mano. Cuando se probó un arco similar, la flecha hizo un agujero a través de la cavidad torácica de un venado a 27.5 metros de distancia. Salió por el otro lado y continuó. Lo sorprendente de este hallazgo fue que ahora les da a los científicos información sobre una era en la que se consideraba que el hombre era primitivo. Están descubriendo que el hombre ha tenido tecnología durante un período mucho más largo de lo que se pensaba anteriormente. Creo que la similitud con Tuin es notable y muestra que, si tal desarrollo ocurrió en Europa, también fue posible en el continente norteamericano durante el mismo período de tiempo.

El pueblo de Tuin se desarrolló a partir del mestizaje entre los viejos y los Primeros. Permanecieron aislados en su valle hasta la llegada de los primeros esquimales, probablemente durante o después de una de las varias migraciones a nuestro continente. A lo largo de los siglos, la absorción y la diversificación continuaron, y todas estas razas se fusionaron, dando como resultado muchas tribus nativas americanas diferentes.

En el siglo XVI, dos millones de personas vivían en el continente norteamericano y hablaban unos 300 idiomas. Cuando América fue "descubierta" por los europeos, estaba habitada por un gran número de tribus distintas, diversas en idiomas, instituciones y costumbres. Este hecho nunca ha sido plenamente reconocido y los escritores han hablado con demasiada frecuencia de los indios norteamericanos como un cuerpo, suponiendo que las declaraciones hechas sobre una tribu se aplicarían a todas.

Varias tribus hablaban idiomas distintos que eran completamente diferentes de los conocidos en cualquier otra parte del mundo. Este hecho llevó a la conclusión de que estas tribus habían ocupado sus tierras durante períodos muy largos sin contaminarse. Algunos eran muy civilizados y mostraban influencias de otras culturas. Los constructores de montículos prehistóricos de Kahokia, en el este de Missouri, tenían su propio Stonehenge, un observatorio astronómico que constaba de un círculo de postes verticales. Entre las ruinas prehistóricas del Cañón del Chaco en Nuevo México, se descubrió una gran cámara ceremonial circular parcialmente subterránea. Estaba construido de tal manera que el día del solsticio de verano, y sólo ese día, un rayo de luz brilla a través de una rendija en su muro de piedra. Los constructores de túmulos funerarios como Natchez practicaban un elaborado culto a la muerte con pirámides para los muertos. El gobernante era enterrado con tesoros materiales, así como mujeres y sirvientes, enviados para servirlo en el otro mundo.

La mayoría de estas maravillosas culturas fueron destruidas por métodos similares a los empleados en la destrucción de las antiguas civilizaciones maya e inca. Los primeros misioneros y exploradores a finales del siglo XVI se propusieron destruir las antiguas culturas. Al convertir a los nativos a la nueva religión, tuvieron que eliminar la antigua. Algunos mitos y tradiciones fueron absorbidos y cristianizados, mientras que otros simplemente pasaron a la clandestinidad. Tribus enteras se extinguieron o fueron absorbidas durante los siglos XVI-XVIII. Los efectos de la cultura europea en muchas regiones fueron devastadores, con cuerpos enteros de literatura nativa americana borrados o deformados más allá del reconocimiento. Donde las leyendas perduraron, lo hicieron con fiereza.

Cuando Tuin hizo un dibujo del tipo de casas en las que vivía su gente, pensé que era muy similar a las cabañas de troncos que usaban los primeros colonos. Descubrí durante mi investigación que este tipo de construcción fue ampliamente utilizado por ciertas tribus nativas americanas antes de la llegada de los europeos. Los ingleses finalmente se establecieron en la costa de Virginia en 1607. Admiraron la practicidad de las estructuras de troncos y adoptaron este tipo de construcción. Las cabañas de troncos se convirtieron entonces en las habitaciones favoritas de los hombres de la frontera descendientes de ingleses.

El rápido progreso en el asentamiento y ocupación del país resultó en el desplazamiento gradual de las tribus nativas americanas, por lo que muchos fueron desalojados de sus antiguos hogares. Algunos fueron incorporados a otras tribus y algunos fueron absorbidos por el cuerpo de personas civilizadas. Muchos (la mayoría) fueron retirados de sus tierras tradicionales y reasentados en un área totalmente remota de sus países de origen. Esto ha llevado a una confusión errónea y a la combinación de nombres y tradiciones de tribus. Es muy difícil seguir a cualquier tribu a través de la época poscolombina, y mucho menos la precolombina. Siglos de contacto íntimo con el hombre moderno han tenido mucha influencia en la prístina condición de las tribus. Se produjeron cambios rápidos y radicales. (Por ejemplo, la introducción del caballo en las culturas nativas americanas provocó algunos cambios drásticos en la forma en que las tribus de las llanuras cazaban y conducían su guerra). Las migraciones y los traslados forzosos colocaron a las tribus en entornos extraños donde se producían nuevas costumbres y ajustes. necesario. Pronto se hizo difícil discriminar entre lo primitivo y lo adquirido de la humanidad civilizada.

En la década de 1700, el comercio se estaba produciendo entre los nativos americanos y los europeos. El precio era elevado, porque además de los nuevos productos, llegaron enfermedades nuevas y mortales (sarampión, viruela, cólera y una variedad de fiebres) que acabaron con cientos e incluso miles de personas de un solo golpe. Tribus enteras que habían vivido en la región durante cientos de años fueron aniquiladas o dejadas en una condición tan fragmentaria que se unieron a otras tribus y perdieron el conocimiento de su identidad pasada.

Los merodeadores Navajos y Apaches, tribus de habla Athabasca que habían salido del noroeste al suroeste en el siglo XIII, al principio se vieron menos afectados por la invasión española. Estas personas estaban retiradas y remotas, y aparentemente no había nada en el desierto y la región montañosa que ocupaban que alguien más quisiera en ese momento. La cultura Athabasca fue influenciada por los caballos españoles, burros y ovejas, pero no por su religión y cultura. Esto explica por qué ha sobrevivido mucho más de su religión, ritual y mitología hasta el día de hoy. Muchas otras tribus incorporaron elementos del cristianismo. Unas pocas afortunadas tribus aisladas tenían menos contacto directo con los europeos y pudieron preservar sus mitos sagrados hasta el siglo XX.

A medida que los asentamientos blancos continuaron moviéndose hacia las áreas más remotas (a menudo atraídos por el oro y otros "objetos de valor"), tribu contra tribu fueron empujadas, lo que resultó en brotes de hostilidad entre ellos. (Había algunos enemigos tradicionales; por ejemplo, la nación Dakota (Sioux) y sus vecinos, pero eran la minoría. Un excelente ejemplo de animosidad tradicional entre las culturas nativas americanas serían las tribus Navajos y Hopi que no solo fue instigado por los políticos estadounidenses hambrientos de su tierra, ¡sino que todavía se perpetúa hasta el día de hoy!) Algunos grupos fueron exterminados; algunos se fusionaron para protegerse de tribus más fuertes. Pero siempre hubo algunas tribus, que derrotaron a todos los enemigos, que han mantenido sus identidades hasta el día de hoy.

Nadie en ese momento prestó atención a la religión, el arte, la música o el ritual de los nativos americanos, excepto para etiquetarlos como paganos y primitivos. El gobierno de Estados Unidos creó una Oficina de Asuntos Indígenas (BIA) para "proteger" a los indios. Sin embargo, al mismo tiempo, los hombres blancos continuaron instando a los nativos americanos a que dejaran de lado las viejas costumbres y las reemplazaran por la fe y las habilidades de los euroamericanos. Estos rasgos culturales de los invasores, por ser de origen europeo, deben ser superiores a los de los aborígenes. Muchos chamanes probablemente fueron asesinados durante estos tiempos antes de que pudieran transmitir las preciadas leyendas de las tribus. Cuando las cosas se estabilizaron de nuevo después de la reubicación de las tribus en reservas, las ceremonias, los rituales y las leyendas volvieron a ser una parte integral de sus vidas, y estas cosas revivieron. Debido a que los registros no se conservaron por escrito, pero se mantuvieron oralmente, sin duda faltaban muchas piezas. Durante este tiempo, gran parte del conocimiento y la literatura de los nativos americanos se perdió y desapareció para siempre.

Entonces sucedió algo curioso. La curiosidad por los nativos americanos se despertó entre los intelectuales de las ciudades y universidades del este de Estados Unidos. Por primera vez, en la década de 1830, los estudiosos se dieron cuenta de que estos indios eran personas. Eran seres humanos. Seguramente deben tener creencias y conocimientos, como los tenían otros pueblos. A algunos científicos y antropólogos les preocupaba que una forma de vida única pudiera desaparecer antes de que pudiera estudiarse. Estas personas eran una pequeña minoría y se fueron a vivir entre los nativos americanos para aprender sobre estas especies en desaparición y comenzaron a registrar sus hallazgos. La mayor parte de mi investigación provino de sus datos porque fue la más completa. Pero para el momento de sus estudios a fines de la década de 1880 y principios de la de 1900, el daño ya estaba hecho. Su trabajo fue muy académico y profesional, pero se complicó por el hecho de que, dado que la mayoría de los nativos americanos carecían de escritura, la mayor parte de la tradición era verbal. Estos hombres a menudo tenían que abrirse camino laboriosamente a través de selvas fonéticas, tratando de registrar cuentos medio olvidados, contados en fragmentos por hombres y mujeres que eran demasiado viejos para recordar las ramificaciones, la totalidad o el contexto del mito. Lo que ahora sabemos de las religiones, mitos y leyendas de los nativos americanos, fue registrado por estos hombres de curiosidad intelectual porque era curioso. Pero, en el mejor de los casos, es fragmentario y se le pasa por alto sin registrarlo. Los investigadores de finales del siglo XIX son invaluables para los estudiosos actuales. Sin embargo, gran parte de lo que se registró a principios de este siglo aún permanece en mohosos cuadernos de campo, sin transcribir.

Para mi gran decepción, los esquimales tienen poca tradición que pueda considerarse antigua o haber sido influenciada por algo de la naturaleza de la historia de Tuin. Los esfuerzos de la Iglesia hicieron que los esquimales se volvieran reservados sobre la práctica de sus ritos religiosos en la vecindad de los hombres blancos. Sin embargo, todos todavía creían implícitamente en el poder de los chamanes y en los ritos religiosos transmitidos por los ancianos.

Sus historias y leyendas tribales tratan principalmente sobre las hazañas aventureras de sus antepasados, que se ocupan de la supervivencia contra viento y marea en una atmósfera hostil: es decir, el clima, los animales, etc. Tienen una creencia activa en los monstruos, espíritus malignos y cuentos tan extraños, pero estos parecen haber surgido de su aislamiento extremo y su miedo a la hostilidad de su entorno.

De manera general, se puede concluir que los esquimales están más interesados en los asuntos terrenales que en los astrales o celestiales. A un autor le pareció extraño que no hubiera más cuentos que intentaran explicar la ausencia del sol en el cielo durante largos períodos en el Ártico, la asombrosa exhibición de auroras boreales o las repentinas y furiosas tormentas árticas. Hay una serie de historias esquimales que tratan de las estrellas, el sol y la luna, porque la astronomía era lo más importante para un pueblo cazador. Las personas que viven cerca de la naturaleza son ávidas observadoras de las estrellas. Su posición en el cielo les informaba del momento de la migración del caribú o la aparición de los peces. También les decían cuándo se acercaba la congelación de las largas noches de invierno y cuándo se rompería el hielo en primavera. La lucha por la existencia no siempre tuvo éxito, y tribus enteras simplemente desaparecieron de la historia después de una temporada de caza infructuosa.

Los viejos cuentos son más conocidos por ciertos ancianos que entretienen a sus aldeanos repitiéndolos ante la gente reunida. Algunos de los cuentos son largos, ocupan varias noches sucesivas en su recital y, a veces, requieren dos narradores. Los cuentos se escuchan con placer una y otra vez, formando la tradición no escrita en la que se basan para entretenerse durante las largas noches de invierno. Además de los cuentos más importantes, que son propiedad de los hombres, hay muchos cuentos infantiles que cuentan las mujeres. Se trata de historias breves y sencillas que se utilizan para entretener a ellos mismos y a los niños.

A los espíritus ancestrales, así como a los poderes sobrenaturales de la Tierra y el cielo, todavía se les ruega que lleven los animales al cazador. Los chamanes siempre fueron un grupo especial entre todas las culturas norteamericanas.

Encontré más similitudes con nuestra historia en la tradición de otras tribus nativas americanas. Intentaré coordinarlo y rastrear los orígenes de sus creencias. Es obvio que muchas tradiciones de los nativos americanos han cambiado a través de la evolución de varias generaciones. Los mitos y las historias se han ido bordando y añadiendo durante un largo período de tiempo, hasta el punto de que es difícil saber cuál fue la raíz de la historia. Pero en algunos hay el susurro de la gente de Tuin, y estoy segura de que sus historias protegidas durante mucho tiempo no han desaparecido del todo, sino que han sufrido una gran distorsión e incorporación.

Los vínculos entre el pasado histórico y el presente a través del mito son fuertes. Las leyendas, por supuesto, varían según la forma de vida de un pueblo, la geografía y el clima en el que viven, los alimentos que comen y la forma en que los obtienen. Los cazadores nómadas de búfalos de las llanuras cuentan historias muy diferentes a las de los habitantes de los bosques orientales. Para los cultivadores y cultivadores del suroeste, la llegada del maíz y el cambio de estaciones son una preocupación primordial, mientras que la gente del noroeste que se gana la vida con el mar llena sus historias con monstruos oceánicos, arponeros veloces y poderosos constructores de barcos. Todas las tribus también han hecho narraciones sobre las características del paisaje: cómo surgió este río, cuándo se formaron estas montañas, cómo se esculpió nuestra costa. En lugar de ser unidades autónomas, las leyendas a menudo son episodios incompletos de una progresión que se remonta a lo más profundo de las tradiciones de una tribu.

Las leyendas y las culturas se superponen e influyen entre sí, no solo cuando las personas de diferentes tribus viven en territorios adyacentes, sino incluso cuando se encuentran a través de la migración o el comercio a largas distancias. Se han encontrado artefactos que originalmente provenían de otra tribu o cultura a muchos cientos o miles de millas de distancia.

Sin embargo, con todas sus imágenes y variaciones regionales, un tema común une estos cuentos: una preocupación universal por cuestiones fundamentales sobre el mundo en el que viven los seres humanos. Nos encontramos una y otra vez, en un espectro fantástico de formas, Norte y Sur, Este y Oeste, la historia de los hijos del sol, de los portadores de la cultura, de las cuatro direcciones sagradas, de mundos apilados encima el uno del otro, de aguas primordiales, de destrucción perpetua y recreación, de poderosos héroes y embaucadores.

Según un autor, todos los sistemas mitológicos surgen de la misma base fundamental. Los dioses son hijos de la reverencia y la necesidad, pero su genealogía se remonta aún más atrás. Las siguientes son las principales estructuras de creencias básicas:

Animismo: el hombre salvaje creía que cada objeto circundante poseía vida y conciencia. Los árboles, el viento, el río, etc. Creía que le hablaban, le advertían, le vigilaban. Incluso cosas como la luz y la oscuridad, el calor y el frío recibieron características. El cielo fue visto como el Padre de Todo y en cooperación con la Madre Tierra todos los seres vivos habían brotado.

Totemismo: Un escalón más alto que la creencia de que los objetos inanimados y los fenómenos naturales estaban dotados de las cualidades de la vida y el pensamiento (animismo). Esto se refería a la alta opinión que se otorgaba a los animales por sus cualidades y habilidades instintivas. Varios atributos y características humanas fueron personificados e incluso exagerados en ciertos animales. Si los nativos americanos o la tribu codiciaran una determinada cualidad, se colocarían bajo la protección del animal o pájaro que la simbolizaba. Una tribu incluso adquirió el apodo del animal, por lo que se consideró que el animal era un guardián. A cambio, ese animal no era asesinado por la tribu. Después de muchas generaciones, la tribu podría considerar a ese animal como su antepasado directo y a todos los miembros de la especie como parientes consanguíneos. Estas reglas eventualmente influyeron en las leyes y costumbres de la tribu, por lo que el animal fue considerado un poderoso ser guardián.

Fetichismo: La creencia de que un objeto, grande o pequeño, natural o artificial, poseía conciencia, volición y cualidades sobrenaturales, y especialmente poderes mágicos (como la protección). Parecería que nuestra creencia en los amuletos de la suerte, etc. ha descendido de esta creencia, y así el hombre moderno no está exento. Como se ha dicho, la inteligencia de los nativos americanos consideraba que todas las cosas: los animales, el agua, la tierra, los árboles, las piedras, los cuerpos celestes, incluso la noche y el día, la luz y la oscuridad, poseen animación y el poder de la volición. También es la creencia de que muchos de ellos están bajo algún hechizo o encantamiento potente. Se cree con seguridad que las rocas y los árboles son las tumbas vivientes de los espíritus encarcelados, por lo que no es difícil para un nativo americano concebir una inteligencia, más o menos potente, en cualquier objeto, no importa cuán poco común sea, de hecho, cuanto menos común, mayor es la probabilidad de que sea la morada de alguna inteligencia poderosa. Los fetiches podían ser objetos pequeños, como pequeños cristales de cuarzo o plumas, y a menudo se colocaban en bolsas diminutas. Las cosas que parecían inusuales de alguna manera fueron aceptadas como sobrenaturales y afortunadas para quien las descubrió. ¿Es esto diferente de la creencia de que la pata de un conejo tiene suerte? Casi todas las pertenencias de un chamán o curandero se clasifican como fetiches. La idea en la mente del creador original del fetiche es usualmente simbólica, y se revela solo a uno formalmente elegido como heredero de la posesión mágica, y comprometido a su vez con un secreto similar.

Esto podría explicar la reverencia de Tuin por los objetos de la cabaña del sabio. Supuso que poseían magia y eran secretos guardados por el sabio. Sintió que ni siquiera se le debería permitir verlos. Los secretos de estos objetos, así como las historias, se transmitieron solo al sucesor del sabio y no a la población en general. Tuin dijo que esto se debía a que el conocimiento tenía que guardarse en la memoria y no podía distorsionarse.

Entre los algonquinos, un tipo peculiar de fetiche consistía en un manto hecho con la piel de un ciervo y cubierto con plumas mezcladas con cuentas. Fue utilizado por los curanderos como un manto de invisibilidad, o cubierta protectora encantada. Esto sonaba similar a los disfraces del sabio que usaba para los diferentes festivales, especialmente la piel del extraño animal que Tuin había matado. Esto podría haber sido considerado como un fetiche para el sabio porque sabía que era inusual y, por lo tanto, podría poseer algún poder especial.

Los fetiches podían convertirse fácilmente en un dios, pero esta no era la intención original. Un ídolo es la morada de un dios. Un fetiche, por otro lado, es el lugar de encarcelamiento de un espíritu subordinado, que no puede escapar, y debe servir al dueño trayendo suerte, protección y buena fortuna (la caza estaba incluida en esto). Los fetiches que perdieron su reputación de portadores de buena fortuna degeneraron generalmente en meros amuletos de adornos talismánicos.

Se acepta que ciertas tribus nativas americanas han estado usando fetiches desde tiempos prehistóricos, pero se desconoce la edad real del fetiche más antiguo. Sin embargo, se sabe que los Zuni, por ejemplo, estaban haciendo fetiches antes de la llegada de los misioneros españoles. Se sospecha que los fetiches pueden haber sufrido una reducción de tamaño durante este período (1692-1800) debido a la intolerancia española (cristiana) a la idolatría. Es un hecho que los primeros españoles, intentando acabar con los rituales "paganos", proscribieron los fetiches de los Zuni. Como consecuencia, los Zuni se vieron obligados a ocultarlos, como resultado el tamaño se redujo a objetos más pequeños que podían ocultarse más fácilmente.

Parecería que la tribu de Tuin poseía algunas de estas creencias, pero no todas. Creían en el animismo porque pensaban que todos los objetos inanimados poseían un espíritu, y que este espíritu podía hablarles y guiarlos. También tuvieron cuidado de no ofender a estos espíritus o de llamarlos por razones frívolas, ya que creían que eran muy poderosos. Fue muy reverente con la Madre Tierra y la Luna. También tenía un fetiche, la piedra que llevaba en una pequeña bolsa alrededor del cuello. El sabio le había dicho que contenía un espíritu porque podía ver una chispa dentro de la piedra.

Su tribu no creía en el totemismo. Durante otras regresiones a las vidas de los nativos americanos, que he realizado con otros sujetos, me he encontrado con esta creencia. La persona, mientras estaba bajo los efectos de las drogas, pasaba varias noches sola en el desierto hasta que se encontraba con su hermano protector: un animal o un pájaro. Esta creencia parece haber evolucionado más tarde que la época de Tuin, o haber sido incorporada a partir de las creencias de las personas que vinieron más tarde y se cruzaron con su tribu. En ese momento se incorporaron las creencias de los recién llegados y las leyendas de los viejos comenzaron a contaminarse y distorsionarse. Parecería que las creencias del animismo y el fetichismo eran básicas, y el totemismo se añadió más tarde, aunque Tuin tenía la creencia de disculparse con el animal antes de que lo mataran. Puede haber ocurrido una incorporación de esta creencia en la de los animales totémicos.

Descubrí que el indio no tenía una concepción clara de una deidad suprema. El Gran Espíritu, o el Gran Espíritu Blanco, al que ocasionalmente se refieren los narradores de hoy, parece ser una mezcla de conceptos aborígenes con la idea cristiana de Dios. Cada división de la raza poseía su propia palabra para significar "espíritu". Este concepto original de los nativos americanos era prácticamente el mismo que existía entre los pueblos primitivos de Europa y Asia. Los nativos americanos tenían una visión diferente de lo "bueno" y lo malo. "Lo que era" bueno "era todo lo que estaba a su favor." "malo" era todo aquello que les lastimara o angustiaba. Por tanto, sus dioses tenían las mismas funciones; no había dioses "buenos" o "malos". Era como si el salvaje no creyera que los seres divinos pudieran estar encadenados por leyes que él mismo se sentía obligado a obedecer. Esto se aplicó a las deidades de todas las razas primitivas; no poseían ideas del bien y del mal. Los dioses sólo eran "buenos" para sus adoradores en la medida en que les aseguraban abundantes cultivos o caza, y sólo "malos" cuando dejaban de hacerlo. La idea del "diablo" es ajena a todas las religiones primitivas. Los primeros traductores de la Biblia descubrieron que era imposible encontrar una palabra nativa para transmitir la idea de un espíritu de maldad.

Las mitologías de los nativos americanos tampoco contienen ningún lugar de castigo, al igual que no poseen ningunas deidades que son claramente malévolos hacia la humanidad. Si un lugar de tormento es discernible en cualquier mitología de los nativos americanos en la actualidad, sin duda se puede clasificar como el producto de la influencia misionera.

Cuando se registraron estos mitos, la mayoría de las tribus indígenas americanas ya estaban dispersas. Solo entre los pueblos esquimales, Pueblo y Navajo, la mitología representaba un culto religioso vivo. Unos pocos siglos de cambio habían alterado en gran medida las observancias religiosas de las otras tribus en observancias sociales o folklore. En particular, las tradiciones de los nativos americanos de los estados del sureste se habían convertido en herencia de unos pocos ancianos. En la actualidad, el proceso ha continuado mucho más lejos y muchos nativos americanos han descubierto que las tradiciones solo se han conservado a través del trabajo de los etnólogos blancos de principios de siglo, que registraron lo que sobrevivió. Esto no significa que los mitos hayan perdido totalmente su poder; pero están asumiendo cada vez más la naturaleza de los cuentos populares. Algunas tribus todavía cantan algunos de los cánticos antiguos y los bailes religiosos se realizan públicamente, aunque probablemente en gran parte para beneficio de los turistas. En general, el nativo americano moderno piensa en las tradiciones antiguas como ecos de un pasado que ya no es importante. Pero el impacto de la nueva cultura no ha destruido totalmente el pasado.

Parece ser un hecho curioso que en los primeros días del cristianismo cada vez que los cristianos o misioneros se encontraban con otras creencias en sus viajes y en sus primeras conquistas, sintieran una imperiosa necesidad de destruir la cultura y las creencias religiosas predominantes y reemplazarlas por las suyas propias. Esto ocurrió muchas veces a lo largo de la historia. Lo más notable fue la destrucción de la vasta Biblioteca de Alejandría y la destrucción total de la historia y las lenguas escritas Mayas y Aztecas. Puede haber sido estimulado por la creencia de que el cristianismo era la única religión verdadera y fuente de conocimiento. Pero ¿era también una sospecha o un temor de que algo similar o mayor pudiera existir también en culturas antiguas o primitivas? Cuando los primeros misioneros llegaron a Estados Unidos, se sorprendieron al encontrar historias de la Creación y el Diluvio que eran demasiado similares a los relatos bíblicos para ser una coincidencia. En lugar de aceptar esto como una confirmación de que las historias podrían tener una base histórica generalizada, las consideraron una amenaza y las etiquetaron como paganas. Si otros tuvieran un sistema de creencias similar, entonces el suyo no podría ser único. Su solución fue destruir todo lo que consideraran conflictivo. La mayor parte de este conocimiento antiguo fue luego destruido o corrompido en nombre de la religión. Así, a lo largo de los siglos, grandes almacenes de información irremplazable se perdieron para siempre bajo el manto equivocado de la conversión cristiana de las (llamadas) culturas primitivas.

    Me sorprendió encontrar una gran cantidad de mitos de la creación entre el folclore nativo americano. Las mitologías del Hombre Rojo son infinitamente más ricas en mitos creativos y del diluvio que cualquier otra raza en los dos hemisferios. Muchos de ellos son similares a los mitos europeos y asiáticos del mismo género, mientras que otros muestran una gran originalidad. Los mitos de la creación de las diversas tribus indígenas americanas difieren tanto entre sí como los de Europa y Asia. En algunos encontramos a los grandes dioses moldeando el universo, en otros los encontramos simplemente descubriéndolo. Otros llevan a su gente desde las profundidades subterráneas hasta la tierra superior. En muchos mitos encontramos el mundo producido por el Padre Todopoderoso Sol, que espesa las nubes hasta convertirlas en agua que se convierte en mar. En muchos otros mitos de los nativos americanos, encontramos el viento en forma de pájaro sobre el océano primitivo. En otras historias, los animales anfibios se sumergen en las aguas y extraen suficiente barro para formar el comienzo de la nueva tierra. Esta es un tema que tiene una conexión común con los mitos hindúes.

El tema del agua primitiva que cubre una tierra aún no creada es tal vez la más prevalente, que se encuentra en todas las áreas excepto en la de los esquimales.

En todos los mitos de la creación el orden de la creación es siempre el mismo: el mundo se cubrió de agua, luego tierra, plantas, animales y finalmente humanos. Un mito de la creación puede implicar la mera afirmación de que el creador "hizo todos los animales". Repetidamente las leyendas dicen que el hombre fue creado a partir del suelo de la tierra. En una leyenda de la creación de Yuma hay incluso un episodio en el que un tramposo se le aparece a la primera mujer y trata de hacerla desobedecer al Creador. Estos mitos se parecen mucho a la historia de "Génesis".

Muchas de las leyendas de las inundaciones de los nativos americanos se centran en un hombre y su esposa que construyen una balsa y llevan animales a bordo. Otro ejemplo es el de varios animales que escapan en una canoa. En algunas tribus, la gente escapa del diluvio subiéndose a la parte trasera de una tortuga gigante en lugar de un bote. Algunos de estos cuentos relatan que llovió durante 40 días, y hacia el final del tiempo un pájaro (generalmente un cuervo) voló para ver si podía localizar tierra. Varias tribus tienen su propia versión del monte Ararat (con diferentes nombres) donde aterrizaron las personas y los animales. En varias tradiciones, el diluvio se produjo debido a la iniquidad de la gente.

Estos son los tipos de leyendas que perturbaron mucho a los primeros misioneros porque no podían explicar lógicamente la similitud con los relatos bíblicos. Parecería que las historias de la Creación más complicadas de la época de Tuin se dejaron de lado en favor de las historias infantiles más simples y entretenidas, aparentemente porque eran más fáciles de explicar y comprender.

Cuando estas tradiciones de los indios de América del Norte se comparan con las de América Central y del Sur, así como las tradiciones y los registros del hemisferio oriental, se forma un argumento muy fuerte a favor tanto de la verdad del relato bíblico como de la unidad de la raza.

Algunos científicos han objetado que quizás estas tradiciones no fueron transmitidas de antepasados anteriores, sino que fueron recibidas de los primeros comerciantes y maestros. Pero muchas tribus incluso ahora distinguen entre las tradiciones de sus antepasados y las enseñanzas de los primeros europeos que llegaron aquí. Aunque los Aztecas (primos de los Navajos y recién llegados al valle central mexicano), Olmecas y Mayas no tenían un sistema de escritura como lo conocemos cuando Cortés invadió el centro de México, tenían una forma de representar los eventos mediante pictografías (similar a los jeroglíficos egipcios), y se registró el evento de la inundación.

Por lo tanto, debemos concluir que todas las tradiciones tenían poco o ningún fundamento, lo que sería absurdo, o que hubo un gran número de inundaciones que serían casi igualmente absurdas. Porque en ese caso, la tradición de un diluvio en cada tribu no podría haberse conservado tan claramente, especialmente cuando un pájaro de algún tipo y una rama de algún árbol se mencionan a menudo en relación con él. La otra conclusión es que hubo una gran inundación, una tan grande que la mayoría de los descendientes de los salvos han conservado una tradición. Si es así, todos deben haber descendido de los pocos que se salvaron.

Otra creencia común en las leyendas es que al principio los animales, peces, insectos, árboles y rocas podían hablar. La gente podía entenderlos y conversar con ellos. Podían entenderse porque tenían un lenguaje común y vivían en amistad. Algunos de los curanderos de hoy en día todavía afirman comprender el lenguaje de ciertos animales.

Así como se piensa que los árboles, estanques, nubes y rocas son seres vivos, el sol, la luna y las estrellas en su firmamento están representados en la mitología nativa americana como vivos y dotados de pasiones humanas y anhelos de antropomorfizar. El sol, el padre de la luz que engendra todos los seres vivos en la Madre Tierra, el iluminante de las tinieblas primordiales es tanto dador de vida como destructor. El concepto de la gran Madre Tierra es común a todas las mitologías.

Hay muchas leyendas sobre la llegada de la luz y el fuego. Otra versión de esto se refiere a la llegada del sol. Al parecer, la gente había vivido en la oscuridad, y cuando vieron el sol por primera vez tuvieron miedo y se acobardaron ante la luz y se apartaron de él. Esto también es similar a la historia de los Libros Perdidos de la Biblia cuando Adán y Eva vieron el sol por primera vez. Estaban aterrorizados y pensaron que seguramente los quemaría y no podrían vivir a su luz. Estas historias dan la impresión de que las primeras personas vinieron de algún lugar donde el sol no existía, o quizás no existía con tanta fuerza como aquí. ¿Podrían estas leyendas tener una conexión con la nave espacial de los viejos y los extraterrestres que emergen a la luz del sol después de estar encerrados en la nave durante generaciones?

Las tribus nativas americanas tenían varias formas de calcular el tiempo. Algunos de ellos se basaron en los cambios de estación y el crecimiento de los cultivos como guía sobre cuándo deberían tener lugar sus festivales anuales y celebraciones estacionales. Otros fijaron sus sistemas de festivales en los cambios de la luna y los hábitos de los animales y las aves. Sin embargo, la mayoría de ellos dependía de la luna para obtener información sobre el paso del tiempo. La mayoría de ellos asignaron 12 meses al año, mientras que otros consideraron 13 como un número más correcto. Los Kiowa calcularon que el año consistiría en 12 1/2 lunas, y la otra mitad se trasladó al año siguiente. Algunas de las tribus Dakota calcularon que sus años consistían en 12 meses lunares, observando cuándo habían menguado 30 lunas para agregar una supernumeraria, a la que llamaron la "luna perdida". No hubo división en semanas. Los días se contaban por "sueños" y las horas del día se determinaban por el movimiento del sol.

La principal razón para el cálculo del tiempo fue la correcta observancia de las fiestas religiosas. Estos eran a menudo de naturaleza muy elaborada y tomaban muchos días en su celebración. Consistieron en su mayor parte en un ayuno preliminar, seguido de danzas simbólicas o ceremonias mágicas, y concluían con una orgía glotona. La mayoría de estas observancias guardan gran similitud entre sí, y las diferencias visibles pueden deberse a circunstancias ambientales o variaciones estacionales.

Cuando los europeos entraron en contacto por primera vez con la raza algonquina, se observó que celebraban festivales recurrentes para celebrar la maduración de frutos y cereales, y fiestas más irregulares para marcar el regreso de las aves silvestres y la temporada de caza en general.

El invierno era cuando los ancianos volvían a contar todos los cuentos de gloria, las maravillosas tradiciones del pasado, que se han transmitido de generación en generación. En el invierno, las largas y oscuras noches se pasaban entre canciones e historias. El curandero era entrenado en su juventud para memorizar y ayunar durante días para conjurar sus visiones. Su memoria se volvía muy retentiva, y estos hombres y mujeres transmitieron viejas leyendas de generación en generación. Hay muchas leyendas de los nativos americanos que tratan de las estrellas. Por lo general, involucraban a personas que viajaban hacia el cielo y se transformaban en estrellas. Este es un hilo conductor entre muchas leyendas. De vez en cuando, las leyendas hablan de personas estelares que regresan a la Tierra para ver a sus familias o por diversas razones. Esto puede ser paralelo a las historias griegas de los dioses que descendieron de las regiones más altas para ayudar a los pastores pobres al comienzo de su experiencia de vida, una historia que luego fue transmitida a los romanos. En algún momento, los dioses, por una razón u otra, vieron su trabajo "hecho" y se fueron a otra parte. Por lo general, en las leyendas de los nativos americanos, vienen a la Tierra porque están nostálgicos, especialmente si han sido llevados en contra de su voluntad a vivir en los mundos del cielo.

Parecía haber una fascinación entre varias tribus con la constelación de las Pléyades, tal vez porque es una característica inusual en el cielo nocturno. Quizás por eso tenían que tener una leyenda o un mito para explicarlo, como lo hicieron con otras características estelares. O tal vez fue porque profundamente arraigado en su subconsciente estaba el conocimiento de que sus antepasados provenían de ese lugar distante. Las Pléyades eran su constelación favorita y prestaron poca atención a las demás, excepto a la Osa Mayor. Los mitos son variados, a menudo se refieren a siete niñas que fueron llevadas al cielo por diversos medios. Debido a que los nativos americanos vieron al grupo de estrellas brillando, lo describen como las niñas (o niños) bailando. Entre las tribus a lo largo de la costa atlántica, las Pléyades fueron llamadas las "Siete Estrellas", o literalmente, "Se sientan separadas de las demás" o "están agrupadas". Onondagas: "Allí habitan en paz" Los Blackfoot (pie negro) llaman a las Pléyades "Las Siete Perfectas"

En Sudamérica, el culto a las Pléyades fue muy desarrollado. Aquí este maravilloso grupo de estrellas fue observado con constante interés y homenaje. Marcó las estaciones, el tiempo de sembrar y cosechar, y las fiestas y ceremonias más importantes. Los antiguos mexicanos, en una fiesta nacional encendían el fuego sagrado mientras las Pléyades se acercaban al cenit. También lo hacían los Toscanos de las llanuras del suroeste. Los Arapahoes, Kiowas, Yuncas e Incas miraron esta constelación con reverencia. Los Adipones de Brasil y algunas otras naciones dicen que surgieron de las Pléyades. En algunas tribus de California se consideró calamitoso mirarlas sin prestar atención.

La estrella polar o la estrella del norte (también llamada Polaris) fue siempre la guía de los nativos americanos (llamada "la estrella que nunca se mueve"), y las luces nocturnas (auroras boreales) eran una indicación de los eventos venideros. Si fueran blancos, seguiría un clima helado; si es amarillo, enfermedad y pestilencia; mientras que el rojo predijo la guerra y el derramamiento de sangre, y un cielo moteado en la primavera fue siempre el presagio de una buena temporada de maíz.

Muchas de las leyendas de las estrellas afirman que el sol, la luna o alguna otra estrella importante son los padres de varios héroes, afirmando así su origen celestial. En lugar de definir su origen como personas de las estrellas, se amplió para describir al padre o al portador de la cultura como el objeto celeste más grande en sí mismo. Esto podría indicar un deterioro de las historias a lo largo de muchas generaciones, una simplificación de una historia más complicada. Una eliminación de elementos en la narración que eran confusos o que se consideraban innecesarios en la narración posterior.

Gran parte de la tradición de las estrellas de los indios norteamericanos se ha perdido por varias razones: en primer lugar, la determinación de las ceremonias dependía del conocimiento secreto, revelado solo a los sacerdotes y contado por ellos solo a los que habían entrenado para sucederlos. En segundo lugar, muchas constelaciones conocidas por los nativos americanos no tenían equivalentes europeos. En tercer lugar, muchos de los primeros grabadores que trabajaron con los nativos americanos eran habitantes de la ciudad, que no estaban familiarizados con la astronomía de su propia cultura.

En las historias a menudo aparecen extrañas figuras sobrenaturales. Uno de los mitos de los Onondaga se refiere a un anciano que acudió a ellos varias veces. Nunca antes habían visto a nadie como él. Fue descrito vestido con plumas blancas y con cabello blanco que brillaba como la plata. En este cuento, varios niños se elevaron en el aire, y al llegar al cielo se convirtieron en las Pléyades.

Una curiosa mención de una piedra mágica apareció en un libro de la década de 1800s. La tribu supuestamente tenía una piedra mágica transparente que consultaría el curandero. Estaba celosamente guardada y ni siquiera la gente de la tribu podía verla. El escritor no pudo describirlo más y no dijo qué tribu lo tenía. (La migración de Shinar, por el capitán G. Palmer [Londres], 1879.)

Hay historias en varias tribus sobre una canoa sobrenatural que vuela y requiere ser alimentada mientras viaja. Tsimshian: una leyenda sobre una canoa que se mueve automáticamente con una cabeza de monstruo en cada extremo. Estas cabezas comen todo lo que cruza la proa o la popa de la canoa. Esta idea de la alimentación de una canoa auto movible ocurre en muchas otras conexiones, donde la carga se usa para alimentar la canoa. En una historia, la canoa tenía grandes poderes mágicos y era impulsada por una canción determinada. Cuando volaba, se elevaba rápidamente muy alto en el cielo. Fue descrito como disparado hacia arriba como una flecha. La canción mágica también podría hacer que la canoa descendiera y se detuviera. En otra historia, cuando la canoa es llevada a tierra, se transforma en piedra. ¿Podrían estas leyendas ser recuerdos de la nave espacial original que se alimentaba del material que transportaba a bordo? Además, ¿podría la canción mágica que lo impulsó ser el recuerdo del sistema de propulsión? Cuando llegó a la Tierra, se transformó y ya no podía volar.

En algunos casos existe una creencia que se mantiene sola y no forma parte de los cuentos populares, como: el pájaro del trueno, cuyo asombroso poder encendió el rayo. ¿Es posible que las leyendas de Thunderbird (Pájaro del trueno) se hayan originado a partir de que los nativos americanos vieron naves espaciales?

Un tipo de mito favorito en Estados Unidos es aquel en el que un héroe cultural viene y enseña a la gente, por ejemplo, a hacer cestas, un arte desconocido hasta ese momento. O les enseña a plantar cultivos. El héroe cultural representa la fuerza, la sabiduría y la percepción de los humanos. Él no es el Poder de Arriba, pero es el intermediario entre ese Poder y la humanidad.

Varias tribus tienen la leyenda de Glooscap (o Gluskap) como portador de la cultura. La tradición de Glooscap es que llegó a este país desde el este, a través del gran mar; que era un ser divino, aunque en forma de hombre. Glooscap era amigo y maestro de los nativos americanos; todo lo que sabían de las artes que les enseñó. Les enseñó los nombres de las constelaciones y las estrellas. Les enseñó a cazar y pescar, y a curar lo que capturaron; cómo cultivar la tierra, cómo plantar y los capacitó en todas las formas de cultivo. Todo lo que sabían los nativos americanos de lo que era sabio y bueno, él les enseñó. Su canoa era una roca de granito que se convirtió en una isla. En uno de sus viajes encontró otra tribu de personas con un idioma diferente. Se quedó con ellos cinco o seis años para darles reglas. Cuando Glooscap se fue, se fue hacia Occidente porque su obra estaba terminada. Se cree que podría regresar algún día. Él nunca envejece, por lo que durará tanto como el mundo. El lugar donde vive está en una hermosa tierra de Occidente. El viaje a esa hermosa región lejana es largo, difícil y peligroso. El camino de regreso es corto y sencillo. Hay muchos cuentos y leyendas de jóvenes valientes que intentaron el viaje. Hay otros personajes en las leyendas con Glooscap, que son poderosos, pero Glooscap es supremo.

Muchas heroínas culturales se mencionan en las leyendas. Son conocidos por muchos nombres y aportaron cosas importantes a la gente: búfalos, sal, maíz y el conocimiento de la siembra, alfarería y cestería, y pedernal para encender el primer fuego de cocción.

En una leyenda, la madre del maíz les dio maíz a los nativos americanos para plantar y les enseñó muchas cosas antes de que ella regresara al cielo. Un día se vio a un hombre maravilloso junto al lago, quien les enseñó más cosas. Luego, La madre de Maíz se paró a su lado para enseñarles a cultivar maíz. Les habló de las estrellas, de los planetas, del sol y de la luna y de los dioses en el cielo. Luego, un perro fue enviado desde el sol con medicamentos y le contó a la gente sobre las enfermedades de los humanos y cómo curarlas. Después, el hombre y la Madre de Maíz dejaron a la gente.

Ninguno de estos avances culturales se produjo de forma espontánea en las historias. Siempre fueron traídas a la gente o entregadas por alguien. Por ejemplo, el mito que narra las aventuras y la carrera de algún héroe cultural puede incluir la afirmación de que "enseñó a la gente todas las artes".

La leyenda del Bahana, hermano blanco o salvador blanco de los Hopi, está firmemente arraigada en todos los pueblos. El vino con la gente del inframundo y fue acreditado con gran sabiduría. Se embarcó en el viaje hacia el sol naciente, prometiendo regresar con muchos beneficios para la gente. Desde entonces se ha anticipado su llegada. Se dice que cuando regrese no habrá más peleas ni problemas, y traerá mucho conocimiento y sabiduría con él. A los sacerdotes españoles se les permitió establecer sus Misiones en el país Hopi debido a esta leyenda, porque la gente pensaba que por fin había llegado el Bahana. Desde entonces han sufrido muchas decepciones similares, pero todavía esperan la llegada del "verdadero Bahana".

El origen de la palabra Bahana es desconocido, aunque existen varias teorías. Hoy, esta palabra es un término que se utiliza para designar la llegada de los españoles.

Las principales características de esta historia guardan un gran parecido con la antigua leyenda de Quetzalcóatl, dios de la cultura mexicana de los Mayas, Toltecas y posteriormente adoptado por los Aztecas. También está asociado con el Sol y, al ser originalmente un dios Maya, no requirió sacrificios humanos. Quetzalcóatl era el dios de las artes y oficios, del calendario y de la cultura en general.

Había una leyenda antigua de que el Gran Dios de la Cultura, Quetzalcóatl, después de instruir a la gente en las artes útiles, partió hacia el este sobre el mar, prometiendo regresar en un momento determinado en el futuro. Según la tradición, tenía la piel blanca y la barba. La llegada de los españoles en el año apropiado llevó a Moctezuma II, quien había sido entrenado como sacerdote y cuidadosamente protegido del mundo convencional, a darles la bienvenida. Fue una política que resultó fatal para los nativos. La experiencia de los incas en América del Sur con Pizzaro fue muy similar con los mismos resultados devastadores.

CON RESPECTO A LOS MITOS en las culturas nativas americanas, muchos de ellos tienen elementos explicativos. Esto significa que la historia utiliza formas ingeniosas para explicar ciertos fenómenos. Muchos se denominan "cuentos explicativos" que se utilizan para explicar cosas de la vida cotidiana (marcas de identificación en animales, pájaros, etc.). Estos se parecen mucho a los cuentos infantiles de Tuin. Algunos investigadores han llegado a la conclusión de que hay un número considerable de casos en los que un relato definido es demostrablemente más antiguo que lo que ahora se supone que "explica". Como si la historia fuera la cosa original y la explicación un pensamiento posterior. Esto puede llevar a la conclusión de que en Norteamérica los cuentos no se originan como explicaciones.

Los investigadores descubrieron que una parte considerable de los cuentos conocidos por una tribu también eran conocidos, a veces en formas ligeramente diferentes, por todas las tribus vecinas. Descubrieron que un cuento podía viajar distancias enormes. En algunos casos, los cuentos vagaron a miles de kilómetros de lo que se consideraba su hogar "original".

Esto es particularmente cierto en el caso de algunas tribus de los estados de las llanuras cuyo origen se pensaba que era de los nativos americanos del bosque oriental. Emigraron de sus antiguos hogares en el este con el estímulo de sus tribus vecinas relacionadas culturalmente y antes de la invasión europea que comenzó en el siglo XVII.

Otro ejemplo son ciertos cuentos que eran comunes a los nativos del este de Groenlandia y el oeste de Alaska a principios del centenario 1900 y también eran conocidos por tribus tan al sur como el río Arkansas. Un relato dado suele irradiarse desde algún punto central, perdiendo su carácter poco a poco en proporción directa a la distancia a ese centro. Esto ayudó a los investigadores a aclarar el problema del "abandono" del significado explicativo de los cuentos. Se hizo evidente que existían discrepancias muy profundas en las explicaciones adjuntas a ciertos cuentos de diferentes pueblos. Algunos explicaron una cosa, otros otra, y otros nada en absoluto. Si bien los diversos cuentos cambiaron a manos de diferentes personas, las explicaciones cambiaron mucho más rápida y radicalmente. La ausencia de explicaciones se achaca al hecho de que se habían perdido. Cuando examinaron los cuentos en sus diversas formas, llegaron a la conclusión de que era imposible determinar cuál era el original. Sintieron que el mismo cuento complicado no podría haberse inventado de forma independiente cada vez que se necesitaba una explicación, por lo que muchos de los cuentos eran una corrupción o una reinterpretación del original.

Se puede reconocer que los mitos posteriores contienen elementos europeos, y algunos han sido influenciados por misioneros. Estos elementos no estaban presentes en la forma original. En algunos casos, a los nativos se les prohibió recitar los cuentos antiguos por considerarlos paganos y sacrílegos. En muchos de estos casos, los relatos originales se olvidaron o cambiaron lentamente para adaptarse a los requisitos del misionero. Los originales serían muy difíciles de encontrar, especialmente en la forma utilizada antes de la llegada y la influencia de los europeos.

Teniendo en cuenta estas dificultades, creo que es notable que se pude encontrar una historia que se ha transmitido de forma incontaminada, y es exactamente como Tuin se la contó a los niños de su época. Después de mucho buscar, encontré este en un libro antiguo. Se recitó al autor y explorador en la Reserva de las Seis Naciones en Canadá a finales de los años ochenta. Es parte de una narrativa más larga que se centra en un zorro.

Cómo el oso perdió la cola

El astuto zorro conoció a un oso que también estaba ansioso por adquirir un pez. "Bueno", respondió el zorro, "abajo en el río encontrarás un orificio de ventilación en el hielo; sólo tienes que bajar la cola, como yo lo hice, y puedes sacar el pez tan rápido como desees". El oso siguió las instrucciones con cuidado, pero el clima era frío, en lugar de asegurar un pez, su cola estaba congelada. Esto explica la condición sin cola del oso.

Parece que la única forma de recuperar parte de este conocimiento antiguo es a través de este método inusual de regresión hipnótica. El conocimiento todavía está en los bancos de memoria subconscientes de las personas que viven en la Tierra hoy. Es sólo una cuestión de hacer retroceder un tema excelente a través de los pasillos del tiempo a una vida en la que la información era de conocimiento común. Nada puede ser totalmente perdido u olvidado mientras la mente humana sobreviva. Lo que está escrito en el subconsciente no se puede borrar.

POR ARGUMENTAR, al menos por uno mismo, el autor de un artículo escrito en 1900 preguntó: "¿Cuál, entonces, y de dónde, entonces, es el origen del indio? El indio, ¿qué es él, de dónde es? No sé ¿Tú sabes? ¿Qué piensas? Dado que todas las teorías parecen ser ciertas, al menos en parte, ¿por qué no llamarlas a todas verdaderas y terminar con eso? ¿Podría algo más llamativo indicar que el indio pertenece a toda la raza universal de la humanidad, que la sangre común de la hermandad salta dentro de nuestras venas, que él es hermano de todo el mundo entero? Todos los indicios apuntan al hecho de que es hijo de todas las edades, una de la numerosa progenie de la vieja Madre Tierra, y que el secreto de su origen primitivo está encerrado más allá de nuestro conocimiento, junto con el gran misterio del origen de la vida. De dónde vino no lo sabemos. Pero es cierto que ha habitado este continente durante un período de tiempo muy largo, el tiempo suficiente para haber establecido aquí un pueblo, una raza, bien diferenciada y concerniente a quién la pureza y la antigüedad no puede ser cuestionada. Puede ser que la unidad de la raza humana sea un hecho tan profundo que fracasen todos los intentos de una clasificación fundamental que se utilice en todos los departamentos de antropología, y que la familia humana sea considerada como una sola raza. Muchos individuos de sangre aborigen y mestiza han desaparecido, pero han desaparecido no por extinción, sino por absorción. Es muy evidente que la sangre india no está muerta, no está extinta; no, se difunde, se absorbe, se asimila; termínelo como quiera, salvo la muerte. Su raza puede desaparecer, pero su sangre no morirá".

    A esto solo puedo agregar que esta declaración también se aplica a la sangre de los extraterrestres. Vivirá para siempre en las venas de la humanidad.

Capítulo 19

El fin de la aventura

NO INVESTIGUÉ viajando a las tribus y hablando con los ancianos, porque no creía que esto diera la información que estaba buscando. Soy consciente de que muchos libros han sido escritos en los últimos años por personas que afirman estar transmitiendo antiguas leyendas y profecías de acontecimientos venideros. Se informa que provienen de miembros más antiguos de las tribus que conservaban el conocimiento sagrado. En algunos casos, estos nativos americanos fueron condenados al ostracismo por su gente por revelar este conocimiento al hombre blanco, que era considerado su enemigo tradicional. Es posible que estas leyendas sean genuinas, pero habrían tenido que sobrevivir oralmente a través de muchos años de persecución, aniquilación, prejuicio, separación y reubicación. No pude encontrar ningún registro de ellos en los anales de los primeros investigadores.

Me resultó obvio que nunca podría encontrar las leyendas de la gente de Tuin. Esa noble raza había desaparecido hace muchos años y solo sus genes se transmitieron a nuestro tiempo. Los trozos que pude recoger eran como pequeñas migajas de un pan que alguna vez fue hermoso y completo. Un pan que se ha desmenuzado, devorado y desaparecido. Pero según Tuin, la sangre que fluye a través de muchas tribus nativas americanas contiene un poco de los viejos. La memoria todavía está visible en el ADN. Quizás eso tenga que ser suficiente, solo con saber que los nativos americanos tenían un origen noble que no es reconocido por el mundo en su conjunto. Que algunos de sus antepasados vinieron de las estrellas y sobrevivieron contra todo pronóstico. Como dijo Tuin, tenemos la maravillosa historia de vuelta, al menos para esta generación. ¿Significa esto que volverá a desaparecer en las arenas del tiempo? Si lo hace, tal vez los registros de nuestra propia civilización también se borren de la faz de la Tierra, y nadie jamás sabrá que existimos. Se está comenzando a aceptar como un hecho que esto ha ocurrido muchas, muchas veces en el pasado antiguo. Otras civilizaciones se han levantado, florecido y muerto, sin dejar nada que marque su paso. Excepto el ser humano. Si creemos en la realidad de la reencarnación, creemos que esta no ha sido nuestra única vida. Entonces sería razonable suponer que podríamos haber vivido en esas otras civilizaciones pasadas que perecieron de la faz de la Tierra en cataclismos. Sabemos que nuestra propia muerte no es nada que temer porque la hemos sobrevivido innumerables veces antes. Así también sabemos que podemos sobrevivir a la muerte de una civilización, una nación o un mundo. Estas cosas están motivadas por ciclos al igual que nuestras propias vidas. El alma humana inmortal puede triunfar sobre cualquier catástrofe y volver una y otra vez para reconstruir y mejorar constantemente lo que ha sido destruido. Así como los humanos se levantarán de nuevo, el ciclo puede cambiar y las civilizaciones y los mundos pueden volver a surgir. Ese es el espíritu indomable de la vida. Ninguna destrucción es permanente.

Los seres humanos siempre han sido supervivientes y seguirán siéndolo. Reconstruirán y remodelarán sus vidas, pero siempre permanecerán. Ahora estamos descubriendo que los recuerdos de estas civilizaciones perdidas están contenidos en el subconsciente de las personas que viven hoy. Estos recuerdos están comenzando a aflorar y, por lo tanto, las historias de estas personas nunca morirán. Este puede ser el espacio inexplorado para que lo exploren los científicos del futuro. Aquí puede ser donde se desenterrará la historia perdida, mediante el uso de hipnosis regresiva en lugar de la pala del arqueólogo.

DESPUÉS DE COMPLETAR MI INVESTIGACIÓN, la historia de Tuin y sus antepasados todavía era solo una historia, casi imposible de probar. Pero me gusta creer que pudo haber sucedido, que es una parte olvidada de nuestra historia. La historia de los viejos es una historia de aventura, el espíritu indomable de exploración que fundó nuestro país, la perseverancia ante el peligro y lo desconocido, y la llama inextinguible de esperanza. Qué mejor legado a dejar a la raza humana, sin importar dónde se originaron.

Puedo imaginar la sensación de finalidad que estas personas deben haber sentido cuando se vieron obligadas a dejar su planeta de origen. Debido a las condiciones políticas, ya no podían permanecer allí con seguridad. Sabían cuando emprendieron el viaje a través del vacío, que nunca volverían a ver su planeta; nunca podrían regresar a casa. Fue un cierre final de la puerta, un corte de todo lo que les había sido familiar. Pero supongo que también estuvo presente la sensación de asombro, la curiosidad por lo desconocido. Estarían rompiendo nuevas fronteras, yendo donde nadie había estado antes. Pero tampoco podrían compartir lo que encontraron con su tierra natal porque se convertirían en personas sin país. El planeta de origen no quería tener más contacto con ellos. En lo que a ellos respecta, los pioneros dejarían de existir. Drástico quizás, pero a sus ojos era mejor que la muerte.

Así que partieron, sus ojos en una estrella lejana. Tenían que mirar hacia adelante, no podía mirar atrás. La vida a bordo de las naves podría haber sido aburrida. Tenían todo lo que necesitaban para sobrevivir. Lo habían planeado bien, probablemente con años de anticipación. Pero ellos sabían que las generaciones crecerían dentro de los confines de la nave antes de que volvieran a tocar tierra firme. Pasaron muchos años de nuestro tiempo antes de que se acercaran a la gravedad de nuestro planeta al pasar por nuestro sistema solar. La Tierra no era su destino. Nunca se habrían detenido aquí si no hubiera sido por un mal funcionamiento de la nave. Ya sea que se retrasara el sabotaje o no, se les puso en una situación de crisis. Sabían que no podían continuar con los demás, y los demás no podían esperar y ayudarlos. Tendrían que aterrizar en algún lugar para hacer reparaciones y, con suerte, alcanzar a los demás más tarde. Estaban confundidos cuando vieron la luna. Según sus teorías científicas, era un cuerpo solar demasiado grande para ser un satélite. Al principio no estaban seguros de sí aterrizar en la luna o en el planeta. Su tecnología debe haberles demostrado que la Tierra tenía una atmósfera compatible, por lo que eligieron aterrizar aquí. Esto fue una suerte, porque no tenían forma de saber que la reparación sería imposible y que quedarían varados para siempre. Aterrizar en la luna habría significado una muerte segura.

Puedo imaginar la maravilla, el asombro y quizás el terror cuando salieron de la nave al aire libre. Las generaciones se habían criado enteramente dentro de las paredes de la nave; nunca habían visto los espacios abiertos. La vista de tan vastas extensiones de aire y tierra debe haber sido abrumadora al principio. Pero había peligros más inmediatos. Descubrieron que el sol no era bueno con ellos. Sus cuerpos no eran compatibles con los rayos fuertes y la radiación dañina. Permanecieron dentro de la seguridad de la nave, saliendo solo por la noche para intentar hacer reparaciones. Cuando se hizo obvio que nunca podrían escapar del planeta, comenzaron a adaptarse a la idea de que este sería su nuevo hogar. Después de todo, tenían la intención de colonizar un planeta de todos modos, aunque esta no había sido su primera opción. Tendrían que aprender a ajustarse y adaptarse. Sus vidas dependían de ello.

Descubrieron que había un pequeño grupo de aborígenes originales que vivían en el valle montañoso. Esto les dio la esperanza de su propia supervivencia. Si una especie humanoide pudiera sobrevivir, también podría hacerlo. Los aborígenes estaban asombrados por los viajeros espaciales al principio y los consideraban dioses que habían bajado a la Tierra. Pero con el tiempo se dieron cuenta de que solo eran personas como ellos. Los ajustes no fueron fáciles. Tanto los viejos como los Primero dependían de la comunicación telepática, y debido a que eran tan diferentes, resultaba físicamente doloroso estar muy cerca unos de otros. Pero a medida que pasaba el tiempo, los viejos se dieron cuenta de que la radiación del sol estaba creando terribles problemas genéticos. Su única esperanza de supervivencia era mezclarse con las Primeras Personas. Cuando se trata de la alternativa de vivir o morir, el espíritu humano encontrará un camino. Este podría ser otro de los legados que nos fueron transmitidos.

A medida que pasaba el tiempo, vieron que el mestizaje estaba produciendo descendencia viable, y su futuro aquí estaba asegurado. Poco a poco ajustaron y canibalizaron la nave muerta para construir casas. Para mí, una de las experiencias más dolorosas debe haber sido la pérdida del conocimiento contenido en las computadoras. Intentaron salvar lo que pudieron transfiriéndolo a la escritura. Pero había tanto, tanto. La computadora debe haber tenido más de varias de nuestras bibliotecas. ¿Cómo se decide qué es esencial preservar y qué se debe desechar? Decidieron que las partes del conocimiento relativas a su supervivencia serían las partes más importantes. Instrucción que se necesitaba para ganarse la vida en un entorno extraterrestre. Las porciones relacionadas con el cultivo de alimentos, la confección de ropa, la medicina y las artes curativas. El conocimiento que habría sido importante sólo en su planeta de origen puede haber sido el primero en ser descartado. Fue un corte definitivo, ya que perdieron la historia de su origen. Las matemáticas, otras ciencias, la lectura y la escritura sobrevivieron por un tiempo, pero fueron relegadas gradualmente al cuidado de una sola persona a medida que las presiones de la supervivencia se volvieron más importantes. Con el tiempo, más y más de sus artefactos desaparecieron y permanecieron solo en los recuerdos descritos en las leyendas. Debe haber sido difícil para ellos dejar ir todo lo de la nave. Querían conservar al menos algunos de los recuerdos, por lo que conservaron y transmitieron algunos de los objetos de la nave. Los descendientes posteriores no entendieron el propósito de estos artefactos y adquirieron una cualidad religiosa y venerada. Eran cosas que habían pertenecido a los viejos y, por lo tanto, estaban protegidas.

Es notable que el legado de estos viajeros espaciales podría haber sobrevivido, y mucho menos atravesar los aparentes miles de años entre el aterrizaje forzoso y la época de Tuin. Si su grupo no hubiera estado tan aislado, el conocimiento probablemente se habría absorbido, diluido y cambiado muchas generaciones antes de su tiempo. Pero estaban completamente aislados de cualquier influencia contaminante. Eran las únicas personas en el mundo. Era absolutamente esencial para su supervivencia que se conservaran todos los conocimientos. Cada persona tenía un talento que debía transmitirse a los descendientes. La pérdida de la capacidad de cualquier persona era impensable porque era esencial para el bienestar de la aldea en su conjunto. Así, la transmisión del oficio de cada uno formaba parte de su estilo de vida y era muy respetado. Lo mismo ocurrió con las leyendas. Sintieron que debían conservarse y con la mayor precisión posible. Había casi una cualidad religiosa en esto. Se tuvo extremo cuidado de que las leyendas se mantuvieran fieles a su forma. No se podía agregar nada y no se podía quitar nada. Se convirtió en un deber sagrado del grupo preservar y proteger la pureza de las leyendas, a pesar de que no entendían una gran parte de ellas.

Fue solo la dedicación y el aislamiento del grupo lo que mantuvo intactas las historias durante tanto tiempo. Nuestros antepasados alienígenas también transmitieron un verdadero amor y respeto por la Madre Tierra, su hogar adoptivo. Esto está profundamente inculcado en las culturas indígenas de América del Norte.

Pero finalmente sucedió lo inevitable, como siempre ha sucedido y siempre ocurrirá. Las influencias externas llegaron al valle. El grupo debe haber estado absolutamente asombrado y terriblemente asustado al descubrir que no eran los únicos que existían en el mundo. Personas como ellos habían llegado a su tierra natal y la vida nunca volvería a ser la misma. Tuin no estaba vivo para verlo, pero era uno de los pocos que sabía que era cierto porque había visto a otras personas durante sus aventuras a pie fuera del área. Pero el pueblo no le había creído; sus historias se convirtieron en parte de sus leyendas. No creyeron hasta que lo vieron por sí mismos. Después de eso, era solo cuestión de tiempo hasta que la gente de afuera hiciera que su forma de vida se deteriorara y las leyendas se corrompieran.

La vida de Tuin por sí sola no fue extraordinaria. Vivió una vida sencilla libre de preocupaciones aparentes. Tenía grandes habilidades psíquicas y las usó para guiarlo en su caza. Tenía fuertes creencias religiosas y espirituales, aunque no las consideraba como tales. Vivió toda su vida al servicio de los demás en su aldea. Al proporcionar carne, hizo el trabajo que debía hacer y ayudó a la aldea a sobrevivir. No consideró que esto fuera notable. Era lo que se esperaba de él y lo hizo sin dudarlo. Amaba el aire libre y la libertad de la naturaleza, y respetaba toda la vida. Vivía entre un pueblo que había aprendido a vivir sin miedo y con completo cuidado por sus semejantes. Se reía y amaba, y aunque era ordinario según algunos estándares, creo que era una persona inmaculada bastante notable. Todas estas son cualidades maravillosas que cualquiera puede desarrollar en su vida en esta Tierra. Pero creo que el servicio más notable que realizó fue uno que no tuvo intención conscientemente. Un servicio que se realizó mediante hipnosis regresiva miles de años después de su muerte, mucho después de que todos los rastros de su aldea y los artefactos se convirtieran en polvo. Creo que su mayor servicio fue su capacidad para transferir sus amadas leyendas a través de las barreras del tiempo y el espacio, y presentarlas una vez más a nuestro mundo. Los viejos se habrían sentido muy orgullosos. No han sido olvidados. Su historia ha regresado a través de los inexplicables corredores mentales de los humanos. Nuestros orígenes nos han sido devueltos como un regalo del pasado. Se nos recuerda que nuestro legado proviene de las estrellas. No nos olvidemos de nuevo.

Sobre la autora

DOLORES CANNON nació en 1931 en St. Louis, Missouri. Se educó y vivió en Missouri hasta su matrimonio en 1951 con un hombre con carrera en la Marina. Pasó los siguientes 20 años viajando por todo el mundo como una típica esposa de la Marina y crio a su familia.

En 1968 fue expuesto por primera a la reencarnación a través de la hipnosis regresiva cuando su esposo, un hipnotizador aficionado, tropezó con la vida pasada de una mujer con la que estaba trabajando y que tenía un problema de sobrepeso. En ese momento, el tema de la "vida pasada" era poco ortodoxo y muy pocas personas estaban experimentando en el campo. Despertó su interés, pero tuvo que dejarse de lado ya que las exigencias de la vida familiar tenían prioridad.

En 1970, su esposo fue dado de alta como veterano discapacitado y se retiraron a las colinas de Arkansas. Luego comenzó su carrera como escritora y comenzó a vender sus artículos a varias revistas y periódicos. Cuando sus hijos comenzaron una vida propia, se despertó su interés por la hipnosis regresiva y la reencarnación. Estudió los diversos métodos de hipnosis y, por lo tanto, desarrolló su propia técnica única que le permitió ganar la divulgación más eficiente de información de sus sujetos. Desde 1979 ha retrocedido y catalogado la información obtenida de cientos de voluntarios. Se llama a sí misma regresionista e investigadora psíquica que registra el conocimiento "perdido". También ha trabajado con Mutual UFO Network (MUFON) durante varios años.

Sus libros publicados incluyen Conversaciones con Nostradamus (3 volúmenes) y Jesús y los esenios, que ha sido publicado por Gateway Books en Inglaterra. Ha escrito varios otros libros (que se publicarán) sobre sus casos más interesantes.

Dolores Cannon tiene cuatro hijos y doce nietos que le exigen un sólido equilibrio entre el mundo "real" de su familia y el mundo "invisible" de su trabajo. Si desea mantener correspondencia con Dolores sobre su trabajo, puede escribirle a la siguiente dirección. (Adjunte un sobre con su dirección y estampilla para su respuesta).

Dolores Cannon,
c/o Ozark Mountain Publishing, Inc.,
P.O. Box 754
Huntsville, AR 72740-0754

Other Books by Ozark Mountain Publishing, Inc.

Dolores Cannon
A Soul Remembers Hiroshima
Between Death and Life
Conversations with Nostradamus, Volume I, II, III
The Convoluted Universe -Book One, Two, Three, Four, Five
The Custodians
Five Lives Remembered
Jesus and the Essenes
Keepers of the Garden
Legacy from the Stars
The Legend of Starcrash
The Search for Hidden Sacred Knowledge
They Walked with Jesus
The Three Waves of Volunteers and the New Earth
A Vey Special Friend
Aron Abrahamsen
Holiday in Heaven
James Ream Adams
Little Steps
Justine Alessi & M. E. McMillan
Rebirth of the Oracle
Kathryn Andries
Cat Baldwin
Divine Gifts of Healing
The Forgiveness Workshop
Penny Barron
The Oracle of UR
Dan Bird
Finding Your Way in the Spiritual Age
Waking Up in the Spiritual Age
Julia Cannon
Soul Speak – The Language of Your Body
Ronald Chapman
Seeing True

Jack Churchward
Lifting the Veil on the Lost Continent of Mu
The Stone Tablets of Mu
Patrick De Haan
The Alien Handbook
Paulinne Delcour-Min
Spiritual Gold
Holly Ice
Divine Fire
Joanne DiMaggio
Edgar Cayce and the Unfulfilled Destiny of Thomas Jefferson Reborn
Anthony DeNino
The Power of Giving and Gratitude
Carolyn Greer Daly
Opening to Fullness of Spirit
Anita Holmes
Twidders
Aaron Hoopes
Reconnecting to the Earth
Patricia Irvine
In Light and In Shade
Kevin Killen
Ghosts and Me
Donna Lynn
From Fear to Love
Curt Melliger
Heaven Here on Earth
Where the Weeds Grow
Henry Michaelson
And Jesus Said – A Conversation
Andy Myers
Not Your Average Angel Book
Guy Needler
Avoiding Karma
Beyond the Source – Book 1, Book 2
The History of God

For more information about any of the above titles, soon to be released titles, or other items in our catalog, write, phone or visit our website:
PO Box 754, Huntsville, AR 72740|479-738-2348/800-935-0045|www.ozarkmt.com

Other Books by Ozark Mountain Publishing, Inc.

The Origin Speaks
The Anne Dialogues
The Curators
Psycho Spiritual Healing
James Nussbaumer
And Then I Knew My Abundance
The Master of Everything
Mastering Your Own Spiritual Freedom
Living Your Dram, Not Someone Else's
Gabrielle Orr
Akashic Records: One True Love
Let Miracles Happen
Nikki Pattillo
Children of the Stars
Victoria Pendragon
Sleep Magic
The Sleeping Phoenix
Being In A Body
Charmian Redwood
A New Earth Rising
Coming Home to Lemuria
Richard Rowe
Imagining the Unimaginable
Exploring the Divine Library
Garnet Schulhauser
Dancing on a Stamp
Dancing Forever with Spirit
Dance of Heavenly Bliss
Dance of Eternal Rapture
Dancing with Angels in Heaven
Manuella Stoerzer
Headless Chicken
Annie Stillwater Gray
Education of a Guardian Angel
The Dawn Book
Work of a Guardian Angel

Joys of a Guardian Angel
Blair Styra
Don't Change the Channel
Who Catharted
Natalie Sudman
Application of Impossible Things
L.R. Sumpter
Judy's Story
The Old is New
We Are the Creators
Artur Tradevosyan
Croton
Jim Thomas
Tales from the Trance
Jolene and Jason Tierney
A Quest of Transcendence
Paul Travers
Dancing with the Mountains
Nicholas Vesey
Living the Life-Force
Dennis Wheatley/ Maria Wheatley
The Essential Dowsing Guide
Maria Wheatley
Druidic Soul Star Astrology
Sherry Wilde
The Forgotten Promise
Lyn Willmott
A Small Book of Comfort
Beyond all Boundaries Book 1
Beyond all Boundaries Book 2
Stuart Wilson & Joanna Prentis
Atlantis and the New Consciousness
Beyond Limitations
The Essenes -Children of the Light
The Magdalene Version
Power of the Magdalene

For more information about any of the above titles, soon to be released titles, or other items in our catalog, write, phone or visit our website:
PO Box 754, Huntsville, AR 72740|479-738-2348/800-935-0045|www.ozarkmt.com